上图　从图坦卡蒙墓中出土的"彩箱"，上面绘制了国王在战车上大显身手的场景。箱内装满了各种墓葬用品，物品间似乎没有统一主题。

下图　埃赫那吞、王后纳芙蒂蒂和三位年长的公主沐浴在阿吞光辉之下，受其庇佑。画中没有王子，这是否意味着二人并没有儿子呢？

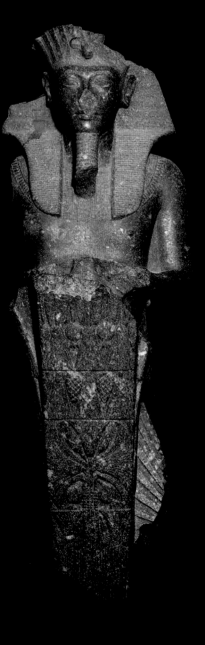

上图　年轻的法老图坦卡蒙头戴蓝王冠（一种传统的法老冠饰）。该头像取自一尊残破的雕像。原雕像中，图坦卡蒙站立在一位端坐的神明面前。

右图　图坦卡蒙像，呈现为传统的第十八王朝法老模样。

下图　从图坦卡蒙墓中出土的一系列弯钩和连枷权杖，大小不一。它们是埃及王权的象征，也代表了法老与亡灵之主奥西里斯神之间的联系。

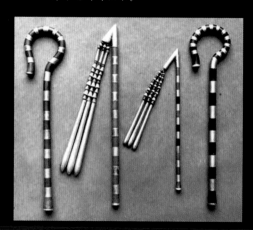

左图 受损的棺封，出土于
KV55号坟墓。这具
棺木原本为一名上层
阶级妇女准备，后被
改造并用于埋葬王室
成员。执政期极短的
斯蒙卡拉法老会不会
就安葬于此呢？

下图 图坦卡蒙棺室的东
墙，上面描绘了他的
葬礼场景。国王躺
在置于框架上的棺材
中，外面罩着一个神
龛作为保护。12位
埃及最上层的政要将
用木橇拖着棺材穿越
沙漠。

这是埃及最伟大的考古学发现：在两尊守卫雕像间，通过那残破的门洞，我们可以窥到华丽的镀金神龛的一部分。

上图　图坦卡蒙的棺室，装满墓葬用品。两座"守卫雕像"几乎一模一样，它们代表着法老和他的"卡"，即灵魂。

右图　整体镀金的"小金神龛"，上面雕刻了王后安海森那蒙辅佐她丈夫的场景。卡特最初认为其描绘的是王室日常生活场景，而如今的埃及学家多认为它有更深刻的含义。

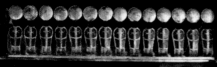

左图　图坦卡蒙的黄金卡诺匹克箱，受女神伊西斯、奈芙蒂斯、塞尔凯特和奈斯庇佑。神像呈现了阿玛尔纳时期的艺术风格。这说明它要么是制造于图坦卡蒙在位初期，要么是从阿玛尔纳上层阶级的坟墓中"借用"后"改造"而成。

下图　图坦卡蒙的内脏被存放在四个小棺材中。而这些小棺材又被分开放置在一个卡诺匹克箱的 4 个隔间里。每个隔间都被塞上了精雕细琢成人头形状的盖子。

左图　奈芙蒂斯女神守护着图坦卡蒙的花岗岩石棺。她和其他女神像是后期才被添加到石棺上的：最初，4 位神像上只雕刻了手臂，并没有雕刻翅膀。人们因此猜想她们原本可能代表的是某一位或几位王室女性。

上图 图坦卡蒙的金色木乃伊面具，它将法老与神圣的亡灵之主奥西里斯神永远联系在了一起。

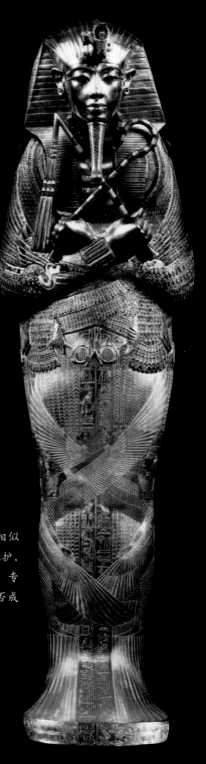

右图 图坦卡蒙的木乃伊受三个相似但不完全相同的嵌套棺材保护，最里面的棺材由黄金制成。专家们对这三具棺材原本是否成套有所质疑。

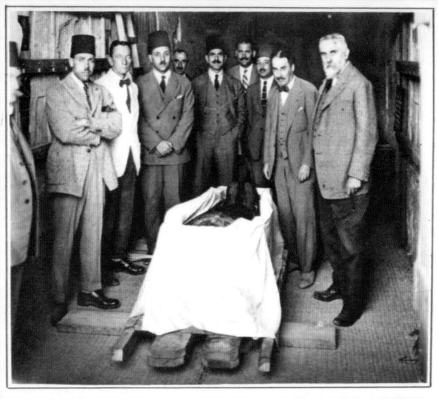

图坦卡蒙的木乃伊，经检验发现，他是一位 17 到 19 岁的青年。考古学家和埃及政府官员出席现场。

上图　《伦敦新闻画报》报道了法老的尸体解剖结果。埃及学家首次发现了可以证明图坦卡蒙并非一位年迈的法老的证据。

左图　少年法老图坦卡蒙化身太阳神拉，从莲花中诞生。该雕像再现了神话中世界起源的场景。

TUTANKHAMUN

埃及
法老 **图坦卡蒙**

JOYCE TYLDESLEY

〔英〕乔伊斯·泰德斯利◎著
杨恩昉◎译

中国友谊出版公司

图书在版编目（CIP）数据

埃及法老图坦卡蒙/（英）乔伊斯·泰德斯利著；
杨恩昉译 . —— 北京：中国友谊出版公司，2023.11
　ISBN 978-7-5057-5696-0

　Ⅰ.①埃… Ⅱ.①乔… ②杨… Ⅲ.①图坦卡蒙（前
1370—前 1352）－传记 Ⅳ.① K834.117=2

中国版本图书馆 CIP 数据核字（2023）第 147361 号

著作权合同登记号　图字:01-2023-3675

Copyright © 2022 Joyce Tyldesley

The right of Joyce Tyldesley to be identified as the Author of the Work has been
asserted by her in accordance with the Copyright, Designs and Patents Act 1988.
First published in 2022 by HEADLINE PUBLISHING GROUP

书名	埃及法老图坦卡蒙
作者	［英］乔伊斯·泰德斯利
译者	杨恩昉
出版	中国友谊出版公司
发行	中国友谊出版公司
经销	新华书店
印刷	天津中印联印务有限公司
规格	880 毫米 ×1230 毫米　32 开
	9.5 印张　182 千字
版次	2023 年 11 月第 1 版
印次	2023 年 11 月第 1 次印刷
书号	ISBN 978-7-5057-5696-0
定价	69.00 元
地址	北京市朝阳区西坝河南里 17 号楼
邮编	100028
电话	（010）64678009

本书第 001 页、第 163 页的图片来自网站：https://www.pexels.com/zh-cn/。
文前图片均由英国头条出版集团有限公司授权使用。

图片说明

1 Painted Box © Roger Wood/CORBIS/VCG via Getty Images
Amarna Stela © Heritage Image Partnership Ltd./Alamy

2 Blue Crown Head, Metropolitan Museum of Art, Rogers Fund, 1950
Statue © The Trustees of The British Museum
Crooks and Flails by Harry Burton © Griffith Institute, University of
Oxford

3 Dyad © Steven Snape

4 KV55 Coffin © Steven Snape
Tomb East Wall © Iberfoto/Bridgeman Images

5 Guardian statues © *Illustrated London News*/Bridgeman Images
Little Golden Shrine © Heritage Image Partnership Ltd./Alamy

6 Canopic Shrine © NPL – DeA Picture Library/S. Vannini/Bridgeman
Images
Canopic Chest © Heritage Image Partnership Ltd./Alamy
Sarcophagus © robertharding/Alamy

7 Inner Coffin © NPL – DeA Picture Library/S. Vannini/Bridgeman Images
Mask, DeA Picture Library/A. Jemolo/Getty Images

8 Autopsy © *Illustrated London News*/Bridgeman Images
Lotus Head © Luisa Ricciarini/Bridgeman Images

鸣　谢

许多人鼓励并帮助我写成了这本书。我要尤其感谢保罗·巴恩博士、罗伯特·康诺利博士、法伊扎·海卡尔教授、梅吉德·纳哈斯博士、尼基·尼尔森博士和詹姆斯·威尔斯。同时也特别致谢史蒂芬·斯内普博士，他翻译了本书引用的诸多象形文字文本内容。

我要感谢头条出版社的乔治娜·波尔希尔、菲奥娜·克罗斯比、伊恩·克格雷格和马克·汉兹利：我持续抱恙的身体状况影响到了本项目的完成，而这四人对此表现出了极大的耐心。最后，我想感谢曼彻斯特大学线上进修埃及学的学生，感谢他们多年来的坚定支持，以及我们进行的发人深思的讨论。

历史背景中的图坦卡蒙

　　如果缺乏对于古埃及历史、地理和传统的一定了解，我们是无法研究图坦卡蒙（Tutankhamun），或者任何一位法老的。而本书这一初始章节将为读者提供一些关键信息，这些信息将支撑我们深入研究图坦卡蒙的生与死。

　　王朝时期（Dynastic Age）指的是埃及被国王（现称法老）统治的时期。它始于约公元前 3100 年，以分布于尼罗河河谷和三角洲地区的独立城邦的统一为标志，终于公元前 30 年，以克里奥帕特拉七世（Cleopatra VII）自杀、罗马帝国吞并埃及为标志。在这 3000 多年间，埃及发展出了高效的行政体系、具有惊人的建筑技术、产出了壮观的二维和三维艺术、建造了众神殿，并形成了一套深奥的与死亡相关的神学体系，其中要求人们通过用绷带捆绑的方式保存尸体，保持其栩栩如生的状态。在这一时期的大多数时候，埃及都是东地中海地区最富有、最强大的国度。

对于普通旅客来说，王朝时期的埃及似乎是完美的，从始至终都连贯且少有变化。参观众多上层阶级陵墓中的任一座，人们会看到石墙上近乎相同的人物做着近乎相同的动作；参观一座古老的神庙，人们会看到一排国王的雕像傲然挺立，他们由石头雕成，模样大同小异，一同崇拜着世世代代祖先所敬仰的神明。这些古迹究竟能追溯到何时？是4000年前？还是仅仅3000年前？这并不重要。对人们来说本质上都一样。参观一个与外界隔绝、不受时间侵蚀的地方会激发人们的欣慰感，但这欣慰感当然是种假象：艺术家们精心挑选、呈现一番诱人的场景，正是为了展示他们故土最好最传统的一面。

而仔细地研究文字和考古证据后，我们会发现伴随着新民族、新技术、新信仰和新时尚的引入，王朝时期埃及人的生活的确是在随着时间而变化。大多数时候，这些变化是逐渐发生的。但也有一些时期，突如其来的变化（如外敌进攻或是内战）会带来强烈的冲击。在公元前1352年，"异教徒"国王埃赫那吞（Akhenaten）的加冕就预示了一场如此的颠覆：一场前所未有的神学变革冲击了几个世纪以来稳定的宗教体系，导致王宫迁址到了一个新的城市，宫廷上下接受了一个看待生与死的新方式。就是在这种不稳定的宗教氛围中，图坦卡蒙诞生了。

埃及的祭司们清晰地掌握着时间的流逝。他们负责代表国王，定期（往往是每小时一次）给神明献上祭品。这些祭品会取悦神明，而作为回报，神明会保佑埃及的繁荣和国王统治的安定。因此，准确的计时非常重要，祭司会通过监测太阳和星辰的移动来计算时间。同时，他们负责保管王名表（King List）。这份长长的名单记录了国王的姓名和统治时间，它的历史可以追溯到神话时代，那时的埃及由神明而非国王统治。祭司们保管这份名单，对过去的每一年进行记录。年份按照重复的周期计算，每一任国王登基都会开启一个新的周期，开启一个新的"第一年"。图坦卡蒙就参照自己的统治时间来确定事件发生的年份：比如某事发生于"图坦卡蒙统治时期的第 3 年"或是"图坦卡蒙统治时期的第 4 年"，以此类推。埃及学家确定事件年份时也常常沿用这个古老的系统，并不是为了迷惑外行人士，只是这种计时系统非常准确罢了。我们可以通过说"某个特定的酒罐于图坦卡蒙统治的第 9 年被密封"非常精确地表明时间，但是要将"他统治的第 9 年"对应到我们线性的时间线上却很难。那酒罐是在公元前 1345 年，还是在公元前 1346 年被封上的呢？

而国王更名则让这套系统变得更为复杂。埃赫那吞刚即位时名为阿蒙霍特普四世（Amenhotep IV），而他的继任者图坦卡蒙，刚即位时名为图坦卡吞①（Tutankhaten）。两人都在登基后因宗教原因改了名字。

为了更好地处理这份庞大的名单，王朝后期的历史学家将这

① 本书文中"图坦卡蒙""图坦卡吞"二者均有使用。在其即位前与即位初采用"图坦卡吞"，其余则采用"图坦卡蒙"。——编者注

些君主分成了不同的王朝：王朝（dynasty）一词指的就是承袭统治的一批君主，他们相互关联，但彼此间不一定存在血缘关系。而在近代，这些王朝被分为不同的王国时期（Kingdoms），以中央集权的模式进行统治，而不同王国期间权力分散或是受外邦掌控的时期就被称为中间期（Intermediate Periods）。

早王朝时期（Early Dynastic，公元前 3100—公元前 2686 年）：第一、第二王朝

古王国时期（Old Kingdom，公元前 2686—公元前 2160 年）：第三王朝至第八王朝

第一中间期（First Intermediate Period，公元前 2160—公元前 2055 年）：第九王朝至第十一王朝前半。

中王国时期（Middle Kingdom，公元前 2055—公元前 1650 年）：第十一王朝后半至第十三王朝

第二中间期（Second Intermediate Period，公元前 1650—公元前 1550 年）：第十四王朝至第十七王朝

新王国时期（New Kingdom，公元前 1550—公元前 1069 年）：第十八王朝至第二十王朝

第三中间期（Third Intermediate Period，公元前 1069—公元前 664 年）：第二十一王朝至第二十五王朝

后王朝时期（Late Period，公元前 664—公元前 332 年）：第二十六王朝至第三十一王朝

马其顿王朝和托勒密王朝（Macedonian and Ptolemaic Period，公元前332—公元前30年）

这个分类并不完美，它忽视了埃及漫长历史的极端复杂性，王国和时期之间的划分实际上并不像上述那样一目了然。但这种分类方式是埃及学研究的牢固根基，我们必然会参考到它。而按照这个分类，图坦卡蒙属于第十八王朝后期。换算到另一个时代划分体系（那个体系同样有些问题）的话，他在埃及的统治则是位于青铜时代晚期。

以下列出了第十八王朝晚期国王和王后的名字（均为图坦卡蒙的家族成员和同辈）：

图特摩斯四世（Tuthmosis IV，公元前1400—公元前1390年在位）和奈菲尔塔丽王后（Queen Nefertari）

阿蒙霍特普三世（Amenhotep III，公元前1390—公元前1352年在位）和蒂伊王后（Queen Tiy）

阿蒙霍特普四世，后改为埃赫那吞（Akhenaten，公元前1352—公元前1336年在位）和纳芙蒂蒂王后（Queen Nefertiti）

斯蒙卡拉（Smenkhkare，公元前1338—公元前1336年在位）和梅里塔吞王后（Queen Meritaten）

图坦卡吞，后改为图坦卡蒙（公元前1336—公元前1327年在位）和安海森帕吞王后（Queen Ankhesenpaaten），后改名为安

海森那蒙（Ankhesenamun）

阿伊（Ay，公元前 1327—公元前 1323 年在位）和泰伊王后
（Queen Tiye）

赫列姆赫布（Horemheb，公元前 1323—公元前 1295 年在位）
和穆特诺吉梅特王后（Queen Mutnodjmet）

斯蒙卡拉短暂的统治时期与埃赫那吞的重叠了：他们似乎在
共同执政，其中斯蒙卡拉可能将埃及短暂地单独统治了一段时
间，也可能在实现独立统治之前就去世了。蒂伊王后（阿蒙霍
特普三世的妻子）和泰伊王后（阿伊的妻子）名字相同，本书
使用了不同的译名来加以区分。阿伊最初并非王室成员，但他
因其妹妹（可能是蒂伊王后）和他的女儿（可能是纳芙蒂蒂王
后）与王室产生了联系。赫列姆赫布也是平民出身，但他的妻子
穆特诺吉梅特可能是纳芙蒂蒂的同名妹妹。他的统治标志了第
十八王朝的结束。他的朋友兼共事者成了下一任国王，即拉美
西斯一世（Ramesses I，公元前 1295—公元前 1294 年在位），开
启了第十九王朝。拉美西斯一世的儿子塞提一世（Seti I，公元
前 1294—公元前 1279 年在位）后来接任了王位。其后，拉美西
斯一世的孙子拉美西斯二世（Ramesses II，公元前 1279—公元
前 1213 年在位）继位，拉美西斯二世还有个更广为人知的称号，
"拉美西斯大帝（Ramesses the Great）"。可见，这些拉美西斯时
代早期的国王与阿玛尔纳时代（Amarna Age）的国王之间的关系

可能比他们想让我们了解的更加密切。

图坦卡蒙的家族中包括一些古代历史中最著名的人物。埃赫那吞和纳芙蒂蒂尤其让百年以来的历史学家都深深着迷：埃赫那吞是因其独特的宗教信仰，而纳芙蒂蒂最初是因其惊人的美貌，近年来则因其突出的政治权力。在他们统治期间，出现了许多瞩目的艺术作品，这些作品在他们去世3000年后仍能被一眼认出。"异教徒"埃赫那吞在他那座为了神明专门建立的城市统治埃及，而我们现在称这段统治时期为阿玛尔纳时代。

在讲述图坦卡蒙的故事时，我们无法避开讨论其生活的地理背景，即阿玛尔纳城。然而，这些对于阿玛尔纳城内生活的描述会持续影响图坦卡蒙自己故事的比重，乃至最后他甚至可能沦为自己传记中的一个小小脚注。而在这本书中，我将中心放到图坦卡蒙自身上来。人们常将他看作一个孩提继位、命运悲惨的少年国王，和大批黄金陪葬品一起沉眠于陵墓中。但我想用另一种方式记录他，我想让他以其生前期待的模样被人们铭记。我笔下的图坦卡蒙是一位传统的法老，生在了国运不济之时，着手恢复了这片被忽视的土地上的秩序。在他的统治下，埃及度过了平安无事的十年，而在死亡降临时，他正在实现其雄心抱负的路途上大步前进。

图坦卡蒙统治时期的埃及

图坦卡蒙继承的这片土地被河流分成了大不相同的两半，这两片土地上的人民都依靠着这条大河生活。大河自南部边境城镇阿斯旺（Aswan）进入埃及，向北流淌了 600 英里（约 966 千米）后分成多个分支，注入地中海。怎么夸张描述这条河流的重要性都不为过。它给一个干旱地区带来了水流与繁荣，它让人们得以捕鱼、打猎、饲养动物，以及种植粮食、亚麻和纸莎草。它是埃及人的公路、洗衣室和下水道，它为陶器和砖瓦制作提供了取之不尽的厚泥。如今，我们称这条河为尼罗河（the Nile）。

北埃及（Northern Egypt），又称下埃及（Lower Egypt），是指辽阔平坦的尼罗河三角洲地域。在这里，我们能看到运河、大片潮湿的田地和生满纸莎草的沼泽。它的海岸线广阔，西奈半岛（Sinai）构成路桥，连接更为广阔的地中海世界。主要城市白城[Inebu-hedj，意为"白墙"，后多称为孟菲斯（Memphis）]，位于上埃及和下埃及的交界处，靠近现在的开罗（Cairo）所在地，占据重要战略位置。孟菲斯是在上下埃及初次统一时建立的，在整个王朝时期都保持着重要地位。在新王国时期，它是一个重要的国际贸易中心，来自东地中海的船只通过尼罗河的贝鲁西亚（Pelusium）支流来到这里，卸下铜、木材和松脂，运走玻璃、黄金和埃及的谷物。在孟菲斯生活工作的官员在附近的萨卡拉墓地（Sakkara cemetery，埃及最早的金字塔就在此屹立）建造了令人印象深刻的石墓。孟菲斯地区所信仰的主神是普塔（Ptah），他的形象为一具木乃伊，是工匠和艺术创作者的保护神。在全盛时期，普塔的神庙群非常壮观，大小神庙坐落有致，伴有小型的神殿、宏伟的人口、游行大街和圣湖。而如今，古城孟菲斯包括普塔神庙在内的大部分建筑，都早已消失。

南埃及（Southern Egypt），又称上埃及（Upper Egypt），指狭长的尼罗河河谷地区。这里紧紧相依于尼罗河两侧，相比于下埃及，气候更为干燥炎热。生者居住的房屋由泥砖建成，伫立于河流两侧肥沃的"黑土地"（Black Land）上；而亡者居住的房屋由石块筑成，矗立在绵延不断、广阔荒凉的"红土地"（Red Land）里。主要城市瓦塞特 [Waset，有个更广为人知的名称：底比斯（Thebes），现代名称卢索斯] 被当地人直接简称为"城市"，在第一和第二中间期之后，出自该城的统治者完成了埃及统一，将自己的财富投入到故乡的发展和当地神命的宣传之上，奠定了该城的崇高地位。第十八王朝时期的底比斯大半建在尼罗河东岸，位于卡纳克（Karnak）神庙和卢克索（Luxor）神庙群周遭地区。如今，这座古城的痕迹几乎完全被现代城市卢克索掩埋了。底比斯所信仰的主神是阿蒙（Amun），意为"隐藏者"，他的名字与太阳神拉（Ra）合并起来，便形成了复合神阿蒙拉（Amun-Ra）。人们在庞大的卡纳克神庙群中祭拜这位神明。阿蒙拉被小心地以帷幔遮蔽，以维护其隐秘形象，穿行于街道之中，向南前往卢克索神庙庆祝每年的奥佩特节，或是穿过河流，拜访沙漠边缘的皇家葬祭庙。

埃赫塔吞，意为"阿吞（Aten）的地平线"，坐落于尼罗河东岸，位于底比斯和孟菲斯之间，是图坦卡蒙前任国王埃赫那吞在全新土地上建造的全新王城。埃赫塔吞，它有个更广为人知的名字：阿玛尔纳（Amarna）。在当时的艺术作品中，阿玛尔纳被描绘成一座树木繁盛、遍布宫殿和太阳神庙的花园城市。而与表象中充满阳光和快乐的城市不同，考古学研究发现阿玛尔纳是个更加黑暗的地方：在这座城市里，童工在建筑工地上卖力，穷人并日而食，权贵被迫抛弃他们对死后生活的传统信仰。图坦卡蒙就出生在阿玛尔纳这座城市：他的故事由此开始。

陵墓和木乃伊的数量

数个世纪以来，古王国时期和中王国时期的国王在埃及北部的沙漠墓地中建造了宏伟的金字塔。而第十八王朝的国王打破了这一传统，转而决定在遥远的帝王谷（Valley of the King，位于尼罗河西岸，底比斯城对面）开凿岩石，建造他们的陵墓。谷中的墓穴都用 KV（King Valley 的首字母缩写）加连续的数字表示。东谷（Eastern Valley）为主要墓地，西谷（Western Valley）次之，其中的墓穴则使用了 WV 编号，WV 编号和 KV 编号间可以相互转换，比如阿蒙霍特普三世的陵墓就可以被称为 KV22 或是 WV22。位于帝王谷的墓穴中只有 25 座埋葬的是王室成员，其他埋葬的多是非王室成员的贵族，有些甚至不是埋葬人用的墓穴，而是别有用途。同样的编号系统也适用于庞大的底比斯墓地，其中代尔巴哈里（Deir el-Bahri bay）的陵墓使用 DB 编号，而其他则使用更为常规的 TT（为 Theban Tomb，底比斯墓地的首字母缩写）编号。

1922年，图坦卡蒙的陵墓在序列中被赋予了下一个数字，被编号为KV62。此后又发现了两个墓室：KV63（于2005年被发现）是一个储藏室或木乃伊作坊，KV64（于2011年被发现）原本属于一个无名的第十八王朝女性，但在第二十二王朝期间被盗，并被他人占用。

墓穴编号可用于标识在某个墓穴中发现的任一无名木乃伊。比如说，帝王谷木乃伊作坊KV55出土过一具引起很多讨论的无名男性木乃伊，这个木乃伊就被标为KV55号木乃伊。而阿蒙霍特普二世陵墓KV35中的储藏室出土的两具女性木乃伊则被标为KV35EL（EL为"Elder Lady"，"年长女性"的首字母缩写）和KV35YL（YL为"Younger Lady"，"年轻女性"的首字母缩写）的女性木乃伊。这三具木乃伊都会在后文故事中被提及。

图坦卡蒙的陵墓由四个房间、一条短短的甬道和一段台阶组成。四个房间分别被称为前厅、耳室、棺室和宝库（原称储藏室），但这些并非图坦卡蒙时期的通用称呼，只是被发掘者采用的现代名称而已，可能带有一定误导性。

这些陪葬物品或一组陪葬品在被移出墓穴前，都会被分配一个编号作为参考。有时也会给某些陪葬品起一个现代名字，但很多时候这些名字会引起人们的误会。例如，一把独特的檀木镶嵌椅（编号351，简称no.351，下同）被称为"教会宝座"，仅仅是因为它让霍华德·卡特（Howard Carter）联想起现代主教的座椅。

而一个双柄的莲花形雪花石膏容器则被称为"愿望杯"（no.14），因为上刻的铭文表达了对平静来生的渴望："愿你的精神永存，愿你存活千万年，敬爱底比斯的人，面朝北风而坐，你的双眼注视着幸福"。挖掘小组在陵墓中工作时会用参考编号命名陪葬品，这些编号与物品或其出土地的对应关系如下：

1—3 号：墓室外和楼梯口

4 号：第一道门洞

5—12 号：甬道

13 号：第二道门洞

14—170 号：前厅

171 号：耳室墙体支撑结构

172—260 号：棺室（图坦卡蒙的木乃伊为 256 号）

261—336：宝库

337—620：耳室

本书将会使用这些参考编号来标识具体的文物。

帝王谷的保修工作结束后，绝大部分的陪葬品会被转移到开罗博物馆，植物材料则会被转移到开罗农业博物馆。2020 年至 2021 年，它们被逐步转移到吉萨的大埃及博物馆。大多数第十八王朝的王室木乃伊现由埃及国家文明博物馆保存，但图坦卡蒙仍然长眠于他位于帝王谷的陵墓之中。

一个法老，两段故事

　　图坦卡蒙知道，死亡不是他生命的终点。作为一个国王，他有几个激动人心的死后生活可以选择。他可以与缠着绷带的奥西里斯神（Osiris）融合，统治那些在芦苇原（Field of Reeds）里劳作的死者。他也可以成为太阳神拉的太阳船的船员，与试图阻止太阳升起的夜魔作斗争。他甚至可能成为一颗星星，永远在湛蓝的天空中闪烁。但他也知道这些未来并非唾手可得。无论他想过哪种来生，他，图坦卡蒙都必须被人记住。被人们遗忘，所有存在过的痕迹都从生者的世界中抹去，这无异于经历第二次死亡，而这将再无来生的保障。这样的未来太过可怕，他必须做点什么。在他的整个统治期间，图坦卡蒙努力将他的存在铭刻于他的国土上，希望他的故事能被后世铭记。然而，十年太短，图坦卡蒙意外早逝，他的雄图壮志没有实现。审慎的计划没能让他被人铭记，可一连串未被预见的事件和一场意外的暴雨，反而使他成了埃及最著名的国王。

图坦卡蒙留下的不仅仅是一个，而是两个差别甚大的故事，这两个故事相隔了3000多年的时间。本书的第一部分会用较长的篇幅讲述第一个故事。这个故事他自己也认可——讲述的正是他的生平、死亡和葬礼。不幸的是，这个故事严重缺乏细节。我们没有任何描述他的统治的官方记录，也缺少民间传说来给这个古代人物添颜色。因此，埃及学家们不得不扮演起侦探的角色：他们从考古研究、艺术作品和各个纪念碑铭文中搜集线索，通过其中透露的不连贯的事件，重建图坦卡蒙的一生。若是故事中间有残缺，他们就参考已知信息大胆推断，或偶尔凭借主观想象填补空白。而随着新证据出土，这些零散的信息会被重新评估和整理，再产生有关同一段历史的新版本故事。我教授不同水平的学生埃及学多年了，我知道一些读者会将本书对微小细节的讨论看作学术上的吹毛求疵，并因本书缺乏清晰的故事线索感到困扰。对于这些读者，我只能表示歉意。本书是为那些将还原埃及历史视为一场智力挑战的人而写的。他们热衷于考查证据，寻找重要线索，并用它们构建出属于自己的那一版本历史。对于这些读者来说，即将揭晓故事真相所带来的不确定性是研究古代世界的乐趣源泉。

很明显，在他的陵墓被发现及其木乃伊被打开之前，关于他生平的旧记载都会变得过时且充满误导性。另一点没有那么明显，那就是近年来创作的"传记"讲述的故事彼此间可能大相径庭。有的埃及学家可能认为图坦卡蒙是伟大的法老阿蒙霍特普三世的儿子，而有的可能提出别的令人信服的理论，比如他可能是异教徒法老埃赫那吞之子。有人还可能会列出充满说服力的证据来证明他其实是与埃赫那吞共同摄政的国王——斯蒙卡拉的儿子。同时，图坦卡蒙母亲的身份也并不确定，可能是王后蒂伊或王后纳芙蒂蒂、公主梅里塔吞（Meritaten）或公主梅克塔吞（Meketaten）、王妃基亚（Kiya）或出生海外的王妃塔杜赫帕（Tadukhepa），后者最初被送往埃及同阿蒙霍特普三世成婚，但这位法老却在完婚前去世，最后她改嫁给了他的儿子埃赫那吞。而让身份确定更加复杂的是，有些人认为其实纳芙蒂蒂或基亚可能就是塔杜赫帕。类似的不确定因素也让我们难以确定图坦卡蒙生平的其他关键信息——他是怎么登上王位的？他是在阿玛尔纳统治的吗？他打过仗吗？他是否跛脚？关于他的死亡原因也有不同说法，其中包括罹患肺结核或疟疾、被谋杀、战争中受伤、高速驾驶战车遭遇事故，以及被河马践踏而死等等。

我在讲述图坦卡蒙的故事时一定程度上参考了奥卡姆剃刀法则："实体内容不应超出必要的范围"，换言之，在条件固定的情况下，最简单的解释往往是正确的。面对两个或多个相互矛盾的假说，我会选择最简单直接的那个。这个原则贯穿全书，但我也重点强调了某些可能有争议的部分，提出了一些目前还没有答案的问题。

尽管证据稀少，时间也不连贯，但我们能从其中弄清楚一个事情，那就是图坦卡蒙绝非一个典型的埃及国王。他出生在阿玛尔纳这座由埃赫那吞建立的与外界隔绝的城市，他从小就只崇拜一个神明：被称为阿吞的太阳圆盘。在图坦卡蒙的童年时期，阿吞神把它那涵养生命的光芒倾洒在法老的身上，给他灌输力量，让他能以半神的身份统治埃及。传统的保护神被贬斥于太阳的阴影之中，只能眼睁睁地看着。国王身侧的贵族们也只能看着王权在埃及境内境外的影响在缓慢却不可避免的衰减。而随着埃赫那吞的去世，他的宗教改革也潦草结束。他生前做的工作不够说服朝臣相信阿吞会启示人们实现真正开悟。因此，在顾问的帮助下，图坦卡蒙在统治期间致力于恢复阿玛尔纳时代之前王朝的荣光，那时他还太小，未能体会到当时埃及的辉煌。

在坐上那被父辈玷污的王座 10 年后，他已然取得了许多成就。他抛弃了阿玛尔纳，重新构筑起了万神殿，王家墓地也得以重新开放，他的军队即将取得胜利、保证帝国的平安，图坦卡蒙似乎注定要成为一名伟大的法老。然而，一次不明智的远征给一切画上了一个突兀的句号。埃及哀悼早逝的君王，而王室在寻找合适的继承人的压力下四散瓦解。太阳王的时代已经结束，好战尚武的时代即将开始。

在本书的第二部分，我们会讲述图坦卡蒙的另一个故事，该部分篇幅较短，但是故事线索远比第一部分明晰。内容涉及图坦卡蒙陵墓的发现与挖掘，以及对这位重现天日的国王的复原工作。在 1922 年 11 月，由卡那封勋爵（Lord Carnarvon）资助、霍华德·卡特带领的一个英国埃及考古小队，决心发掘这位鲜为人知的第十八王朝国王图坦卡蒙。他们本以为会发现一个年老的法老，他通过与王室联姻登上了大位，不久后就因高龄而去世。然而，令他们大吃一惊的是，他们在黄金棺材中发现了一个"少年法老"，四周的陪葬品数目惊人，高达 5398 个。这一发现点燃了全球对图坦卡蒙及其精心准备的墓葬的空前兴趣，而这种兴趣在不定期的随葬物真品或仿品巡回展览的推动下，一直持续到了今天。

在传统的说法中，这个发现是一个史诗冒险故事，耀眼的黄金和突然的死亡，考古学家像个英雄一般，为了向爱慕他的世界揭开过去的面纱而战斗。但不是所有人都认为这次发掘是场胜利。早在 20 世纪 20 年代，许多人就开始质疑考古学家能否轻率地认为他们拥有上帝赋予的权利，可以前往异国他乡，不仅把一个年轻人——这可不是一般的年轻人，而是一个国王——从他的陵墓中挖出来，更把保证他来世生活的绷带也扯了下来。而同时，埃及人民无法插手挖掘行动，只能眼睁睁地看着西方世界将图坦卡蒙据为己有，然后因这行为又争吵不休。对图坦卡蒙及其陪葬品所有权的讨论越来越热烈：他到底是属于世界、埃及人民还是卡那封勋爵？随之媒体也开始质疑挖掘这座他们所称的"诅咒之墓"是否明智。他们肯定打扰到了某些神秘力量，不会有什么好结果的。

不幸的是，在有关这个墓葬和其中物品的正式学术论文发表前，卡特就去世了。留在人世的只有 3 本通俗书籍，还有一大批报道准确度不一的期刊和报纸叙述着他的传奇冒险。图坦卡蒙的陪葬品被保管在开罗博物馆，在我写下这些文字的时候，它正被转移到吉萨金字塔附近的新大埃及博物馆，将被陈列在辉煌而先进的展厅中展示。如果是在 30 年前我刚刚开始撰写古埃及相关书籍时，将文物收入馆藏也意味着打消了世界上大多数人接触它们的可能。在互联网产生前，人们只能从博物馆或是专业图书馆中寻找资料，因此基本上只有居住在这些机构附近的幸运儿，或是有钱人才能涉猎古埃及研究。而今天，互联网让每个人都能参观博物馆和图书馆、特定文物或是查找收录的材料。牛津大学格里菲斯研究所（the Griffith Institute）在这方面树立了一个杰出的榜样，他们将图坦卡蒙的发掘记录，包括霍华德·卡特的资料（包含笔记、卡片、照片和幻灯片）、亚瑟·梅斯（Arthur Mace）的日记、阿尔弗雷德·卢卡斯（Alfred Lucas）的笔记和哈利·伯顿（Harry Burton）保存的图坦卡蒙的照片，都制作成网络展览《图坦卡蒙：解剖这场挖掘行动》（*Tutankhamun: Anatomy of an Excavation*）供人免费观看。我希望受到图坦卡蒙故事启发的读者能够去访问这个档案、查看照片，并利用这些原始记录，在自家座椅中展开一场自己的挖掘行动。而为了帮助你们的个人研究，我将本书中提到的所有重要丧葬作品都标注了卡特的参考编号。

即使发生在千年以前，一个年轻人的死亡也令人震惊。我们想知道到底发生了什么。因此，在大部分图坦卡蒙的陪葬品都未被研究、信息也未发布时，他的尸体不出意料地已经被做过四次重大的医学检查。1925 年，由解剖学家道格拉斯·德里（Douglas

Derry）教授领导的一个小组对图坦卡蒙木乃伊进行了初步的绷带解封和解剖，但未对遗体进行 X 射线检查。1968 年，由解剖学家罗纳德·哈里森（Ronald Harrison）教授领导的利物浦大学科研小组对图坦卡蒙遗体再次进行研究，并进行了 X 射线检查。10 年后，密歇根大学的牙医詹姆斯·哈里斯（James Harris）博士进行了第三次研究，重点检查国王的头部和牙齿。

最近的研究由最高文物委员会 [Supreme Council of Antiquities，现称文物部（Ministry of Antiquities）] 主持开展，在埃及学家和埃及最高文物委员会秘书长札希·哈瓦斯（Zahi Hawass）博士的领导下进行。他是首位可以将国王的尸体移出陵墓进行检查的人，团队也因而得以避免在游客好奇的注视下工作。他们的工作于 2005 年开始，使用最先进的扫描技术进行虚拟解剖，接着通过脱氧核糖核酸（DNA）采样试图确定图坦卡蒙的家谱。他们的调查结果发布后反响巨大，其 DNA 证据更是引发了埃及学家和科学家激烈的讨论。媒体报道的标题多夸大其词，像"图坦卡蒙国王、纳芙蒂蒂王后和他们的家庭乱伦"这种都实属含蓄了，但实际上许多专家认为我们离真正确定图坦卡蒙的血缘还远得很。①由于结果具有争议，我将在第十章后的尾声部分单独介绍图坦卡蒙家谱的 DNA 证据。

已经有很多书籍讨论图坦卡蒙的生平、死亡和来世了，还能

---

① *National Geographic online*, 8 November 2017.

挖出来更新的内容吗？我坚信是可以的。固然，作为两本以图坦卡蒙为主题的专著作者，我当然会这么想。但客观地观察这些证据，我们也能轻易发现，无论是因不断涌现的全新考古发现和文字记载，还是因我们审视证据时逐渐变化的文化视角，图坦卡蒙的故事仍在不断发展。10 年前，我写过一篇关于图坦卡蒙的文章，重点讲述了陵墓的发掘和图坦卡蒙的诅咒这一传说的发展。10 年后，凭借新的证据，我能够把叙述重点更多地放在图坦卡蒙的生平和时代背景上。我仍然会讲述考古发掘后的故事，引用了足够的资料来完整地阐释这段历史（对认为这段考古故事已经被讲了太多遍、成了陈词滥调的读者，我深表歉意），但因为它和国王自身关系不大，我删减了诸多真正考古挖掘时的细节。

并非所有人都认为图坦卡蒙值得人们花这么大工夫进行研究。很多专业埃及学家认为图坦卡蒙作为一个国王并不突出，他在某种程度上抢走了人们对成就更高的国王的关注，让民众误以为他历史地位显著。但这个论点忽略了问题的关键：不论个体怎么认为，"图坦卡蒙国王"确实是个历史名人，而人们总是渴望了解更多名人的信息。若是对古埃及了解最多的人们讲腻了图坦卡蒙，也会有别的对埃及了解相对较少的人创作这类书。

我对图坦卡蒙无论生前死后都无足轻重的说法表示质疑。在顾问和家人的辅佐下，还是小孩子的图坦卡蒙开始了他的统治，而在他的统治终结时，他俨然成了青铜时期地中海地带最有影响力的人物。他消失了 3000 年，然后作为古代世界的大使再次出现，向现代的人们呈现了埃及辉煌的历史。图坦卡蒙陪葬品及相关文物（包括真品和复制品）的巡回展览不定期举办，为埃及带来了其急需的收入，促进了对埃及堪称命脉的旅游业（在2019年新冠疫情之前，埃及旅游业创收超130亿美元①）的发展。如今，英国许多在博物馆和大学工作的埃及学家都会承认他们深受1972年图坦卡蒙巡回展览和展览期间的高质量出版物及纪录片的启发。而我，就是其中一个。

图坦卡蒙，相比其他任何一位埃及国王，都更成功地实现了他们常提的被永远铭记的愿望。而我也有自己的愿望：他的故事值得被人们更加准确、更加完整地铭记。

---

① *Egypt Today online*, 31 March 2020.

目　录

上　部

下　部

上 部

底比斯，公元前 1336 年

第一章

> 王子的故事：
> 图坦卡蒙的家庭和早年生活

在一首刻在私人陵墓墙壁上的长诗中，"异教徒"国王埃赫那吞讲述并阐释了他信奉的神明：[①]

阿吞神，你自地平线升起，在白昼照耀万物，大地因你重现光明。你投射光芒，驱散黑暗。土地被你唤醒，人们站直身体，庆祝光明，他们净身着衣，举起双臂膜拜新日升起。

整片土地开始了一日的劳作。草木生长，牲畜满足地于牧场游荡。鸟儿自巢穴腾空而起，展翅赞颂你的恩泽。你为他们升起时，所有于地上走的都欢欣雀跃，所有于天上飞的都宛若新生。船只南来北往，每条道路都因你重新开放。河流中的鱼儿在你面前跳跃，你的光辉倾洒在海洋中央。

---

① 摘自《阿吞颂诗》（*Great Hymn to the Aten*），刻录于法老阿伊位于阿玛尔纳陵墓的墙壁上。由史蒂文·斯内普（Steven Snape）译成英文。

图坦卡蒙去世 50 年后，平民出身的国王塞提一世下令在阿比多斯神庙（Abydos temple）的墙上刻了一份王名表，确保他的名字与他杰出的"祖先们"永远联系在一起。我们看似可以通过拜访阿比多斯神庙查看塞提的名单，轻易确定图坦卡蒙的身份、构建第十八王朝后期的统治模式，只可惜，埃及学远没有如此简单。塞提将图坦卡蒙和他的直系亲属视为不受欢迎的异教徒，将他们无情地从埃及的历史中除名了。他的王名表则从受人尊敬的阿蒙霍特普三世直接跳到了另一位同样受人尊敬的法老——赫列姆赫布，略过了中间的所有人。而这份象形文字文本的魔力是如此强大，那几段统治时期的埃及历史几乎完全消失了。但没有人能够彻底抹去那几位国王（埃赫那吞、斯蒙卡拉、图坦卡蒙和阿伊）在他们的领土上留下的痕迹。尽管有关图坦卡蒙的记忆被后继者抹杀，但是他的故事得以留存下来，零散地记录于埃及各地的考古研究、艺术作品和纪念碑铭文之中，缺乏连贯的叙述。我们需要搜集并整合这些证据，才能重构他的一生。

公元前 1352 年，阿蒙霍特普三世去世，结束了他 38 年安宁且大体平淡的统治。他的儿子，同名阿蒙霍特普，继承了王位，成为那弗尔赫普鲁拉·瓦恩拉·阿蒙霍特普四世（Neferkheperure Waenre Amenhotep IV，那弗尔赫普鲁拉意为"拉的转化是完美的"，瓦恩拉意为"拉是独一无二的"）。年轻的阿蒙霍特普并不是首选的继承人，他的兄长图特摩斯一直被当成国王接班人培养，但却在阿蒙霍特普三世统治的第三个 10 年间去世。图特摩斯作为王储的证据非常有限，然而，我们得以从一尊小型片岩雕像[①]中一窥他的生活：他半躺在地上，身穿裹腰裙，留着侧辫，身披祭司的豹皮大衣，正在为孟菲斯的造物神普塔研磨谷物。雕像周围的铭文介绍他为"……国王的儿子，图特摩斯祭司……我是这位高贵的神明的仆人，是他的碾磨工……"他的宠物猫塔缪（Ta-Miu，意为"猫"）的石灰石石棺[②]则证实了他最终的完整头衔是"王储、上下埃及祭司监督、侍奉普塔的孟菲斯地区大祭司及侍奉普塔的祭司"。而最后，在另一座片岩雕像中，他被呈现为一具躺在棺材中缠满绷带的木乃伊[③]。我们至今未能找到图特摩斯的陵墓，对他的了解也仅止于此。

阿蒙霍特普四世开始了他的统治。像一个典型的第十八王朝国王一样，他由阿蒙拉神加冕，在北方的孟菲斯和南方的底比斯这两个行政中心统治埃及。工人们开始在西谷（帝王谷中的一谷，他的父亲阿蒙霍特普三世就葬于此）建造他的陵墓时，用于祭祀阿蒙拉神的卡纳克神庙群及其周边的建设工作也在继续。阿蒙霍特普想要通过完成他父亲未完成的项目，展示他维护"马阿特（maat）"，即万事理想状态的意图。

然而加冕后不到 3 年，阿蒙霍特普就背弃了传统的万神殿，

---

①   Louvre Museum, Paris E2749 N792.

②   Cairo Museum CG5003.

③   Ägyptisches Museum Berlin VAGM1997/117.

决心侍奉另一位神明：一位古老但当时地位无足轻重的太阳神，被称为"阿吞"，意为"圆盘"。他也将名字"阿蒙霍特普"（意为"阿蒙的满意者"）改为了埃赫那吞（意为"阿吞的圣灵"）。为了取悦这位神明，埃赫那吞在底比斯和孟菲斯之间的处女地上构筑了一座城市并立都。这座城市被命名为埃赫塔吞（意为"阿吞的地平线"），如今，它更多地被称为阿玛尔纳。而埃赫塔吞不超过 20 年的埃及统治时期，则被称为阿玛尔纳时期。

埃及学家们倾向于将这个短暂的时期独立出来，夸大该时期的成就。他们专注于研究新城市和其独特的宗教，认为这是一个空前绝后的时代。当然，阿玛尔纳时期的确不同寻常，而这种"不同"直接影响了埃赫那吞身边的上层阶级和被迫迁往阿玛尔纳城为国王以及神明服务的普通人。然而，古埃及主要人口是生活在尼罗河谷和三角洲地区村庄小镇里的农民，在整个阿玛尔纳时期，他们的生活和从前几乎没有分别。

埃赫那吞的城市就像他的宗教一样短寿。在他死后，两者很快就被遗忘了。泥砖建造的居住建筑，包括房屋、宫殿和办公处等，逐渐破败，最后成了宝贵的肥沃土壤，在现今被人们铺满田野，破坏了考古地层学的研究。而阿玛尔纳神庙里数千块刻有铭文的石块则被分割出来用以建造邻近城市赫尔莫波利斯 [Hermopolis Magna，现称阿什穆内（Ashmunein）] 的神庙。这种回收利用非常常见，使用旧建筑的石块比开采运输新石料要容易得多，因而在王朝时期，人们常常使用旧的石块建造新的建筑，将刻有文字的一面朝向内部即可。而正是在这些被回收利用、严重受损的其中一块石砖上，我们首次发现了这个名为图坦卡吞（意指"阿吞活的形象"）的王子的记录，他被描述为"国王身体的儿子，国王的至亲"。根据石砖上的记述，图坦卡吞在几年间改变了他的名字和宗教信仰，成为图坦卡蒙（意指"阿蒙活的形象"），结束了阿玛尔纳的宗教实验。

埃及的国王用石头庆祝他们最伟大的成就。无论是有如史诗的战斗、利润丰厚的贸易远征、前无古人的建筑工程还是慷慨虔诚的宗教祭祀，这些成就统统被记录在神庙石墙上长篇累牍的象形文字铭文里，或在雕刻或绘制的华丽画面中。同样，埃赫那吞在尼罗河两岸崖壁上凿刻了一系列碑文和雕像来庆祝这座新城市的诞生。这些"界碑"划分出城市的边界，碑上铭刻着这座城市建立的故事，其中甚至简要提及了埃赫那吞不断壮大的家庭：[①]

阿吞给予人永恒的生命。我为国王的妻子和孩子感到欣喜，因而国王的妻子纳夫尔内夫鲁阿吞·纳芙蒂蒂在数百万年后才会老去……她受国王的照拂，因而法老的女儿梅里塔吞和梅克塔吞老去时，也受国王的妻子，即他们的母亲的照拂，直到永远……

---

① 摘自阿玛尔纳 S 界碑上的铭文。

铭文中也只有这种程度的国王私人信息。第十八王朝的国王不会在公共纪念性建筑上分享他们私人生活的更多细节，更不会公布他们孩子的出生时间。我们之所以知道埃赫那吞和王后纳芙蒂蒂共有6个女儿，是因为在遍布阿玛尔纳城的绘画和雕像群中出现了她们的身影，一个个地立于父母身侧，人数自一人逐渐增至6人。从这些官方的艺术作品我们可以看出，埃赫那吞身旁不乏女性支持他的工作。但是不知道出于何种目的，在这些作品中我们看不到任何未来国王，即国王儿子们的身影。埃及王子仿佛成为王储才能踏出云雾，很多时候我们只能看到他们成为王储后的记录，年轻的埃赫那吞也是这样。在几十年内创作的官方作品里，他的4个姐妹立于父母身边，他却只出现在寥寥可数的几个场景中，和父亲站在一起，而这些场景很可能是在老国王死后雕刻的。此外，还有一个酒罐的标签上提到这是"国王真正的儿子阿蒙霍特普的财产"。图坦卡吞在快成为王储的年龄才突然出现在阿玛尔纳城的记录中，这是很正常的。

如果我们想更多地了解这位年轻王子的身世，我们得离开阿玛尔纳，向南走，前往底比斯。在远方，有一座皇家大墓地隐藏在尼罗河西岸，名为帝王谷。图坦卡蒙的陵墓以配有大量"神奇的东西"而闻名，其中包括帮助去世的国王实现来生的宗教或巫术物件、传家宝、个人物品和一些更为实用的日常用品（用以帮助他在死后舒适生活）。但从另一个角度看，这座陵墓让专家大失所望，里面没有任何有价值的文字记录。这是专家在帝王谷发现的第一座基本完整的王室陵墓，他们不知道会发现什么，但都希望能找到图坦卡蒙统治时期的书面记录，发现他私人生活的细节，或许还能找到埃赫那吞的异端信仰的解释。但很可惜，这里没有私人的、独特的文件，没有外交信函，更没有什么可以用来重构图坦卡蒙家谱的信息。最令人失望的是，墓中有"一箱莎草纸"被考古学家充满期待地称为"图坦卡蒙的图书馆"，最后它被证实只是一堆变色的亚麻缠腰布。

然而，该墓提供了一些关于图坦卡蒙年龄和身份的间接线索。金碧辉煌的陪葬品中也有各种各样的朴素酒罐。有些酒罐已经被收拾陵墓的祭司和试图盗空陵墓的强盗砸碎，但仍有许多是完整的，上面标有年份、产地、葡萄种植者、种类，以及执政年份这一关键信息。从这些标签中我们得知，在第9年，一位名叫森诺弗尔（Sennefer）的首席酿酒师在名为"上埃及赫利奥波利斯（Heliopolis，即底比斯）的统治者，图坦卡蒙家族，来自西河的生命！繁荣！健康！"的葡萄园工作。他指示工人用一种被称为"葡萄酒"（这个简单描述可没帮上专家什么忙）的饮品（no.541）装满酒罐。森诺弗尔为我们提供了现今确认的图坦卡蒙的统治年限。我们可以合理地假设，若是有一个装有"优质葡萄酒"的罐子，标注生产日期为某个国王统治时期的第10年，那这酒可能是在图坦卡蒙统治期间生产的。但若是一个"葡萄酒"罐子上标了"第30年"，那这必定生产于阿蒙霍特普三世那非同寻常的漫长统治期间。

图坦卡蒙安眠于他位于陵墓中心的棺室里，被一层层的亚麻绷带和裹尸布包裹，被三个嵌套的金棺、一个石棺和四个镀金的木制神龛严密保护。图坦卡蒙的遗体保存完好，存在可以帮助确认死亡年龄的体征线索。牙齿的存在与否对于确定死亡年龄有很大帮助——营养不良和疾病等会对骨骼的生长造成影响，然而牙齿的发育不大容易受这些因素左右。但在1925年的尸检中，解剖学家道格拉斯·德里发现，图坦卡蒙的嘴在丧葬仪式中被浇在木乃伊头上的树脂和油膏意外地粘住了，专家无法直接观察到他的牙齿。为了避免在强行打开图坦卡蒙的嘴巴时破坏他的面部，德里决定在其头部下巴处开口。专家后来用树脂修复了刀口，如今那处刀口肉眼看不出任何痕迹。打开口腔后，德里可以看到图坦卡蒙的右侧上下智齿"刚刚从牙龈长出来，约有第二颗臼齿的一半高"。左边的智齿不太明显，但它们似乎也才长出来。这一牙齿证据加上德里对骨骺（长骨末端的生长板）的目测结果，使他得出结论：图坦卡蒙死于17至19岁之间。这一诊断后来通过对第三颗臼齿生长状况的X射线检查和CT扫描得到了证实。

如果图坦卡蒙在去世前统治了埃及不少于10年的话，他必定是在8岁左右继承的王位。埃赫那吞本人在位17年。这是专家凭借两个罐子标签判断出来的：一个标签最初写的是"第17年：蜂蜜"，而它后来被另一个标签所覆盖，上面写的是下一任统治者的"第一年：葡萄酒"。没有证据表明埃赫那吞的驾崩和图坦卡吞的登基间相隔很长时间，我们可以因此得出结论：图坦卡蒙可能是在埃赫那吞统治时期的第 9 年出生的。这时埃赫那吞已经与其家人搬到了阿玛尔纳，我们可以因此推断，他是在阿玛尔纳出生的。

通过检查墓穴耳室的箱盒，专家得以搜集到了更多关于这位少年国王的线索。图坦卡蒙的陪葬物品包含各式各样的衣服，这些衣服由亚麻布手纺制成，其质量之好，考古学家都难以复制。其中包括有袖和无袖的外衣、披巾、腰带、手套、头罩和独立大脚趾的分趾袜子，这样的设计方便他穿上凉鞋。皮革配件包括鞋子、凉鞋和被不幸认为是藏书的缠腰布（共有至少 145 件，损坏较严重的专家认为无法保存，扔掉了）。甚至还有一个似乎是"人体模特"的东西：一个木制的、没有手臂和腿的国王模型（no.116），霍华德·卡特认为这是用来展示他的衣服和珠宝的。这些衣服并非专门为陪葬所作，纺织品分析显示它们有细微的磨损和洗涤的痕迹，证明这些实际上是国王生前穿戴过的衣物。

只要瞥一眼任何一个第十八王朝贵族阶层陵墓里有装饰的墙壁，就会发现成年人都穿着洁白的亚麻衣服，而无论哪个阶层，儿童都赤身裸体，几近光头。这也是我们许多人对古埃及生活的印象。然而，图坦卡蒙的服饰展示了一个更为精致、更为多彩的世界：在这个世界里，王室的外衣缀有大量的流苏、织锦、贴花、刺绣、串珠和类似于亮片的装饰片。装饰如此繁杂，这些绝不可能用于日常穿着。探索古墓的考古学家们感到困惑，并轻率地下了结论（毕竟是一群生活在 20 世纪初的西方人，他们下这个结论也情有可原）：部分更精致的服装肯定是女性服装。比如，一件"仪式长袍"（no.21d），圆形衣领，配有简单的长方形流苏布装饰，全身有蓝色和绿色的玻璃珠和打金的亮片点缀，这件衣服在卡特的记录卡上被正式分类为女性服饰：

这件花纹衣服应该属于一位女性。它可能像盒中其他的一些衣物一样，属于一个孩童。可以想象，国王小时候在某些场合可能会穿女孩的服饰——原因参考现代的割礼习俗，或者男孩穿女孩的衣物以避免恶人算计。

这件小袍子的尺寸约为 80 厘米 ×50 厘米，而同样从墓中发现的男性"衬衫"的尺寸为 138 厘米 ×103 厘米。正如考古学家所指出的，保存于前厅的那个精雕细琢的"彩箱"（no.21）中有几件儿童服装，这只是其中一件。令卡特非常惊讶的是，这些衣物属于一个少年国王：

我们最初认为，国王可能把他小时候穿的衣服保存起来了。但后来，我们在一条腰带和一件长袍的亮片上发现了王名圈。那么这些必定是他成为国王后穿戴的衣物。由此可见，他在继承王位时还只是个小男孩。

长大后的图坦卡蒙不太可能想挤进迷你的衣服里，因此我们必须思考为什么他要带着童年的衣物进入来世。我们可以将其与每天为神庙中神像穿戴的亚麻布衣服做个比较。那些衣物被认为可以吸收神像身上某种神性，而这也使它们具有巨大的价值。同样地，国王穿过的衣服也带有"王室"和"半神"的光环，不能被轻易丢弃。

　　图坦卡蒙把他小时候的首饰也带进了陵墓里。其中包括一些耳环，在他生前，妇女和儿童会佩戴这种耳环，而成年男子不会。图坦卡蒙左耳垂上有一个宽达 7.5 毫米的耳洞，推测是童年时佩戴耳钉留下来的。我们推测他的右耳垂上应该有一个配对的耳洞，但在尸检时我们发现这个耳洞已经消失了。最内部的棺材和黄金面具上的图坦卡蒙都有耳洞，但大概是为了表明国王已经不再需要佩戴童稚的首饰，两个耳洞都被小金盘盖住了。此外，有一个空盒子的标签被卡特翻译为"国王小时候的侧锁发型（Side-lock）"，这表明图坦卡蒙可能留了常见于上层阶级儿童的发型：剃光头部，只留侧面一缕编成精致发辫（no.575 或 no.494）。

　　卡特对割礼仪式也提出了自己假设，他认为这可能是标志孩童成长为男人的一种仪式，然而并没有证据表明割礼仪式在埃及王朝时期盛行。偶尔有部分文本和图像表明一些男人接受了割礼，但许多木乃伊，包括王家木乃伊，都没有。在"仪式长袍"被发现的几年后，德里得以在尸检时检查图坦卡蒙的生殖器，上面毛发已被剃光。他惊奇地发现，国王的阴囊被压平在会阴部上，而他的阴茎（5 厘米长）却被绑束起来，用树脂粘住定型，使其永久地呈现近 90 度的勃起。这是为了永恒地激活图坦卡蒙的性能力和生育能力（这两方面对埃及男性来说非常重要），同时使他和木乃伊奥西里斯神联系起来——奥西里斯的生育能力极强，他甚至在死后仍让妻子受孕，生下了儿子荷鲁斯（Horus）。德里无法确定图坦卡蒙是否接受过割礼。

像和图坦卡蒙相关的其他事物一样，他的阴茎也发展出了自己小小的传说故事。专家将阴茎和阴囊从图坦卡蒙的尸体上分割下来，置放于一盘沙子上，放入了石棺中。此时这根阴茎还在，有图片为证，但随后它就不翼而飞。在很长一段时间里，人们都认为这根阴茎被盗了。第二次世界大战期间，帝王谷的安保工作非常松懈，人们也因此常常谴责安保的严重疏忽。同时出现了很多对其下落的猜测（人们常喜欢赖到外国军队头上），衍生了许多粗野的双关语，讲的都是这个丢失的"王室珍宝"。1968 年，哈里森在沙盘下面松散的棉絮中发现了遗失的阴茎，但他没有试图重新将它接到图坦卡蒙的身体上，而将它埋回了沙子里，它也因此又一次消失了。最后，在最近一次检查国王的尸体时，人们再次找到了这个丢失的阴茎。

凭借墓中的证据，我们能够想象出一个小男孩站在阿玛尔纳炽热的阳光下，穿着精致但不舒服的厚重衣裳，戴着耳钉，梳着侧锁，而这发型说明虽然他未来会成为一个神明，但很大程度上，他仍是一个孩子。在棺室中发现的一个镶嵌纯金香水盒（no.240bis）上也绘有这个孩子的模样，画风非常独特。这个盒子呈现为置于基座上的两个并列王名圈（Catrouche，一种象形文字图案，表现为一圈环绕国王登基名和出生名的椭圆），每个王名圈的顶部（即香水瓶盖上）有一个太阳圆盘和双羽图案。前后共有四个王名圈，都展现了图坦卡蒙的登基名：那布赫普鲁拉（Nebkheperure，意为"拉神形象之主"）。通常，他名字中的"赫普鲁"（Kheperu）部分由圣甲虫加三条线表示。然而在这里，圣甲虫图案被图坦卡蒙本人的蹲姿代替。4 个图坦卡蒙的画像有微妙的不同。有人认为，他们面部由浅至深的颜色变化，可能代表了国王生命中的四个不同阶段：少年国王、成年国王、去世的国王和进入来生的国王。但是，其中两幅画像中，图坦卡蒙都梳着精致的侧锁发辫（另外两幅戴着王冠），而这又与上述假说不通。有可能画像上只表现了两个阶段：同荷鲁斯一同统治生者的国王，和同奥西里斯一同统治死者的国王。无论如何解释，都有一点很明确，那就是它们不是我们今天所理解的"真正的"肖像画。

年轻的国王们继承王位，不需要诉诸武力争夺王权。图坦卡蒙的陵墓证明了他是某位国王的儿子或孙子，但令人沮丧的是，它没有告诉我们那位国王到底是谁。最明显的答案当然是埃赫那吞，图坦卡蒙出生时的埃及国王。然而，有两个证据让我们产生了怀疑。第一个是一个木制天文仪器手柄上的献词，它将图特摩斯四世称为"他父亲的父亲"[1]，他是阿蒙霍特普三世的父

---

[1]　Oriental Institute Museum, Chicago E12144.

亲，也是埃赫那吞的祖父。第二个是"普拉德霍狮子"["Prudhoe Lions"，一对第十八王朝的红花岗岩卧狮像，最初由阿蒙霍特普三世为他位于努比地区的索莱布神庙（Soleb temple）委托制作，后来由图坦卡蒙重新制作]之一的底座上的铭文①：图坦卡蒙在这里自称为"为父亲翻修雕像的人，上下埃及之王，两地之主，内布马阿特拉，拉的形象，拉的儿子，底比斯的阿蒙霍特普统治者"。

图坦卡蒙似乎声称阿蒙霍特普三世是他的父亲，这就意味着他是埃赫那吞的弟弟。乍一看这不太可能，因为我们知道埃赫那吞统治了17年；但如果阿蒙霍特普三世在埃赫那吞统治期间还在世的话，他的确有可能拥有一个8岁的儿子，接替大儿子埃赫那吞的统治。有没有可能阿蒙霍特普三世和埃赫那吞长期共同执政，而执政期间两个国王分别使用自己的年号，因此埃赫那吞的第一年也是阿蒙霍特普三世的第29年？共同执政的情况在第十八王朝非常罕见，而且9年的共同执政却没留下任何记录，这几乎是不可能的。

令人高兴的是，我们不用从字面意义理解图坦卡蒙的话（尽管这听起来让人有些困惑）。埃及语言非常灵活，正如如今英语中的"兄弟"和"姐妹"既可以用来指代真正的兄弟姐妹，也可以用来指代朋友，埃及语的"父亲"一词也可以用来指代一系列与说话者相关的男性：父亲、祖父、曾祖父乃至更广泛意义上的

---

① British Museum, London EA2; Ray (1975).

祖先，而"儿子"也可以用来表示女婿或孙子。图坦卡蒙不是在说自己真的是阿蒙霍特普三世的儿子，而是在有意地拉近自己与他杰出的祖父和同样杰出的曾祖父之间的联系。但这样的做法也导致他与其不太杰出的父亲拉开了距离。

埃赫那吞像所有埃及国王一样妻妾成群，因此好几位女性都可能是图坦卡蒙真正的母亲。按照最理想的情况来说，他的母亲应该是他父亲的妻子，大王后（Great Royal Wife）纳芙蒂蒂。她处于核心王室家庭（由国王、王后和他们的孩子组成）中，人们自然会认为她的儿子将继承父亲的王位。但若是纳芙蒂蒂没有子嗣，埃赫那吞就必须从他的后宫选出一人生下王位继承人。这种情况并不罕见，埃赫那吞的父亲阿蒙霍特普三世便由一位名叫穆特姆维娅 (Mutemwia) 的后宫妃子所生，而他的父亲图特摩斯四世则是一位名叫提娅 (Tia) 的妃子之子。

我们知道纳芙蒂蒂生育了 6 个女儿，但没有证据表明她生过儿子。当然，这并不意味着她没有生过，因为我们已经了解到国王的儿子在他们父亲的统治期间可能从不露面。我们可以根据纳芙蒂蒂的 6 个女儿在其父亲统治时期的艺术作品中的出现情况，大致计算出她们的出生时间。这个系统远非完美，有很多原因会导致女儿被排挤在王室家庭群像之外，但凭借这个系统，我们得以重现这个女儿不断增多、不断壮大的家庭，结果也有一定的可信度：

梅里塔吞（意为"受阿吞宠爱"）：出生于底比斯，日期早于埃赫那吞统治时期的第一年，可能在埃赫那吞继承王位前就已出生。

梅克塔吞（意为"受阿吞庇护"）：可能在第 4 年出生于底比斯。

安海森帕吞（Ankhesenpaaten，意为"通过阿吞生活"）：在第 7 年年底前出生。

小纳芙尔纳芙鲁阿吞（Neferneferuaten-the-Younger，意为"阿吞的极致美丽"）：出生于阿玛尔纳，可能是在第 8 年。

纳芙尔纳芙鲁拉（Neferneferure，意为"拉的极致美丽"）：第 10 年之前出生于阿玛尔纳。

塞特本拉（Setepenre，意为"被拉选中的人"）：第 10 年前出生于阿玛尔纳。

纳芙蒂蒂在现有资料中的最后一次记录是在第 16 年。我们知道自埃赫那吞上位到第 16 年，期间她一直扮演着王后的角色，但我们并不知道在埃赫那吞即位前她们成婚多久。她完全有可能在成为王后前就产下了一个或多个儿子，也有可能生下了她的长女。然而，根据计算，在那时出生的儿子年龄太大了，不可能是图坦卡蒙。同时，我们观察到纳芙蒂蒂女儿的生产年份并不是连贯的。在间隔的几年里，她可能因为流产、婴儿早夭或埃赫那吞流连后宫等常见原因没有生产，但她也有可能生了儿子。如果像我们猜测的那样，图坦卡蒙出生于埃赫那吞执政第 9 年，那么纳芙蒂蒂很有可能是他的母亲。

阿玛尔纳王室墓地面积广阔，它由埃赫那吞建造，成为他的家族部分成员的永恒家园，从这个墓地我们可以一窥婴儿时期图坦卡蒙的形象。该墓位于一条干涸的河床中 [现称王室干河 (Royal Wadi)]，横穿构成阿玛尔纳东部边界的悬崖，但实际上墓地始终未能完工。然而，破损的陪葬品和残缺的墙壁艺术等考古证据证明，在阿玛尔纳被废弃前，曾有不止一人在此埋葬。埃赫那吞本人的墓室位于陵墓中央，在狭长的下行走廊的尽头。另外两个墓室则为他的王后和长女所造，正如界碑上埃赫那吞本人的言论道："让我们在（埃赫塔吞城）东部的山里建造我的陵墓。将我埋葬在那里……将大王后纳芙蒂蒂埋葬在那里……将法老长女梅里塔吞埋葬在那里……"①

不幸的是，该墓在 19 世纪 80 年代被人们发现时已被盗多次，里面的木乃伊全部不见踪影。墙壁上的雕饰和彩绘受到了严重的破坏，但仍有很多保存了下来。同我们所想的一样，相当部分描绘了埃赫那吞和他的家人在阿吞生命之光的祝福下的生活。最初为梅里塔吞准备的墓室共包括三个房间，如今分别用阿尔法（α）、贝塔（β）和伽马（γ）表示。在 α 室的 F 墙上，我们看到了一幅内容私密且缺少配文的图像，和周围以阿吞神庙为背景、内容平平无奇的壁画相比格外突出。两幅上下并排的图画讲述了一个令

---

① 摘自阿玛尔纳 K 界碑上的铭文，由史蒂文·斯内普译成英文。

人心碎的故事。上面那幅的场景位于宫殿里，画面未标注埃赫那吞和纳芙蒂蒂的名字，但我们可以凭借他们独特的王冠辨认他们的身份。这对夫妇弯着腰站在太阳圆盘之下，看起来非常悲痛；他们的右臂举在头上以示哀悼，同时埃赫那吞紧紧抓着纳芙蒂蒂的左臂，支撑着他的妻子。他们在哀悼一个人或物的离去。在房间外，女侍者们痛哭流涕，男性权贵悲伤地举着手臂。一个女人站在房间外，怀抱一个性别不明的婴儿，而一位站在门口的侍从举着象征王室的扇子，遮蔽着那个婴儿。女人、婴儿和持扇人似乎正在离开这个房间。而在第二个场景中，我们看到一具女性尸体躺在床上。埃赫那吞和纳芙蒂蒂仍在哀悼，还有几个个头矮小的人物（可能是他们的女儿）也表现得非常悲恸。房间外，女侍者在哭泣，其中一位太过悲痛，被两个男人搀扶着。因为墙壁的损坏，我们无法确定婴儿是否最初出现在场景中。

一位王室家庭核心成员似乎去世了，而国王、王后和几位公主正在为她哀悼。房间外悲痛欲绝的女人可能是死者在婴儿时期照顾她的奶妈。我们进一步推理：扇子象征着婴儿的王室地位，而如果我们将死亡与该婴儿的出现联系起来，我们就可以得出这个女人死于分娩的推论。这也可以解释为什么会有一群男性权贵在场——他们前来见证一位皇室成员的诞生。然而我们也不能这么轻率地下结论。这个婴儿可能是纳芙蒂蒂女儿中的一个，被奶妈抱着；或者，因为墓室也是开启新生之地，婴儿甚至可能只是去世女性来生的一种象征。

这位女性死者是谁？我们知道她不是纳芙蒂蒂，也不可能是安海森帕吞，因为她在父亲走后才去世。她有可能是梅里塔吞，但可能性不大，因为她的死亡被记录在别的地方——在梅里塔吞墓室的 γ 房间 A 墙上。描述梅克塔吞死亡场景的壁画已被严重破坏。她的遗体全部和国王王后遗体的大部分都消失不见，位于她遗体上方的铭文大部分模糊不清。但是根据 20 世纪末 21 世纪初的记录，我们得知它的铭文内容是"国王的女儿，他的至亲，梅克塔吞，由大王后纳芙蒂蒂所生，愿她永生"。我们再次看到埃赫那吞和纳芙蒂蒂站在棺材旁边，而在房间外面也有一个奶妈抱着一个婴儿，奶妈身后站着两位持扇的女侍从。虽然梅克塔吞可能死时已有 12 岁①，但我们仍不能轻易地下定论说她死于分娩。同一房间 B 墙的壁画描绘了后续场景：死去的梅克塔吞，也可能是她的雕像，站在她的闺房中，纸莎草柱上缠绕着旋花和荷花。梅克塔吞身着长袍，戴着短假发，拿着一个香水筒。她的父母和 3 个姐妹面对她站着，面容悲痛，他们举着手臂，表示哀悼。在他们身下，画有摆满食物、酒水和鲜花的桌子。梅克塔吞的房间让人联想到妇女分娩时的产房，而这可能象征她自身的重生。

梅克塔吞可能出生于第 4 年，而图坦卡蒙可能出生于第 9 年，因此她不可能是他的母亲。但假设 α 房间内的匿名女尸不是梅克塔吞，那么死者就可能是图坦卡蒙的母亲。可她具体是谁呢？

---

① 很多古埃及女性在 12 岁左右就已结婚生子。——译者注。

有以下几种可能的身份：3位年幼的公主之一、王后的母亲蒂伊、埃赫那吞的姐妹或是某个受宠的后宫嫔妃。如果她死于分娩的假设正确，那我们就可以排除掉3位公主（年纪太小）和王后母亲（年纪太大）。那么，她要么是埃赫那吞的姐妹，要么是后宫嫔妃，当然，在这个近亲婚姻盛行的国度，她可能两者皆是。固然，这个推论包含很多假设成分和不定因素，但如今，我们至少知道存在一种可能性，那就是α室的壁画展现了图坦卡蒙出生（因而打破了男童不在官方画作中出现的规律）和他母亲死亡的场景，而她的母亲不是纳芙蒂蒂。

在王位继承顺利进行的情况下（即一般情况下），我们往往对那些产下皇子皇女、在深宫高墙下度过一生的嫔妃一无所知。然而，有一位王妃在阿玛尔纳的历史上留下了数量惊人的证据：她就是"上下埃及之王的妻子和挚爱"——基亚。基亚的身世不明，但考虑到她独一份的突出地位，我们推测她出身高贵，真实身份可能是改了名的塔杜赫帕，更有可能是埃赫那吞众姐妹之一。我们在赫尔莫波利斯的石砖上发现了基亚的肖像，她的形象极具标志性：一张圆脸、头顶卷曲的半圆形"努比亚式"假发、佩戴着巨大的圆形耳饰。耳环固然算不上与生俱来的生理特征，可基亚戴着耳环的形象太过深入人心，以至于人们常常将每一位佩戴巨大耳环的不知名阿玛尔纳女性都认作基亚。在埃赫那吞进行祭祀和主持庆典时，基亚被允许陪伴在他身旁（前提是纳芙蒂蒂并不在场，可见基亚的地位始终低于这位王后），而这彰显了基亚的重要地位。与纳芙蒂蒂一样，基亚与国王的亲密关系让她也能直接瞻仰阿吞神的光芒：她的地位可以在自己的圣堂中担任女祭司一职，并且利润可想而知的丰厚。这是一座推崇太阳崇拜的圣堂，坐落于主城外的一个有树木和水池的花园中，四周被高墙包围。[①]此外，同样像纳芙蒂蒂一样，基亚生育了埃赫那吞的子嗣。受到"隐形"王子这一传统的影响，我们只见过她和一位不知名的女儿站在一起，没见过她的儿子。如此重要的女性必定有一个符合她身份的高级的葬礼。所以，α 房间内的过世女性会是基亚吗？

为了收集更多图坦卡蒙早期生活的证据，我们需要从阿玛尔纳向北行驶，前往古老的萨卡拉墓地，那里埋葬着在孟菲斯工作生活的上层人士们。1996 年，法国埃及学家艾伦·支维（Alain Zivie）领导的团队在这里发现了玛亚（Maia）夫人的陵墓，建造在石灰岩崖壁中。这个墓穴很久以前就被掠夺一空，人们既没有找到玛亚的木乃伊，也没有找到她的陪葬物品。倒是在其中一个墓室里发现了一堆猫的木乃伊，局部被烧毁。在玛亚去世几百年后，该墓被用来埋葬那些献祭给猫头形象的女神芭丝特（Bastet）的动物，而这些猫木乃伊均为当时的祭品。令人高兴的是，墙壁上原始的铭文和装饰完好无损，它们会给我们讲述一个有趣的故事。

玛亚身着简朴的长裙，头戴时尚的长假发，乍一看与十八王

---

① Metropolitan Museum of Art, New York 1991.237.70.

朝成百上千与丈夫同墓的女性没有什么分别。但事实上，她与这些女性截然不同：她赢得了拥有属于自己的大墓的权利。人们总是优先考虑丈夫而不是妻子的成就，但她摆脱了丈夫这一角色对她的支配，得以在自己墓穴的墙壁上详细书写自己的一生。而正是从这些墓壁上的记录，我们了解到她是如何成为"国王的奶妈"和"神明身体的教育者"的；此外，我们还从一块陶器碎片上得知，她也被称为"后宫的伟人"。而称号中提到的国王就是图坦卡蒙。我们可以在该墓中看到这位奶妈和她喂哺的国王在一起的画面。玛亚坐在宝座上，她年轻苗条，佩戴着厚重的假发，看起来非常神秘，而图坦卡蒙坐在她的膝上，个头不小。这是描绘王室的乳母和她们照顾的孩子时会采用的传统姿势。这里的图坦卡蒙戴着国王的蓝色王冠，长得像个迷你的成年人，而不像个婴儿。而玛亚举着手，向她的国王致意。

玛亚是谁？这位墓主人和前文里的那位一样身世不明。我们唯一可以确定的是，如果"木那特（mnat）"的意思确实是"奶妈"，那么她在照顾图坦卡蒙之前，肯定生育过至少一个孩子。在第十八王朝时期，只有贵族阶层的妇女才有机会成为木那特，受到她们哺育的王室子女的喜爱。女法老哈特谢普苏特（Hatshepsut）就给自己的奶妈西特拉（Sitre）奖励了一座真人大小的雕像，并授予其葬于底比斯大墓地的荣耀。阿玛尔纳有名的朝臣阿伊的妻子泰伊最初是纳芙蒂蒂的奶妈，最后成了埃及王后。可尽管"木那特"这一女性头衔包含代表乳房或哺乳期妇女的象形文字符号，我们却不能直接断定说这个词只有乳母的意思，而不能指代育婴员、养母甚至导师。我们可以将其与男性头衔"木内（mnay）"进行比较——后者也有表示乳房的文字符号。而男性朝臣阿莫斯·潘尼赫贝特的自传也让我们对该词义更加困惑。在第十八王朝早期，他声称自己"当哈特谢普苏特的女儿纳芙鲁拉还是个只知吃奶的孩子时"就在照顾她。而纳芙鲁拉稍长一些后先是受到男性朝臣塞内姆特（Senenmut），她的"大看护"（great nurse）的照顾，之后又被另一位"皇家看护"（royal nurse）塞尼蒙（Senimen）照顾。这两个称呼无疑进一步加深了我们的困惑。但不管玛亚的实际工作是什么，她都必定属于阿玛尔纳的上层阶级，要么是朝臣的妻子，要么可能是埃赫那吞后宫中地位一般的嫔妃。之所以会有她是埃赫那吞的长女梅里塔吞的猜测，只是因为两者长得很像（但说实话，墓壁上画的第十八王朝精英阶级妇女哪有长得不像的呢），而且对于现代人来说，两人的名字听起来也很相似。

少年图坦卡蒙离开玛亚照顾的同时，就从我们的视野中消失了。我们可以想象他可能接受了和纳芙鲁拉类似的教育，由一批贵族阶层的教师专业指导。而且他有可能当过一阵子维齐尔（Vizier）①阿佩尔（Aper-El）的学生。阿佩尔也被葬在萨卡拉墓地，毗邻玛亚的墓穴，而他被授予"神的父亲"和"王子养父

---

① 古埃及官名，与宰相的职能类似。

养母之主管"的称号。另一位可能的导师被称为"导师监督者"，真实姓名未知。他的墓穴位于南部城市艾赫米姆（Akhmim），建造于图坦卡蒙统治时期。

我们不知道这些老师教授的内容和细节，但考虑到在整个王朝时期书吏这个职业都受到高度重视——"没有比书更好的东西……（书吏）是最伟大的职业"——我们可以推断图坦卡蒙至少学过怎么使用象形文字和僧侣体阅读及书写。[①]他或许没必要变得学富五车，在必要时刻他可以命令别人帮他阅读、写作，但他必须识字，因为在来生，像所有去世的国王一样，他可能会被要求担任太阳神拉的书吏。为了协助他履行这一使命，与他一同下葬的还有大量的文具，包括17个书写板（芦苇刷、芦苇笔及砚台）和其他用具——一个笔盒、两个书写用角、一个用来磨平莎草纸的奇怪打磨器、一个砂岩橡皮擦、黑白黄红蓝五色的颜料，当然还有用于书写的莎草纸。部分书写板是专为墓葬制作的模型，经过葬礼仪式后，图坦卡蒙在来生可以正常使用它们，而模型以外的书写板均有使用痕迹。其中包括一个儿童使用的镀金书写板（no.271e），上面标着他早期的名字：图坦卡吞。

我们还能从图坦卡蒙的陵墓中找到什么他早年生活的线索？墓中缺少乐器，只有两个军用小号（nos.50gg 和 nos.175）、两个叉铃（nos.75 和 nos.76）和一对仪式用的响板（no.620.13）。这可能说明

---

① *The Satire of the Trades.*

在图坦卡蒙的生活中，音乐的重要性远远不及棋盘游戏。他的陵墓出土了六块游戏板子，其中有足量的棋子、指骨和铸造棒，可以用来玩塞尼特（senet，又称卅格戏，玩法类似双陆棋）和廿格戏（玩法类似蛇梯棋）。棋盘游戏在整个王朝时期都非常流行，不论男女、不分老少，人皆热衷此道：贵族会购入精美的镶嵌宝石的游戏套组，而平民在地上画出格子，直接用石子玩耍。棋盘游戏可以被视作纯粹的娱乐手段，但也可以是生与死的门户，让生者与死者通过游戏对话。在图坦卡蒙的墓穴中，与看不见的对手进行的一场塞尼特游戏局或许象征着灵魂为达到永生的安稳进行的斗争。

图坦卡蒙的陪葬品中包括了 6 辆被拆解的战车和一个由弓、箭、剑、刀、弹弓、标枪和棍棒组成的武器库。这提醒我们，并非所有的导师都是学者。在图坦卡蒙登基前一个世纪，底比斯墓地的敏神（Min）墓墓壁上刻画了一个场景：一个年轻的王子，可能是图坦卡蒙的曾祖父阿蒙霍特普二世，正在学习如何使用兵器。阿蒙霍特普听从他的导师的指示，"把你的弓靠近你的耳旁。变得强壮……这把弓方能物尽其用……"，射向巨大的长方形靶子，他的箭牢牢地插进其中。年轻的阿蒙霍特普后来成了一名全能的运动健将，擅长跑步、划船、骑马，当然还有射箭：①

---

① 摘自阿蒙霍特普四世的斯芬克斯石碑上的铭文，由史蒂文·斯内普译成英文。

他能拉开三百张大弓……已经为他设置了4个亚洲铜制的靶子，约一掌厚，互相间隔20腕尺①。国王陛下坐着战车赶到现场，像门图神一般威风凛凛。他一手拿起弓，另一手抓了4支弓箭……箭头穿透了铜靶，从背面露了出来。他紧接着又射向下一个靶子。他实现了前所未有的壮举。

阿蒙霍特普对自己超乎常人的体能非常自豪。但对他来说，勇武的体魄不仅仅可以供他吹嘘，更能证明他的统治能力。国王的健康与埃及的健康密切相关，这种联系启发了王室艺术家，他们画笔下的君主具有完美的体型，在紧急时刻能够挥舞棍棒、剑或长矛，击退不断骚扰这片土地安宁的敌人。

埃及的国王不仅是学者和运动健儿，也是祭司。埃赫那吞早亡的长兄图特摩斯曾担任侍奉普塔的孟菲斯大祭司，而这证明王储需要花时间在一个或多个国家神庙中进行服务。在那里，他们会学习宗教的管理流程和仪式步骤。而这点至关重要，因为国王是唯一一个可以同万神有效交流的活人，他有责任定期进行祭祀，提供诸神要求的供奉品。神明满意，埃及平安，他的王位也就坐得安稳。环顾那些刻在国家神庙墙壁上的场景，我们会看到一个运行良好的互利互惠的系统。国王给诸神贡献祭品，而神明反过来给国王提供支持。这些祭品的规模各不相同。国王日常给神明

① 埃及人的测量单位，指从肘到中指端的距离。埃及的腕尺有两种规格，皇家钦定的腕尺约为52.3厘米，民间的腕尺约为45厘米。

上供食物、饮品或香火。有时他会给神献上辉煌的战争胜利，或为神明建造壮观的方尖碑。这些礼物都向诸神证明，埃及在国王的统治下正在蓬勃发展。当埃赫那吞史无前例地决定只崇拜单个神明时，他威胁到了让埃及、诸神和君主制度绵延了一千多年的体系。这样的做法将他的国土投入了危险之境，如果众神对国王发怒，没人知道埃及会发生什么可怕的事情。

埃赫那吞将怒火发泄在了阿蒙拉和与他有关的神明上。在很大程度上，国王仍允许人们祭祀孟菲斯的普塔和赫利奥波利斯的拉神这些古老神明，但他关闭了侍奉阿蒙拉、姆特（Mut）和门图（Montu）的底比斯神庙，遣散了相关神职人员，同时对这些神的形象和名字进行攻击。阿蒙被视为"不受欢迎的人"，之前国王姓名中的阿蒙二字均被删除，对埃赫那吞父亲的名字"阿蒙霍特普"亦是如此。曾经，几座底比斯神庙掌握大量的资产，包括土地、船只、采石场和人力，它们同时负责粮食的储存和再分配。而一夜之间，它们的储存设施就被关闭，资产被转移给阿吞教，受埃赫那吞直接掌控。

图坦卡蒙在法老迁都阿玛尔纳后出生，对埃及的传统众神知之甚少，甚至可以说是一无所知。在童年时期，他肯定不会去研究工匠兼创作者之神普塔或被称为"隐藏者"的底比斯的阿蒙拉。作为"阿吞活着的形象"，他从小就只崇拜一个神，那就是代表太阳的力量或光芒（而不是太阳本身）的神明阿吞。《阿吞颂诗》可能由埃赫那吞本人创作，也可能是他人受他启发所作，

总之这首长诗向图坦卡蒙介绍了埃及的主要神明：①

光辉万丈的你从天际出现，啊，活着的阿吞啊，生命的创造者。你出现在东方的地平线上，你的美照耀每一片土地。你悬挂在每片土地上，美丽、伟大、耀眼。你的光芒拥抱你所创造的每片土地……当你自西方的地平线上落下，土地沉入黑暗之中，仿佛死亡。

第一批研究阿玛尔纳时代的西方埃及学家受到自己信仰的基督教的严重影响，在研究古埃及时总是蒙着一层玫瑰色的滤镜。他们认为埃赫那吞所信奉的阿吞教比之前的多神教更复杂、更民主，因为埃赫那吞信仰单一神明，他们便认为他是圣经中摩西的先驱。同时，看到墓壁上王室成员在阳光下休息的平静画面，他们就浅显地认为人们在阿玛尔纳都过着闲适的田园生活，但事实并非如此。埃赫那吞并不像他们认为的那样是个一神论者。他信奉单一主神论，认可众神的存在，但只效忠于一个神明。此外，不可否认地，尽管每个人都接受太阳光的照耀，但他的宗教并不民主。埃赫那吞对谁能接触到阿吞神有着严格把控，这是为了确保阿吞那滋养生命的光芒（多被画为细长的光线，光线顶端是一只握着安卡符号的小手）只为王室保留。

---

① 摘自《阿吞颂诗》。

埃赫那吞和家人在阿玛尔纳无疑过着非常愉快的生活。他们住在"北城",一个距市中心三公里的街区中。这里树立着一道厚厚的泥砖墙,墙壁被门户和扶壁切割,而墙后被花园包围的便是滨河北宫殿（North Riverside Palace）。它的四壁被涂上灰泥,铺上瓷砖,最后漆上了木板的纹路,画上了色彩明艳的场景。王室一家会定期离开宫殿,乘坐马车,行驶在与河道平行、又长又直的皇家大道上;而阿玛尔纳的人们看见王室出行,不禁会回想起底比斯街道上的宗教游行。王室可能会在城市中心停下来,在阿吞神庙里献上祭品,也可能会去北宫殿里办公,或者继续向南走,出城前往遥远的玛鲁－阿吞神庙（Maru-Aten）。阿玛尔纳贵族墓穴中的壁画描绘了王室成员努力工作的场景:他们祭祀神灵,站在露台上向忠实的追随者投掷黄金;在疲惫的工作后,他们坐在阳光下享受美食。我们无法得知图坦卡蒙有没有参加这些公共的宗教仪式。但我们很肯定,他有干净的衣服穿、有香水及化妆品还有充足的食物和饮料,并且可以使用洗浴设施（在阿玛尔纳,有淋浴设备和没有冲水设施的厕所就已经很奢侈了）。而且他知道,如果自己不幸离世,他会被制成木乃伊,埋葬在王室干河墓地里,某个岩石挖凿而成的墓穴中。

而在社会金字塔的底部,公共墓地至少承载了一万名阿玛尔纳平民,与王室干谷墓地里面岩石挖凿的私人陵墓形成了鲜明的对比。在公共墓地里,大多数尸体被做成木乃伊,包裹在亚麻布和粗糙的席子里,埋在单人或共用的墓穴中,陪葬品极少。每个墓穴上压着一堆石块，偶尔上面会用泥砖搭个简陋的建筑结构。尽管这些墓穴里没什么值钱东西，但被盗掘的情况很严重，里面的人骨、石头和陪葬品散落在沙漠的地面上。骨骼分析显示，这些平民死亡时多数是婴儿或是刚刚成年的年轻人，年龄在3至25岁之间不等，50岁以上的人很少，原因可能是因为搬到阿玛尔纳的老年人相对较少，也可能是因为大多数人没能活到那个年龄。这些人普遍身材矮小，可能是营养不良导致。很多人有强压造成的创伤痕迹，可能是长距离搬运水或重物导致。在正常情况下，没有人会有力气举起一块建筑用的石头。因此，埃赫那吞采用了一种名为"塔拉塔（talatat）"的小型石块以加快建筑进程。这个名字来源于阿拉伯语中的数字"三"，代表石块有三个手掌那么长。在底比斯，埃赫那吞使用的建筑用石块尺寸为52厘米×26厘米×24厘米；而在阿玛尔纳，它们体积更小，便于运输和装卸。阿玛尔纳的太阳神庙没有使用石块，而是用塔拉塔混泥砖建造的，结构并不牢固，但墙壁上的雕刻和绘画掩盖了内里的粗制滥造。埃赫那吞的建筑师们对这一点很清楚——在埃赫那吞去世时，他们已经着手对该庙进行修复工作了。

被夹在王室和劳动阶级之间的阿玛尔纳贵族阶层吃得好、身体棒，但他们也有苦恼。他们无法直接接触阿吞这个唯一被允许信奉的神明，国王和王后就成了他们与神明之间的中间人。而最聪明的贵族用各种方式极力强调了国王和王后的作用。在他们豪宅的明显处都可以看到王室的身影，那些石碑和小型雕塑成了贵族私人崇拜的祭坛。他们的墓穴开凿在城市东部的悬崖高处，装饰有王室为主角的场景，这样死者在来世也能在王室旁享有一席之位。这些埃赫那吞的朝臣无法崇拜奥西里斯，来生也无法进入芦苇原，他们知道自己死后会居住在这些墓穴里，被埃赫那吞、阿吞和他的家人的身影所包围，直到永远。我们无法得知他们对这种来生的看法，因为没有任何书面记录提到有人对生活在阿玛尔纳感到不满。但如果我们仔细观察贵族墓墓穴墙上的场景，就会发现埃赫那吞身旁时刻有侍卫保护，也许他并不确定自己像他想说服人们相信的那样深得民心。马胡（Mahu）是阿玛尔纳的一位重要人物，他担任护卫队队长，同时也是"两地之主的军队的将军"。为了奖励他的忠诚，埃赫那吞赐予他黄金和岩石挖凿的陵墓。在这个场景里，我们可以看到马胡正在行动——他和他的士兵正在皇家马车旁奔跑，而危险其实来源于马车本身。埃赫那吞手握缰绳，控制着两匹活跃的马，可他的注意力却完全在纳芙蒂蒂身上——他似乎正在亲吻她。而年幼的梅里塔吞趁着她的父母转移了注意力，正在用一根木棍打马。

在第十二年的第二个月，埃赫那吞举办了一场盛大但目的不明（至少对我们来说）的庆典。阿玛尔纳，这个通常与外界隔绝的城市，在短时间内聚集了大量来自帝国各地的异邦访客，都前来向埃赫那吞和他的神致敬。麦雷拉二世（Meryre II）是一位朝臣，是"王室住所和大王后住所的监管者"，从这头衔也能看出他与纳芙蒂蒂王后关系密切。在他的阿玛尔纳陵墓祭堂的东墙上有一个大型装饰，上面记录了庆典活动的场景。和我们想象的一样，埃赫那吞和纳芙蒂蒂在场景中占主导地位，他们个头远大于其他人。两人并排坐在一个有顶棚的平台上，尽管王后被表现为环绕法老的一圈轮廓（人们常常用这种方式表现法老和王后灵肉一体），但他们似乎拉着手。他们的 6 个女儿站在父母身后，由她们的看护看管着。埃赫那吞舒舒服服地坐在阴凉处，从宝座上俯视"各国的首领"——一群来自努比亚（Nubia）、利比亚、地中海岛屿和近东地区的大使和代表，被迫站在炎炎烈日下向他鞠躬行礼。他彬彬有礼地接受了大量的"贡品"，其中包括马匹、战车、武器、黄金、象牙、鸵鸟蛋和鸵鸟羽毛，以及男性和女性奴隶。而图坦卡吞意料之中地没出现在这个场景中。

这是我们最后一次看到王室一家（包括法老、王后和六位公主）在一起。在第十二年，近东地区瘟疫肆虐，而埃赫那吞的国际庆典可能成了一场超级传播事件。远道而来的访客给阿玛尔纳带来的不只有贡品——二公主梅克塔吞在庆典后不久就撒手人寰，当时可能年仅 13 岁。而她的 3 个小妹妹，小纳芙尔纳芙鲁阿吞、纳芙尔纳芙鲁拉和婴儿塞特本拉自庆典后就再没在官方场景中出现，很可能她们也去世了。基亚不但消失，而且她在阿玛尔纳历史留下的部分痕迹也被抹去。她的几幅画像被笨拙地改成了梅里塔吞公主的模样，而她在玛鲁阿吞神庙上的铭文也被改写，同样改成了埃赫那吞的大女儿，这样对待国王的宠妃实在太奇怪了。其实这个做法很合理，也不意味着基亚失了宠。事实上，这些改动本不该被人们注意到的。好在虽然不够含蓄，但它们足够直观——它们象征基亚所担当的重要宗教角色已经传给了梅里塔吞。

我们不能简单假设每一个消失在人们视野中的王室女性都已死亡。纳芙蒂蒂的暂时"消失"就为我们提了个醒，就像考古学家常说的一样，"缺少证据不等于对象不存在"。许多年来，人们都认为在梅克塔吞死后不久纳芙蒂蒂就从阿玛尔纳消失了，对此埃及学家们也提出了几个理论。而我的看法很简单："比较明显的解释是，她也去世了。这场瘟疫夺走了她数位家人的生命，她自己可能也因瘟疫去世了。"有些人则认为她在挑战丈夫的极端宗教理念后被赶到了遥远的阿玛尔纳宫殿，也可能是她因为宣传自己的极端宗教理念而被流放到了底比斯。但在 2012 年，一幅日期为埃赫那吞第 16 年的雕画被发表，所有的猜测因此戛然而止。雕画上的人物被标注为"法老的大王后，他的至爱，两地的女主人，纳芙尔纳芙鲁阿吞·纳芙蒂蒂"。这证明王后在埃赫那吞死前不久还活着，并且还在履行她的正常职责。

失去母亲、宠妃和 4 个女儿的毁灭性打击似乎促使埃赫那吞开始为未来做起打算。图坦卡吞突然出现在阿玛尔纳的记录中，而这表明他的地位发生了变化。他走出了"阴影"，第一次成了王室家族中"可视的"成员。有趣的是，他的经历和拉美西斯二世年轻时的经历有些相似。拉美西斯二世是第十九王朝的国王，统治埃及近 60 年，留下了很多记录。度过了不受公众关注的童年后，拉美西斯在不到 10 岁的年龄，被正式认可为国王的"长子"，成

为王储（他是塞提的唯一儿子，可见这只是走个形式而已）：[1]

是孟马阿特拉（他的父亲塞提一世）将我抚养长大的。在我还是小孩时，万物之主就亲自教育我，直到我成为一名统治者。甚至在我还是胚胎的时候，他就给我分赏了土地。在我成为长子和盖布神（Geb）的代表时，官员纷纷亲吻我身前的地面。我作为步兵团和战车队的指挥官对两地的事务进行了汇报。

在另一份碑文中，崇仰他的朝臣们确认了他地位的变化，并补充了一些拉美西斯作为王位继承人的生活细节：[2]

你仍是胚胎时，就在以王位继承人的身份做各类决定。你还梳着侧锁时就被告知了两地的事务。重大事件只有由你主导才会发生。当你是个年仅 10 岁的少年时，你已成为军队的首领。

先不管夸张的部分，我们能从上述记录看到拉美西斯已经被提拔为他父亲的"学徒"。他与军队打交道、监督公共工程，以及据我们推测，与其他政府部门和神职人员合作，通过这些提高自己的能力。同样地，年轻的图坦卡吞似乎也获得了类似的"晋升"。他现在有希望继承王位。

---

① 摘自位于阿拜多斯的塞提一世神庙上的铭文。
② 摘自库班地区的石碑上的铭文。

但是图坦卡吞并不是埃赫那吞统治后期出现的唯一王室成员，他甚至不是其中最重要的一名，他不得不和另外两个人一起分享这份荣耀。那两人分别是神秘的"安克佩鲁拉·斯蒙卡拉"（Ankhkheperure Smenkhkare，意为"拉活着的模样，拉的灵魂生而坚定"）和更加神秘的"安克佩鲁拉·纳芙尔纳芙鲁阿吞"（Ankhkheperure Neferneferuaten，意为"拉活着的模样，阿吞的极致美丽"）。在图坦卡吞继承王位的过程中，两人短暂地发挥了重要的作用，因此我们需要对他们进行进一步的研究。

毫无疑问，斯蒙卡拉和纳芙尔纳芙鲁阿吞二人是存在的。数个阿玛尔纳的记录中都提到了二人，我们甚至能在图坦卡蒙的陵墓里找到他们的名字，名字外侧用王名圈圈了起来，并写在纸上，但没有记载他们到底是谁，而我们无法确定二者是之前没有出现过的人物，还是出现过但改了新名字的人物。曾经有人认为，这两人都是纳芙蒂蒂，她是王后时使用的名字是纳芙蒂蒂，和丈夫共同统治埃及时叫作纳芙尔纳芙鲁阿吞，而在埃赫那吞死后，她可能成了独立统治的女国王，采用斯蒙卡拉这一名字。但我们现在了解到，在埃赫那吞驾崩之后不久，她的身份仍是王后，名字也没有变。对她来说，"继承"丈夫的王位就是一场史无前例的政变，而且这会让图坦卡吞和两位公主梅里塔吞和安海森帕吞失去继承王位的机会，难以服众。虽然最近纳芙蒂蒂成为女国王统治埃及的理论深受大众的支持，但没有任何证据能证明事实确实如此。

为了解开斯蒙卡拉的神秘身份，我们需要回到埋葬麦雷拉二世的阿玛尔纳墓地中寻找线索。在陵墓北墙上，我们看到了一个用颜料粗糙地勾勒出的场景，被破坏得很严重。画面里，国王和王后站在阿吞的光芒下，将金项链奖赏给麦雷拉，其中麦雷拉用微型人像表示。这是一场典型的阿玛尔纳典礼。乍一看，这对夫妇很像埃赫那吞和纳芙蒂蒂，只是王后没有佩戴纳芙蒂蒂那个标志性的平顶高皇冠。壁画上的国王名字已经遭到破坏，但幸运的是，在后来的盗贼抢掠该墓前，国王和王后的名字被19世纪的旅客抄录了下来。因此，我们可以自信地断定说这两位是"上下埃及之王，安克佩鲁拉，拉的儿子，斯蒙卡拉·杰塞尔赫佩鲁"和"国王的大王后梅里塔吞，愿她长生不老"。这个场景上没有标注日期，但从这幅画未被完成这一点我们可以推论，它的创作时间晚于旁边那幅第12年进贡场景。斯蒙卡拉现在成了新的埃及国王，埃赫那吞的长女梅里塔吞成了他的王妃，伴随他左右。

斯蒙卡拉是独自统治埃及的吗？还是他曾与埃赫那吞短暂地共同执政？我们在阿玛尔纳偶然发现了一个画像，上面画有两个戴王冠的人，该图没有配文，我们只能猜测他们的身份和角色。要想找到埃赫那吞国王和斯蒙卡拉国王共同执政的确切证据，我们还得回到帝王谷。图坦卡蒙的随葬品中包括超过350升的珍贵精油和药膏，储存在八十多个石质器皿中，上面印着之前国王的名字，最早可以追溯到一个多世纪前的图特摩斯三世。这些精油价值连城，但这也让它们成了古代盗墓贼的主要目标。但对我们来说幸运的是，盗墓贼将这些精油装到更大的容器里运走了，把空罐子留在了墓穴里。其中一个球状方解石罐子（no.405）上刻有铭文：两个并列王名圈，被雕刻并涂成了蓝色。但在尸体埋葬前，这个铭文就已经被抹去了一部分。卡特认为上面的两个名字是阿蒙霍特普三世和埃赫那吞，后人多认为是埃赫那吞和斯蒙卡拉。这两个并列的名字并不意味着两人曾经共同统治过，但这至少说明了两人之间的密切联系。

我们不得不再次在不完整的证据基础上重构历史。根据"最简单的解释是最有可能的解释"这一原则，我们认为斯蒙卡拉是埃赫那吞和他的某位地位较高的妃嫔所生的儿子。他是图坦卡吞的同胞兄弟或同父异母的兄弟，也是阿玛尔纳六位公主中最年长、最重要的那位公主，梅里塔吞的丈夫。斯蒙卡拉成为王储，图坦卡吞离王位也更近了一步。当然在当时看来，这只是暂时停了一步，因为任何一个斯蒙卡拉和梅里塔吞的儿子，或者说任何一个斯蒙卡拉的儿子，都能取代图坦卡吞，继承王位，但这并没发生。斯蒙卡拉登上王位后，短暂地统治了一段时间就英年早逝，而他的短暂统治在考古学记录中甚至没有留下任何痕迹，因此他很有可能是和他的父亲在同一年去世的。斯蒙卡拉去世后，梅里塔吞不再是王后，而年轻的图坦卡吞就此登上了王位。

纳芙尔纳芙鲁阿吞的身份整体来看更为模糊。尽管这个名字可男可女，但它后面有时会接着这样的一句话："辅佐她的丈夫"，可知这位是个女性。她的名字使用双王名圈，但纳芙蒂蒂身为王后，使用的也是双王名圈。在阿玛尔纳，双王名圈似乎可以表示此人是法老或王后的身份。那么她是谁呢？王室中已有两人名为纳芙尔纳芙鲁阿吞，一个是埃赫那吞的四女儿（据推测在第12年后死亡），另一个是王后纳芙尔纳芙鲁阿吞·纳芙蒂蒂，在埃赫那吞宗教改革期间增添了这个第二要素到名字里。但我们知道，直到第16年，纳芙蒂蒂担任的角色一直没有改变。如果我们要寻找的是一位在埃赫那吞统治末期重要性大大增加的王室女性，我们应该把注意力转向梅里塔吞。梅里塔吞是埃赫那吞的长女，也是与埃赫那吞共治国王斯蒙卡拉的王后，她的出身无可挑剔，而最不寻常的是，她的政治重要性得到了埃及以外地区的历史证据证实。

1887年，一位农妇在阿玛尔纳的废弃建筑中挖掘肥沃的土壤时，发现了数百块晒干而成的泥板，上面刻有奇怪的符号。不熟悉楔形文字和古巴比伦语言的埃及学家将这些石板视为拙劣的伪造赝品。而当人们意识到它们实际上是有价值的文物时，这些泥板早就散落到世界各地，许多已经丢失。现在只有不到四百块分散在世界各地的博物馆和私人收藏里。我们了解到，这些"阿玛尔纳书信"是埃及法老与近东国家国王及藩属国统领之间的外交信件。正如我们预料的一样，大多数是他国写给埃及的信件，但也有少数是从埃及发往他国信件的副本。信件时间跨度约为30年，从阿蒙霍特普三世统治末期持续到了阿玛尔纳时代的结束。通过这些信件，我们得以一窥青铜时代各个伟大国度统治者的风采。信件里通常不会讨论后宫嫔妃，里面也没有提到过纳芙蒂蒂的名字。但信件里提到过蒂伊王后，书信内容清楚地表现了她对埃赫那吞一生的重要影响。而梅里塔吞不仅被提及，巴比伦国王布尔那－布里亚什（Burna-Buryas）还给她送了一份珍贵的礼物："……至于你的女儿玛雅蒂，我听说过她。我送她一串由 1048 个蟋蟀（形状的）青晶石做成的项链作为问候礼物。"[①]

为梅里塔吞重建一份令人印象深刻的履历表是件很容易的事。她是埃赫那吞的长女，在阿玛尔纳的官方画作中，她是几个公主中最突出的一个。在继承自己的太阳神庙、在那里执行仪式前，她就协助母亲进行面向女性的阿吞敬奉仪式。作为短寿的斯蒙卡拉的妻子，她先是以埃及王后的身份，受到整个古近东地区的统治者的关注。最后，凭借着做王后时的丰富经验，她成了年幼的图坦卡吞的摄政者，此时图坦卡吞已经迎娶了她的妹妹安海森帕吞。根据建立已久的传统，年幼的国王由丧夫的王后指导，而她通常会是国王的母亲或继母。因此，在图坦卡吞统治的早期，梅里塔吞负责指导他是完全正常的。我们理所当然会认为，图坦卡蒙在成年后会感激她的帮助，并会在某个纪念建筑，比如他的葬祭庙的某处，记录生母的名字。但他没能这么做，这说明他从未想到自己会在这么年轻的时候去世。

重构王室成员间的关系也让我们想到了另一个可能性。梅里

---

① EA10: British Museum, London EA 029786.

塔吞和斯蒙卡拉有没有可能是图坦卡蒙的父母？如果是的话，王位的继承就显得非常流畅——曾祖父传给祖父，再传给父亲，最后传给儿子（从阿蒙霍特普三世到埃赫那吞、斯蒙卡拉和图坦卡吞），无缝连接。我们不知道梅里塔吞和斯蒙卡拉的出生时间和地点，所以理论上他们确实有可能在埃赫那吞第6年到第9年间生下这个孩子。我们将在第六章再次讨论这个假说。

作为一个王子，作为众多有朝一日可能成为国王的王子中的一员，图坦卡吞在童年大部分时间都没有出现在我们的视野中。遍布阿玛尔纳的官方画作和私人祭坛中看不到他的身影，我们也不曾看过他乘坐皇家马车或与国王和王后一起用餐的场景。但命运还没有投下他的骰子。他会认识到他身上有一种潜在的神性，将他与普通人区分开来。如果他在父亲死后还在世，并能成功继承王位，那这种神性将在他的加冕仪式上被激活。在第12年之后的一段时间里，他的地位发生了重大变化。他走出了"阴影"，第一次成为王室家族里"可视的"成员。此时的图坦卡吞获得了继承王位的机会。

第二章

[
法老的故事：
图坦卡蒙与埃及复兴
]

在一篇文字记录中，图坦卡蒙向他的神吹嘘其为复兴这片饱受创伤的土地所做的英勇努力："……他修复了被破坏的事物，这些正是他不朽功绩的永恒见证。他纠正了两地的不正之风，在两地树立了秩序……"①在短暂的混乱过后，我们得以再次确认史实——约公元前 1336 年，年轻的图坦卡吞在新近丧偶的前任王后梅里塔吞、他的妻子（同时也是他的妹妹）安海森帕吞，如果纳芙蒂蒂还活着的话可能还有她——在她们的支持下登上了埃及的王位。他的顾问都经历了阿玛尔纳时代，包括"神之父"阿伊、财政部长玛雅（Maya），和两位维齐尔彭图（Pentu）和乌瑟蒙图（Usermontu）。大将军赫列姆赫布不仅是军队的总司令，更是"监管全国的国王副手"和"上下埃及的贵族"。图坦卡吞的登基说是家事也不为过。阿伊是纳芙蒂蒂的乳母泰伊的丈夫，而且有力证

---

① 摘自图坦卡蒙的复兴碑（Restoration Stela）铭文。

据表明他既是蒂伊的兄弟，也是纳芙蒂蒂的父亲，他的头衔"神之父"就承袭自王后蒂伊的父亲予雅（Yuya）。大将军赫列姆赫布的妻子名为穆特诺吉梅特，可能是同纳芙蒂蒂同名的妹妹，同时也是阿伊的女儿。阿伊和赫列姆赫布之后都接连继承了王位。

像之前所有的国王一样，图坦卡吞挑选了五个正式的王名，每个名字前都有一个头衔，简短揭示他统治时的使命和任务。只有最后两个名字会被写在王名圈中。

荷鲁斯名（Horus Name）：出生的形象

双女神名（Two Ladies Name）：使两地安宁、让众神满意的法律之美

金荷鲁斯名（Golden Horus Name）：为神、他的父亲拉而高贵的容貌

登基名或王位名（Prenomen 或 throne name）：上下埃及之王那布赫普鲁拉

出生名（Nomen 或 personal name）：拉神之子图坦卡吞。后改名为图坦卡蒙

人民用倒数第二个名字那布赫普鲁拉称呼他。加冕仪式后，图坦卡吞从一个地位极为显要的小男孩变成了半神的存在，与他的人民距离甚远，人们不得直视他的面容。这个重大的仪式足以改变他的一生，但我们对其却几乎一无所知。虽然有一些神庙墙

壁装饰显示了各法老被神加冕的场景，但只有赫列姆赫布有留下相关的文字记述，来源自他的长篇传记，铭刻于其位于底比斯的墓地中。这段记录刻在国王和他的王后穆特诺吉梅特的灰色花岗岩双人雕像背面，然而内容并不像我们希望的那样具体：

> 然后他前往国王的房屋，他（阿蒙）把他（赫列姆赫布）唤到自己面前，安置到他高贵的女儿，巫术之神（威瑞特赫考，Weret Hekau）的神龛（Per-Wer）之上。而她的双臂向他打着招呼，并拥抱着他。九柱神（Ennead）中的每一位，火焰一族（Per-Neser）中的每一位都为他的出现而欢呼……（说着）"看啊，阿蒙来宫殿来了，他的儿子站在他前面，他来到宫殿里，给他的头顶献上王冠"。

人头蛇女神威瑞特赫考和代表圣蛇的女神，布陀（Buto）的瓦吉特（Wadjet）一样，象征盘踞在法老额上的眼镜蛇。人们认为她为国王哺乳，并以此为他的加冕做准备。

根据其他国王的登基仪式记录，我们推断图坦卡蒙可能首先在宫殿里举行了一个相对简短的登基仪式，又在之后一年内于埃及各地的神庙举行了一系列仪式。但是因为图坦卡吞在一个不同寻常的时期登基，所以他的加冕仪式可能不仅简短，而且完全在阿玛尔纳城内进行。只有一个残缺的雕像表明图坦卡吞可能是在底比斯加冕的。那是一个图坦卡蒙的硬化石灰岩头雕，雕刻精美，收藏于纽约大都会艺术博物馆。雕像上的国王看起来非常年轻，脸颊圆润，嘴唇轮廓分明，可惜鼻子断了一块。这曾是一尊更大的雕塑的一部分，其中国王立于一位体型远大于他的端坐着的神明面前。神的右手轻抚着图坦卡蒙蓝冠的背面，但他的下半身却是在卡纳克的一个储藏区域发现的，而上半身无影无踪。[①]考虑到发掘地，我们有理由认为这位上身消失的神是底比斯的阿蒙拉。埃及学者对这尊雕像表现的内容各持己见，有的认为是神在为年轻的国王加冕，也有的认为神在为新国王提供更为宽泛意义上的庇护。

仪式的记录已然消失，但部分加冕时彰显王权的用品却保存了下来。尽管没有王冠出土（值得注意的是，我们没有找到任何王朝时期的法老或王后的王冠），但在图坦卡蒙的墓里，我们发现了两套弯钩和连枷权杖，从神圣的奥西里斯开始，它们成了所有埃及国王的王权象征。一套是儿童尺寸，刻有图坦卡吞的名字（no.269d 和 no.269f）；另一套是成人尺寸，刻有图坦卡蒙的名字（no.269h 和 no.269e）。[②]杖身由蓝色玻璃、黑曜石和黄金制成，非常美丽；而附加的象征意义又使它们不同寻常。

同样不同寻常的还有一件儿童穿的外衣（no.44t），前后都装饰了绣纹和金色亮片，上面有重复的"hebsed（赫卜塞德节）"象形文字图案。塞德节这个庆祝活动旨在更新并加强国王神赋的统治权。理论上，国王在统治 30 年后首次举行这个庆典，此后大

---

① Metropolitan Museum of Art, New York 50.6.
② 第三套只有连枷法杖，没有弯钩法杖，上面也没有刻字（no.44u）。

约每 3 年举行一次。但 30 年漫长到难以想象，所以国王们都很乐意稍微改变一下规定，更早地举行庆祝活动。阿蒙霍特普三世是少数几个统治时间超过 30 年的法老之一，按照规定，他在底比斯庆祝了 3 次塞德节，分别在第 30 年、第 34 年和第 37 年。而埃赫那吞在登基三年后就在底比斯庆祝了第一个赛德节，并借此表示了自己、家人和人民对新的神灵的虔诚。图坦卡吞在埃赫那吞第三年时还没出生，他的外衣肯定是在后来的阿玛尔纳的庆典上穿的——可能是埃赫那吞第 12 年那场庆典，也可能是图坦卡吞加冕典礼中的某场小仪式。

　　埃及木材匮乏，椅子便成了财富和权威的象征，而大多数人既没有椅子也没有桌子，通常都坐在地上或蹲在地上。王室用椅或王座则附带神话象征意义，它们与女神伊西斯（Isis）密切相关。伊西斯是奥西里斯的妻子和保护者，她的头饰就是王座的象形文字符号。埃及的书面文字（即象形文字）是图形文字，和图画一样，反之埃及的图画也可以被解读为各种文字，而国王坐在王座上的图画解释成文字便是"国王得到了神之王后伊西斯的支持"。因此，我们可以将图坦卡蒙墓中发现的 6 把椅子都看作他的仪式用品。其中一把是没有刻字的乌木扶手椅，用象牙镶嵌、金箔装饰，高度只有 0.71 米，估计是国王小时候使用的椅子（no.39）。还有一把成人使用的椅子，乌木制作、象牙镶嵌，上面刻有文字。卡特错误地将其命名为"教会宝座"（no.351），它在法老改名前后都被使用。虽然这把椅子的设计属于新王国时期上层阶级椅子的标准设计，但它的椅背装饰有一排头顶太阳圆盘的眼镜蛇和一只展开双翅的巨大秃鹫，这些设计元素证明这把座椅为王室所造。上面的刻字大多写着所属人图坦卡吞，但有两块替换用乌木镶嵌物提到了"完美的神"（阿玛尔纳时代前使用的传统称号）图坦卡蒙，证明这把椅子制作于"图坦卡吞"时期，又在"图坦卡蒙"时期进行了修复。而耳室中发现的由象牙雕琢的游戏盒（no.585r）进一步证明国王继承了两种相互冲突的信仰：

愿他长生，善神、拉的形象、阿蒙的儿子坐在他的宝座上，攻下所有土地的力量之王，上下埃及之王那布赫普鲁拉，被赐予生命和健康，直到永恒。

愿他长生，善神、阿蒙之子，天上的阿吞之子，上下埃及之王那布赫普鲁拉，拉的儿子，图坦卡蒙，底比斯的统治者，愿他永生。

雕塑家图特摩斯在阿玛尔纳取得了巨大的成功。他经营一个大型工场，制作了许多装饰阿玛尔纳城的石雕。国王赠予他一座位于上等郊区的豪宅、私人水井、粮仓、一辆昂贵的战车和两匹同样昂贵的马。在他设施完备的房子里，我们可以找到一些历史证据证明他在图坦卡吞统治初期仍然居住在这里，估计还在大量制造王室雕像。这些证据包括一个酒罐碎片，日期标注为不知名国王的第一年，和一个刻有"那布赫普鲁拉"的破损费昂斯釉陶戒指。[①]但不久，图坦卡蒙就决定推翻埃赫那吞的宗教改革。阿吞在神坛的地位降级以给旧神让位，而宫廷将搬回底比斯。为了彰显这一转变的重要性，国王将自己的名字改为"图坦卡蒙"，而王后则将自己的名字改为安海森那蒙（意为"通过阿蒙生活"）。

　　这个决定已经板上钉钉后，为王室服务的人员、和那些为王室服务的人员服务的人，都别无选择，只能收拾行李，迁移底比斯。没有王室的阿玛尔纳对他们来说没有什么意义。人口从最初的 5 万人左右缓慢但稳定地减少，这座泥砖建成的城市日渐倾颓。只有工匠村和石村幸存了下来——阿玛尔纳的建墓工人和其他从事沙漠活动的人再次就业，队伍甚至有所壮大，直到赫列姆赫布执政期间，这两个居住区才被彻底遗弃。雕塑家图特摩斯锁上了他的豪宅，向北出发，前往孟菲斯开启了新的生活，他最终埋葬在了萨卡拉大墓地。他留下了一个装满石雕和石膏头像的柜子，那些雕像描绘的正是埃赫那吞如今声名狼藉的朝廷。其中包括举世闻名的纳芙蒂蒂胸像，戴着她那标志性的蓝王冠，目前这座雕像陈列在柏林新博物馆里。

　　我们不知道这个重大变化发生时的确切日期，但在图坦卡吞

---

① Ägyptisches Museum Berlin ÄM 37391 and ÄM 34701.

的陵墓外我们只发现过一个文物提过"图坦卡吞国王"，说明这个变化可能发生在他登基后不久。那是一个小石碑，最初描绘的是戴着王冠的法老向"众神之王"阿蒙拉和他的妻子"天空的夫人、众神的爱人"姆特献上祭品的场景。此外，一位名叫加伊（Tjai）的书吏在一个壁雕中写到他在国王图坦卡蒙执政第 4 年夏季第 4 个月的第 3 天拜访了萨卡拉阶梯金字塔（Sakkara Step Pyramid，这也是有关加伊的唯一历史记录）。这说明变化必定发生在这个日期之前，比这早几年也有可能。

　　活人离开后，死者也该离开阿玛尔纳了。大多数为贵族修筑的岩石挖凿的墓穴都离完工还远，其中似乎只有一个（蒂伊女王的管家胡亚的墓穴）曾被真正使用过。而相比之下，王室干河墓地中至少曾安葬了埃赫那吞、斯蒙卡拉、梅克塔吞、基亚、蒂伊、纳芙尔纳芙鲁阿吞、纳芙尔纳芙鲁拉和塞特本拉。我们不知道纳芙蒂蒂是何时去世的，但是一个破碎的巫沙布提俑（shabti）[①]显示她可能也像她的众多家人一样，被安葬在了阿玛尔纳。宫廷的搬迁意味着这些陵墓失去了保护，极易被盗。必须有人时刻看守王室干河墓地，可这能保证这里绝对不会被盗吗？谁又能守护这些看守的安危呢？

　　于是国王决定将王室墓葬移到更为安全的帝王谷中。想必这对当时负责后勤和安全方面的人员来说就是一场噩梦。人们需要

---

① 　该巫沙布提俑碎片现藏于巴黎卢浮宫与布鲁克林博物馆。

打开封闭的陵墓和墓室，运走或用推车拉走木乃伊和他们的陪葬品，穿过沙漠和耕地，跨越 11 公里的距离，搬到船上，再运到上游的底比斯。在这之中，更有价值的陪葬品都被转移到了图坦卡蒙自己不断增长的殡葬用品中。而这些木乃伊还要经历第二次漫长的沙漠之旅，才能最终抵达一个临时作坊，该作坊位于我们现称的 KV55 小型私人墓穴中。在这里，木乃伊被人们再次处理，他们除了最私人的贵重物品外，其他东西都被取下，然后被重新缠上绷带，最后被送往合适的地方下葬。在这些木乃伊中，蒂伊王后的转移路线是最明确的一个。我们知道她在 KV55 中待了一段时间，然后被重新安葬在帝王谷西谷的陵墓里，她的丈夫也在此长眠。曾经围绕在她石棺旁的大型箱状黄金神龛经历了千辛万难被转移到底比斯，但根据我们的推测，因为太过笨重，无法继续转移，只能被遗弃在 KV55。

我们的新国王决定必须复兴埃及。在卡纳克阿蒙拉神庙的大柱厅（hypostyle），我们发现了一块巨大的红色花岗岩石碑，可能源自神庙内或神庙外不远处某个更公共的地方，上面的图像详细地解释了图坦卡蒙的政策。雕刻在石碑顶部的两个图画显示的是图坦卡蒙向阿蒙拉和姆特献上祭品的场景，在最初的图像中安海森那蒙站在他身后表示支持，但如今，我们几乎看不到她了。两个场景很相似，但不完全一样。其中一个场景中图坦卡蒙头戴蓝王冠，献上鲜花，而另一个场景中他则戴着纳美什头巾（nemes，一种遮住头顶、后脑勺和后颈的头巾，两只耳朵后面各有一块大布垂到肩膀上），献上美酒。与许多描绘图坦卡蒙的作品一样，卡纳克石碑也被赫列姆赫布篡改——他在原主人的名字上粗暴地刻上了自己的名字。讲述图坦卡蒙的文字仍然清晰，但日期已被破坏，因此我们只知道它雕刻于"洪涝季[①]的第4个月，第19天"：[②]

他修复了被破坏的事物，这些正是他不朽功绩的永恒见证。他纠正了两地的不正之风，在两地树立了秩序……

在陛下成为国王时，从象岛（Elephantine）到三角洲的沼泽地，众神的庙宇和城市早已成为废墟。他们的神殿破败不堪，沦为杂草丛生的土丘。他们的圣殿仿若从未存在，他们的神庙成为脚下的小路。这片土地一片混沌，被众神所抛弃。若是（军队）被派往加西（Djahy）扩大埃及的国土，他们绝不可能凯旋。若是有人向神祈祷，提出请求，那神根本不会回应。如果一个人以同样的方式向女神祈祷，她也不会回应……

又过了些日子，（陛下）出现在了他父亲的宝座之上。他统治荷鲁斯的河岸，黑土地和红土地都是他的领土，在他的威力之下，每片土地都对他俯首称臣……

然后，国王陛下凭心而动，寻出每一个好事，为他的父亲阿

---

① 埃及一年分为三个季节，每个季节四个月。三个季节分别是洪涝季、农耕季和收割季。——译者注

② 门图神庙的基石上也发现了该文本的部分内容。

石碑告诉我们，图坦卡蒙是在他的祖先图特摩斯一世建造的北宫殿中，坚定其恢复传统神信仰的打算的。我们在孟菲斯及其周边地区发现了一些互不相同的石制建筑碎块，如今都存在严重的损坏。许多碎块被后来的国王重新雕刻上文字或图案，也有些被再次使用在之后的建筑中，但我们能明显看到，每一块都曾刻有图坦卡蒙的名字或模样，而这有力证明他曾下令在此地建造自己的建筑。然而，我们没有足够的证据判断他到底建造了什么。

碑文又解释说，图坦卡蒙那作为神的父亲阿蒙拉将收到一尊用琥珀金、青金石、绿松石和"每一类宝石"制成的雕像。他还将收到一艘新的宗教游行用船只，这样他就能被祭司扛着，从他的神庙"航行"出去。孟菲斯的普塔也将收到类似但略微单薄的献礼，而其他没有指名的神也会收到雕像。国王会建造新的神殿，并慷慨地捐赠物资，确保每日神庙内的宗教仪式能够正常进行。祭司都出身高贵，神庙中的女歌手与女舞者也将由"曾在国王宫殿里任职的女佣"担任。"他的子民俘获的"男女奴隶将在神庙的工场里劳动。上句话的引用部分说明图坦卡蒙有可能接触过战俘，但这并不确定，因为从未打过仗的国王也会使用同样的说辞。

新法老野心勃勃地宣告自己要恢复混乱而被众神遗弃的国土上的秩序（或是使万事万物复原到正确的状态），这并不罕见。我们通常把这些宣言当作政治宣传处理，特别是在某些情况下，我们并没有证据表明国王登基时埃及处在类似于混乱的状态。例如，根据第十八王朝的女法老哈特谢普苏特，"自从亚洲人第一次来到北埃及的阿瓦里斯（Avaris），埃及变得四分五裂"，而她大言不惭地声称自己"挽救了原本四分五裂的埃及"。但事实上，"亚洲人"在她登基前多年就被驱逐出埃及了。①但作为国王，她认为将她祖先的功绩占为己有是合情合理的。不过，我们知道阿玛尔纳以外的埃及确实被长久忽视，而阿蒙拉和同族的神明都受到了埃赫那吞的无情迫害。因此我们也会想到，图坦卡蒙可能是真的想要纠正阿玛尔纳时代的错误。

这并不意味着我们应该从字面意义上解读他的宣告。图坦卡蒙出生在阿玛尔纳，从小信仰阿吞神，他不知道活在其他城市是什么样子，也不崇敬其他神明。结束阿玛尔纳的宗教改革其实是他的政治顾问所做的决定。他们并不热诚地信奉阿吞，甚至有可能认为埃及明显衰退的原因正是阿吞。他们也不认为国王适合在阿玛尔纳这个城市管理整个王国。他们决定将图坦卡蒙培养为传统的新王国时期的法老，兼勇敢的战士、有良知的祭司和明智的行政官三角于一身。而这么做可能因为他们真诚渴望重树秩序，但也很有可能是他们急切地想"重启"王室，好将新国王（和他们自己）与前任国王们区分开来，同时又不至于真的怪罪前任国王造成了这大厦将倾的混乱局面。

---

① 摘自亚特米多斯神庙遗址（Speos Artemidos）内的铭文。

如果图坦卡蒙活得够长，这个"复兴"计划可能还会成功。但至少要 10 年以上，埃及的秩序才能完全恢复。在图坦卡蒙死后 5 年，赫列姆赫布成了埃及国王，而他认为有必要颁布一项法令，设计一个保护国家和神庙资产的内部改革方案。在他的统治期间，他保留的大量记录让我们得以清晰看到新王国时期人们生活中更残酷的一面现实。对困扰埃及的反社会行为的严厉惩罚被头一次明确地书写出来：[①]

（如果有人）偷了这片土地上任一士兵或任何人的船，法律就会制裁他，割下他的鼻子，把他送往加鲁（Tjaru）。

法庭的目的在于主持公道。在法庭上，若是任一市长或任一祭司未能在重要案件上执行正义，该行为将构成重大罪行，该市长或祭司应被判处死刑。

如果图坦卡蒙想恢复其东地中海领导人的合法地位，他还需要在埃及以外的地方开展很多工作。埃赫那吞继承王位时，埃及帝国势力强大。在南部边境外，努比亚完全受埃及帝国管理，其上缴的贡品丰盈了埃及的国库。而在北部，埃及的附属国和盟友组成了一条活跃的联络网，一直延伸到现今近东地区的以色列、巴勒斯坦、黎巴嫩、约旦和叙利亚等地。我们知道，阿玛尔纳并

---

① 赫列姆赫布法令。

不是靠自给自足实现繁荣的。埃及各地会向阿玛尔纳进贡食物、亚麻和其他必需品，而且阿玛尔纳书信也证明了埃及与他国之间的外交往来，他们之间会积极地互通信函、互赠礼物。但是，埃赫那吞对属于他城市之外的世界似乎持有一种近乎蔑视的冷漠态度，对破坏近东地区稳定的权力争夺视而不见。古埃及附属国齐尔图（Qiltu，地点不明）的阿布迪－阿斯塔提（Abdi-Astarti）在遭遇进攻时请求埃及的支援却被熟视无睹，而他也绝非唯一一个受此冷遇的附庸：[①]

> 告诉国王陛下：这是来自国王的仆人阿布迪·阿斯塔提的消息。我葡匐于国王陛下的脚下，七次拜倒在国王陛下的脚下，就在此时此刻，我腹部贴地向您叩拜，再后背贴地向您叩拜。愿国王陛下听闻我正在经历的战争之严峻，愿国王陛下大发慈悲派一位大人保护我。此外，国王陛下曾向我下达命令，我正在执行这些命令。我执行国王陛下的一切命令。我在此……送上十名妇女……

我们可以借阿玛尔纳书信推导出古国阿姆鲁（Amurru，今黎巴嫩）的阿齐鲁（Aziru）的故事，而这个故事也证实了当时政局的不稳定性。阿齐鲁是古埃及附庸，但他率军入侵了邻国的

---

① EA64: British Museum, London EA29816.

领土，导致比布鲁斯（Byblos）的里卜－哈达（Rib-Hadda）不得不写信给埃赫那吞恳求保护。里卜－哈达最终被流放，后惨遭杀害，而埃赫那吞将阿齐鲁传唤到阿玛尔纳，要求他提供解释。与此同时，日益壮大的赫梯王国（Hittite empire，今土耳其）开始施展手脚。阿齐鲁在埃及待了一年后被允许离开，而他回国后即刻就叛变了埃及，投靠了赫梯王国。阿姆鲁直到第十九王朝都属于赫梯的领土：[①]

> ……鲁巴库（Lupakku）领导的赫梯军队已经占领了安曲（Amqu）的城市……此外，我们还打听到了以下信息：齐塔纳（Zitana）率领九万名步兵已经打过来了。但我们还不确定他们有没有抵达我们这里……

阿齐鲁并不是唯一一个转而效忠赫梯人的附庸。米坦尼（Mitanni，位于现叙利亚和伊拉克西部地区）曾经是埃及在近东地区最强大的盟友，埃赫那吞最重要的王妃之一，塔杜赫帕就出生于此。而如今它不得不独自面对新的敌人。

许多法老在统治初期都会开展小型的军事行动，以展现他们抵御外敌的实力。在诸多军事行动中，有些是国王真正领军作战的战役，有些只是朝臣为了国王轻易取得胜利，而故意设计的小

---

① EA170: Staatliche Museen, Berlin VAT327.

冲突。而我们怀疑，还有些则是从前人更成功的治理中"借"来的战役。在前文中我们说过，图坦卡蒙曾提及"他的人民俘获的"男女奴隶，且我们不确定是否应该从字面意义上理解这句话。在尼罗河东岸的底比斯，有个被拆除了的神庙，名为"那布赫普鲁拉、阿蒙的至亲、底比斯的建立者之屋"，而里面破损砖石上雕刻的图像告诉我们，或许应该从字面意义上理解上文那句话。尽管我们没有找到讲述他的战役细节的详细文字记录，但是我们可以"阅读"图画，"阅读"图坦卡蒙军队的奇幻冒险传奇。我们看到国王攻入叙利亚的城堡，获得了俘虏在内的各种战利品，军队的长矛上串着敌人的断手，一个俘虏被捆绑起来吊在皇家的船上，而他和军队乘坐这艘船胜利而归，将俘虏和其他战利品都献给了卡纳克神庙的神明。各个图像描绘了努比亚战役的不同场景，提供了不同的历史"证据"。而在别处，我们也发现了对应的线索。总督阿蒙霍特普－胡伊（Amenhotep-Huy）位于底比斯的陵墓中有图像描绘了亚洲人和努比亚人上贡的场景，以及在大将军赫列姆赫布位于萨卡拉的墓穴中，我们看到了被俘虏的亚洲人和努比亚人排着长队，恳求和平的场景。但是我们知道，拉美西斯时代早期的国王花费了多年时间才收复埃及北部边界的国土。这就说明图坦卡蒙和赫列姆赫布没能成功收复埃赫那吞失去的领土，尽管他们希望给后世留下如此的印象。

我们知道他的军队为了保卫国家而战，但图坦卡蒙有没有和他们一起战斗呢？葬祭庙中的场景表明他确实有和军队并肩而战，他的陪葬品也进一步证实了这一点。在前厅发现的第一件文物是一个木箱，被称为"彩箱"（no.21），它整个表面都被涂上了灰泥、画上了图案，描绘的正是国王在战车上立下惊人战绩的场景。在盒盖上，我们看到他带领部下正在沙漠中进行一场刺激但很可能有危险的狩猎活动，而在盒身，他带领部下战胜了一支亚洲人的军队，有人认为这些人是叙利亚人，也有人认为是赫梯人。在这两个场景中，图坦卡蒙独自伫立于战车之上，腰间的缰绳拴着两匹骏马，马儿腾跃起来，而他拉弓射向敌人。在一些新王国时期建造的神庙外墙上，我们能看到国王摆出这样的经典造型。但在现实生活中，人几乎不可能在这种情况下控制战车，因此我们推测国王身边至少有一位驾驶，可能还有一位盾牌手。

这些描绘国王征战场景的图像内容都很统一，同时我们又缺乏支撑这些场景的文字记载，因此我们对场景的准确性有所怀疑。所有王室作品的目的都是政治宣传，它们不必像我们现在认可的理念那样描绘得诚实透明。考虑到国王也兼任祭司一角，我们能更容易地理解这一点。我们常常在国家神庙的壁饰中看到国王，而且只有国王一人向神灵献祭的经典场景，但我们不会就此认为每个神庙每次献祭都由国王亲自执行，因为我们知道这是不可能的。虽然从理论上讲，国王是唯一能与神灵有效沟通的人，但在现实中，他会指定代理人（也就是祭司）代表他进行供奉。大将军赫列姆赫布是图坦卡蒙军队的首领，同理他也可能代表图坦卡蒙上战场打仗。

图坦卡蒙墓中还有些不那么可信的场景展现了他的惊人体能。在一面仪式盾（nos.379b）上，我们看到国王抓着狮子的尾巴将其掼倒在地。在另一面盾牌（nos.379a）上，他化身为头戴王冠、人头狮身的斯芬克斯，碾压人类敌人。宝库中找到的一尊镀金雕像则显示他在一艘脆弱的船上，骑着一只似乎是豹子的动物，用鱼叉叉住了一只河马（no.275c、no.275e、no.289a、no.289b）。河马是现世荷鲁斯（即埃及国王们）的传统"敌人"。为了避免河马在墓中神奇地复活，作品中没有雕刻河马。在葬祭庙的壁饰中，我们也看到他在打猎——他正坐在战车上追赶羚羊和狮子，此前他已经射死了一头野牛。图坦卡蒙用身体力量战胜了造成混乱的势力，不论对方是人类还是野生动物。他借此履行了其维护秩序的职责，取悦了众神。同时，因为荷鲁斯神当初和叔叔塞特争夺王位时，就是用鱼叉叉住了化形为河马的塞特，所以那个描绘图坦卡蒙做同样举动的雕塑实际上将国王喻为了荷鲁斯神。

图坦卡蒙的墓穴中出土了大量的军事和狩猎装备，进一步突出了他实干家的形象。其中最显眼的是六辆被拆解了的战车，彼此间设计略有不同：有三辆（no.120、no.121、no.122）相对较轻、装饰繁复，可能是仪式上展示所用，其中一辆装饰较少、较为坚固，剩下两辆比较轻，但是没有装饰，这三辆（no.161、no.332、no.333）被初步认定为狩猎用战车。除了战车外，墓中还有数量可观的武器，包括十六张弓、箭、各种棍棒、弹弓、标枪、剑和匕首。为了保护法老，墓中有四面仪式盾，还有四面更轻更实用的盾牌，以及一个亚麻布为内衬、外层为皮革片甲的无袖胸甲（no.587a）。

尽管图坦卡蒙的陪葬品中有猎人和士兵使用的武器，但有人认为他可能因为不够敏捷，甚至不够强壮，无法使用这些装备。虽然德里认为他是一个发育健全、健康状况良好的年轻人，但埃及古迹最高委员会公布的分析表明，这位国王身体虚弱，有近亲结婚导致的缺陷，同时饱受各种疾病和残疾的困扰——疟疾、脊柱侧弯、左脚畸形、两个跖骨病变还有一个趾骨缺失。如果这一诊断无误，那么图坦卡蒙熟练而英勇地战斗（当然有的场景里他行动鲁莽，有的场景则明显虚构）场景就必定是常见的政治宣传——无论国王的实际外表和性格如何，这些宣传都将他描绘得体格完美、勇武过人。这个理论听起来很合理，也解释了从墓中出土的多达130根拐杖和手杖的原因。

然而就像埃及学研究中经常遇见的情况一样，这个诊断并不像我们希望的那样明确。木乃伊有"畸形足"并不罕见，缠绕过紧的绷带会导致木乃伊的脚部变形。更重要的是，哈里森的团队在1968年拍摄的一张X射线片中，图坦卡蒙左脚看起来很健康，其骨骼形状正常。由于病变的跖骨和缺失的趾骨离一处损坏部分很近，我们推测他的"畸形足"可能是在1968年后形成的。此外，图坦卡蒙的鞋子和凉鞋设计普通，并没有我们预料中便利畸形足而作的独特设计。这一点进一步支撑了他没有足部畸形的理论。

医学家在图坦卡蒙的左脚是否为畸形足这个问题上争论不

休，而我们也不能轻易地将图坦卡蒙的手杖定义为步行辅助用的拐杖。在整个王朝时代，手杖或权杖都是贵族阶层男性的权威的象征，因此很多男性虽然没有行走不便，但也会常常携带手杖。尽管手杖主要被用来彰显身份，但有必要时，也会被用来惩戒下人，而这些地位更低的人随随便便就会遭到殴打，他们每天都要冒着这样的危险生活。学生会被老师打，仆人被监工打，下层人被上层人打。收税人携带手杖，帮助他们最大程度的收缴税金。在中王国时期的民间故事《能言善辩的农民》（*Tale of the Eloquent Peasant*）中，不幸的胡恩－因普（Khun-Anup），即故事的主人公，遭受恶棍斋胡提奈赫特（Djehutinakht）和官员廉西（Rensi）的不公毒打，而他也认命地接受了殴打，认为生活就该如此运行。古王国时期的智者普塔霍特普（Ptahhotep）曾说过，"伤害穷人的人是可悲的"，可他也建议他的男性贵族阶层读者"惩罚要坚定，责备要严厉"。

图坦卡蒙迫切需要物资来执行他的复兴计划，于是他责成财务大臣玛雅开展了一场无情的筹款活动。玛雅拜访了南部边境到地中海地区主要的国家神庙，确保被埃赫那吞用在阿吞崇拜上的税金再次填满神庙的库房，同时神庙反过来也定期向王室缴纳金钱：[①]

---

① 摘自玛雅的石碑。

执政第 8 年，农耕季（Peret）第 3 月，第 21 天……

这一天，陛下（图坦卡蒙）下令让世袭王子兼公侯，法老右手边的持扇人，法老的书吏，财务监督玛雅，从全国征税，并向埃及众神献上神圣的祭品……

修复工作开始在全埃及进行，埃赫那吞那短命的阿吞神庙被拆除，被破坏、被忽视的传统神庙又被修复。但赫尔莫波利斯的托特（Thoth）、赫利奥波利斯的拉神和孟菲斯的普塔在整个阿玛尔纳时代都非常"低调"，因此在许多情况下，人们只需要将"阿蒙霍特普"中的"阿蒙"二字重新刻上即可。

我们在埃及北部没有发现多少建筑被修复和重建的证据。吉萨高原（Giza plateau）上曾出土一块石门框，上面刻印的文字中提到图坦卡蒙和安海森那蒙是"霍伦（Hauron）的至亲"。这个石门框可能出自某个新神殿，神殿供奉的是与狮身人面像有些关联的迦南（Canaan）神[①]。这个门框后来被第十九王朝的国王拉美西斯二世所占有，他在原先的铭文上涂上灰泥，刻上了自己的名字。在一个石门楣上，赫列姆赫布的名字盖在另一个国王的名字上，这个文物表明图坦卡蒙的工匠也曾在三角洲东部的阿瓦里斯工作。然而，正如门框和门楣所示，在第十八王朝末期到第十九王朝初期的国王中，图坦卡蒙并不是唯一一位在埃及北部积

---

① Cairo Museum JE57 195.

极开展修复工作的君主。他的继任者阿伊、赫列姆赫布和拉美西斯时代早期的国王也进行了建筑修复工作，其中赫列姆赫布常常将图坦卡蒙的工作据为己有。

在阿斯旺城的边境以南，努比亚受总督阿蒙霍特普·胡伊的牢牢掌控。他的头衔为"库什（Kush）国王的儿子，国王右手边的持扇人，阿蒙的黄金领地的监管者，库什王国中阿蒙牛群的看守者，骑兵中的勇敢者，国王的书吏。"博尔戈尔山（Gebel Barkel）和索莱布（Soleb）两地的建筑都需要重建——埃赫那吞篡改了建筑铭文中父亲的名字。工匠们需要将神学上不靠谱的"内布马阿特拉·阿蒙霍特普"改为"内布马阿特拉·内布马阿特拉"，这个名字稍显重复，但更容易被人接受。工匠们在卡瓦（Kawa）新建了一座神庙，墙壁上的浮雕展现了图坦卡蒙崇拜阿蒙拉、拉－哈拉海提（Re-Horakhty）、阿图姆（Atum）、敏神和托特的场景。在法拉斯（Faras）被围墙围住的行政中心，工匠也新建了一座神庙和一个新的雕像群，其中图坦卡蒙端坐于阿蒙和姆特之间，宛若神明。正是在法拉斯阿蒙霍特普·胡伊的遗孀提姆瓦吉斯（Taemwadjsi）建造了一座神庙以纪念她的丈夫。泥砖制成的神庙外墙上贴有石制饰面，而这些雕有花纹的饰面留存至今，证实了阿蒙霍特普·胡伊对图坦卡蒙本人的宗教崇拜。饰面上，阿蒙霍特普·胡伊看起来正在瞻仰图坦卡蒙的双王名圈。同时，他的兄弟被描述为"那布赫普鲁拉（图坦卡蒙）的次级祭司"，他的妻子则是"那布赫普鲁拉的侍女总管"。

很明显，在法拉斯，图坦卡蒙毫不费力地实现了埃赫那吞的梦想，那就是被当成活神崇拜。在卡瓦，也有证据证明这种背离正统的现象确实存在——在那里图坦卡蒙被视为阿蒙拉在现世的化身。理论上讲，埃及的国王在生前是半神，只有在死后才会成为真正的神。但是埃及人民对这个微妙的宗教概念上的差别并不总是很清楚。阿蒙霍特普三世竖立的巨大王室雕像并不只是艺术品，这些都是神圣的雕像，被刻意放在神庙墙外，目的就是给那些无法直接接触神庙神明的普通人提供一个崇拜的对象。而人民围绕着每座雕像，发展出了不同的信仰，而每个信仰都有自己的神职人员和信徒。从理论上讲，这些雕像代表的是当时国王的神性，而不是国王本人。但很有可能并不是所有向雕像献上祭品并向其许愿的人都理解这种细微的差别。而在埃及境外，两者的区分就更模糊了。在努比亚，阿蒙霍特普三世和蒂伊生时被人们当作活神来崇拜，而如今图坦卡蒙也加入了活神的队伍中。

　　正如我们预料的，图坦卡蒙的修复工作最详尽的证据出土于底比斯。底比斯是个庞大的城市，从尼罗河西岸的陵墓和葬祭庙一直延伸到了东岸的城市和神庙，是座供奉阿蒙神（新王国时期称其为阿蒙拉）及同族系神明的圣城。阿蒙拉在卡纳克神庙群中过着隐秘的生活，但会为了每年的各种仪式，偶尔到其他神灵的家中拜访。他隐藏于圣船船舱中，被他的祭司们高高地扛在肩上，前往邻近的卢克索神庙，或者渡过河流，拜访王室葬祭庙中的神灵。神从他的隐居地出来的那几日被规定为全国假日，人们会举行公共的宴会，一起饮酒、参加庆典，这也是底比斯人民能做到的最接近与神沟通的活动了。

埃赫那吞对阿蒙充满怨恨，而他不仅将其发泄到国家神庙和官方艺术上，也发泄到了私人墓穴和非王室的雕像上，不顾一切地要抹去阿蒙在底比斯的一切痕迹。图坦卡蒙对修复被毁坏的私人建筑和雕像兴趣不大，认为对应家庭可以自己处理，但他非常想要干出一番大事，而且尤其热衷于将自己与他杰出的祖先阿蒙霍特普三世联系起来。阿蒙霍特普建造了卢克索神庙，而图坦卡蒙完成了神庙入口柱廊的建造，并添加了装饰。阿蒙霍特普的葬祭庙建于尼罗河东岸，而图坦卡蒙修复了里面被破坏的文字和浮雕。此外，在卡纳克，图坦卡蒙下令建造了阿蒙拉、姆特和阿蒙内特（Amunet）①的雕像，修建了名为"阿蒙物资丰富"的粮仓，同时修复了神庙里的文字和浮雕。图坦卡蒙将自己的雕像安插在了阿蒙霍特普三世旁，一起出现在第三塔门（神庙建筑群内的宏伟入口）上，而他的名字则出现在第六塔门和第八塔门上。同时，图坦卡蒙重新开始了第十塔门的建筑工作。这个门最初由阿蒙霍特普三世开始建造，但后来被埃赫那吞遗弃了。图坦卡蒙用被拆除的埃赫那吞神庙中的石块来填充大门内部，而最初为埃赫那吞的太阳神庙设计的被砍头的斯芬克斯像则改造成公羊头的斯芬克斯像，这些雕像排成一列，连接了第十塔门和姆特神庙。每个斯

---

① 神话中阿蒙最初的配偶，后其配偶地位被姆特取代。——译者注

芬克斯像的两爪间都立着一尊图坦卡蒙的微缩人像，他双臂交叉，手里拿着弯钩和连枷权杖。

同时，随着阿吞神庙被纷纷拆除，那些刻有文字或图案的石砖也被回收利用来建造新的建筑，随着时间的推移，这些石砖又会被回收利用到更新的建筑的建造中。而石砖的流转过程给现今的考古学家们带来了极大困惑。图坦卡蒙的底比斯葬祭庙已然消失，但透过它的石块，我们可以一窥神庙石砖复杂的"一生"。为了建造埃赫那吞的卡纳克太阳神庙，这些石砖被切割生产出来。它们先是被图坦卡蒙回收利用，接着又被阿伊回收，用来完成神庙的建造，以示对前任法老的纪念。阿伊死后，赫列姆赫布最初修改了神庙的碑文，表明他对神庙进行了修复，但接着改了主意，将其拆除了。这种拆除图坦卡蒙建筑的做法表现了赫列姆赫布对阿玛尔纳时代和所有与之相关人员的强硬态度。他可能是意识到了这些"异端"国王不会被后世赞誉，所以决心与他的过去撇清关系。很多图坦卡蒙使用过的砖块都被回收，用来填充卡纳克神庙的第二塔门和第九塔门。接着它们又被投入卡纳克神庙群周围的中世纪房屋的建筑中。最后，中世纪房屋又被逐渐拆除，这些砖块也被收入博物馆中。

图坦卡蒙不仅仅是要修复卡纳克神庙，更是要"改善"它的外观。神庙外墙上雕刻了新浮雕，上面的金箔装饰在阳光下闪闪发光。其中洪涝之神哈皮（Hapi）和丰收女神列涅努忒（Renenutet）旁有两个相同的场景——图坦卡蒙走向阿蒙拉、姆特和他们的儿子孔苏（Khonsu）。遗憾的是，这幅浮雕如今已被严重损坏，上面的金箔被盗，图坦卡蒙的名字也被赫列姆赫布所覆盖。再回到图坦卡蒙时期——当时神庙内的许多神像已被破坏，而这些阿蒙拉及其家人的神像对宗教的正常运行非常重要。雕塑师们因此纷纷拿起凿子，开始修复破碎的神像。艺术史学家能轻易辨认出这些人修复的部分，这是因为这些雕塑师没有尝试模仿神像本来的艺术风格——他们把带有第十八王朝末期艺术特色的身体部位直接安到了神像上，而有时神像本来的部分比新安的部分年代久远多了，风格也不同。这么做可能是因为雕像被涂上颜料后，风格上的差异就不会那么明显。

神庙的大部分雕像都受到严重损坏，无法修复，因此必须制作新的雕像替换老的，同时也需要制作新国王的雕像。卡纳克神庙和卢克索神庙中树立了图坦卡蒙的等身雕像和巨型雕像，呈现为他本人或长着他的脸的神的模样。如今，仍有一尊真人大小的雕像保存在卢克索神庙中，那是一尊图坦卡蒙的坐像，身旁是安海森那蒙。严格来说，这对雕像刻画的是阿蒙拉和姆特这对神明夫妻，但他们圆润的面庞无疑属于年轻的国王和王后。在图坦卡蒙的统治期间，这种将国王的特征添加到神身上的做法贯穿了图坦卡蒙的整个统治时期。

要想更好地了解图坦卡蒙本人，我们必须研究"卡纳克藏物组（Karnak cachette）"。"卡纳克藏物组"指的是一批在当时过时或不被需要的神庙文物，共2000多件。在王朝时代末期，这些文物被集中埋在神庙建筑群的一个坑中，于 1903 年被挖掘出来。在近 800 尊石雕中，有两尊几乎一模一样的图坦卡蒙雕像，略小于真人尺寸，每尊的左腿都向前迈了一步。雕像中的图坦卡蒙头戴纳美什头巾，脚踩凉鞋，身上精致的褶裥胯裙高高隆起。他的体态阳刚、肌肉发达，并且身体比例完美，胸宽臀窄。他双手张开，手掌朝下放在胯裙之上，表现出凡人在神灵面前的传统谦卑姿态。这不是一位少年君主，而是一位思想深邃、成熟稳重的统治者，是一位正在虔心祈祷的国王。①

我们可以在图坦卡蒙陵墓中再次看到这个成熟的国王形象。两座真人大小的木制雕像（nos.22 和 nos.29）看守着棺室被堵塞了的入口，他们全身漆上了黑色的树脂，眼睛和眉毛则涂成了金色。两人都戴着金色的头巾，其中一人戴的是纳美什头巾，另一个是卡特头巾（khat，纳美什头巾的简化版本）。两人都佩戴着黄金首饰。他们的左脚向前跨立，左手拿着一根权杖。两件胯裙上都刻有图坦卡蒙的名字和头衔，其中一件（戴卡特头巾的雕像所穿的那件）的头衔上写着他是国王的"卡"（ka），即国王的灵魂，可能是说这尊国王雕像代表着旁边那尊的灵魂。其头衔全称为"人们为之骄傲的善神，人们纷纷夸耀的君主，哈拉海提（Horakhte），王室的卡，奥西里斯，土地的主人，那布赫普鲁拉"。埃及学家都希望在墓中找到书面文件，有些人曾猜测说这些高高

---

① Egyptian Museum, Cairo CG 42091.

隆起的胯裙下可能藏着那些遗失的图坦卡蒙的信件。但遗憾的是，X射线扫描结果显示裙下并无类似文件。

我们不能指望图坦卡蒙的雕像准确描绘了国王的模样。这些艺术作品总是将他美化为理想的埃及国王的模样，和其他所有国王没什么分别。要想知道图坦卡蒙的实际长相，我们必须对他的身体进行检查，并且在他墓中寻找其他线索。研究他的衣物也很有用。他的衣服保存状况很差，但仍有很多布料保留了下来，足够莱顿大学研究纺织物的专家进行测量和还原。

根据德里在验尸时的测量结果，国王的木乃伊身长约为1.63米。考虑到尸体在干化过程中体积会收缩，我们预估他的身高为1.67米，与那两个看护棺室的雕像一样高。他在古埃及人中应该算是个高个子，但也没高到反常的程度。图坦卡蒙的上半身大范围受到了损害，但通过测量近真人大小的"人体模型"，我们得出的结果是其胸围为79.6厘米。通过测量他的腰带、腰饰和人体模型，我们估测其腰围应在70～75厘米，那5厘米是考虑到腰带和腰饰要系在衣服外面所以留出来的误差值。而根据缠腰布的测量结果，相比他的胸围和腰围，图坦卡蒙的臀围竟高达108厘米。[①]我们常在艺术作品里看到埃赫那吞也是这样宽腰窄臀的身材，这让我们不禁想到，夸张的阿玛尔纳艺术，其中估计有很多埃赫那吞对自己不寻常体形的夸张。此外，从图坦卡蒙墓穴的宝

---

① Independent, 3 August 2000.

库中发现的镀金雕像还展现了他另一个不同寻常的身体特征——每个雕像都或多或少地描绘出了国王骨骼纤细、胸部突出的模样。当然，乳房并不总是代表女性化。很多埃赫那吞的雕像也有突出的乳房，而这表明该家族的男性可能患有乳腺发育症。

那么图坦卡蒙的脸长什么样子？他身上的皮肤颜色灰白、脆弱干裂，但他的脸因为受到防腐香脂和丧葬面具的保护，所以肤色较深，同时他左脸颊上有很大的皮肤损害，也可能是痂。他的嘴唇微微张开，露出突出的门牙（其他第十八王朝王室的木乃伊也常有突出的门牙）。卡特当时是这样描述新发现的图坦卡蒙木乃伊的：[①]

……属于教养极高又有文化的类型。面容美丽、五官端正。头部骨骼结构与埃赫那吞的非常相似，说明两人正如碑刻显示的一样关系紧密。二者性格相似，这使人有理由认为二者具有血缘关系。

还原一位早已逝去的国王的面容是项吃力不讨好的任务，甚至可以说毫无意义。无论进行复原工作的科学家或艺术家的专业技能如何，无论他们的目的是什么，都会有人觉得最后结果不符合自己期待，进而提出批评。肤色尤其是个问题——第十八王朝晚期的法老是深色皮肤还是浅色皮肤？古埃及艺术作品在这个问题上完全帮不上忙，这是因为王室御用的艺术家们在作品里使用

---

① 摘自卡特的日记，日期为 1925 年 11 月 16 日。

的总是明亮又传统的颜色。

人们曾几次使用科技手段对图坦卡蒙进行面部还原，相关的艺术创作更是数不胜数。最接近他真实长相的可能是 2005 年虚拟尸检还原出的三张脸中的某一个。分别来自埃及、法国和美国的三个独立专家团队参考 CT 扫描数据和法老头骨（法国和美国团队参考的是塑料头骨模型）还原了法老的面容。然而，只有两个团队被告知他们还原的是图坦卡蒙的脸，并且正如埃及古迹最高委员会发布的新闻稿所说，他们"参考了图坦卡蒙的古代画像"，因此复原结果的准确性有待商榷。而美国团队并不知道他们复原的是谁，最后呈现的是一个年轻的北非人的模样：下巴后缩、鼻子突出。项目负责人札希·哈瓦斯为我们总结了这三张脸的特征：[1]

三个面部还原（法国、美国和埃及）的不同寻常的头骨形状、脸部的基本轮廓，以及眼睛的大小、形状和位置都很相似。三者的鼻子模样不同，法国和美国版本相较于埃及版本彼此间更为相似。另外，美国版和法国版的下巴也很相似，而埃及版的下颚轮廓则更为突出。作为一个学者，我认为埃及版本看起来最像埃及人，而法国和美国版本各有其独特的个性。

之后也有其他更令人震撼的面部和全身复原行动，通常还原

---

①   Zahi Hawass: *press release*, Supreme Council of Antiquities, 10 May 2005.

结果中国王都身体虚弱，并且像埃及古迹最高委员会判定的一样左腿畸形（尽管国王是否真有这两个特点还存在争议）。这个现代还原版本中虚弱的图坦卡蒙与他本人希望呈现给世界强壮有力的形象形成了鲜明的对比。

随着图坦卡蒙的统治继续，贵族们再次建造起家族墓地，表现他们对与奥西里斯一起在芦苇原享受永生的幸福期望。丧葬艺术或多或少地恢复了"正常"——阿玛尔纳时代独有的角色消失了，传统的神灵重新出现，墓主再次成为自己命运的焦点。一些著名的阿玛尔纳"难民"在萨卡拉墓地中建造了自己的陵墓，其中包括我们提到过的乳母玛亚、维齐尔阿佩尔和雕塑家图特摩斯。最华丽的要属财务大臣玛雅和大将军赫列姆赫布的陵墓。在赫列姆赫布未被使用的陵墓里，我们可以在壁画中看到图坦卡蒙的身影。已经成年的图坦卡蒙站在宫殿的阳台上，安海森那蒙站在他身旁，两人赠予忠诚的赫列姆赫布金领圈作为赏赐。动物也可能会和人一样被埋葬在萨卡拉。孟菲斯的普塔的化身阿匹斯（Apis）神牛死后，它的尸体会被制成木乃伊，并埋葬在萨卡拉圣牛墓（Sakkara Serapeum）。公牛的墓地在古代已被洗劫一空，但有四个人首盖子的卡诺匹克罐（canopic jars）、三个印有图坦卡蒙名字的费昂斯釉陶吊坠和几个木制棺材碎片留存了下来。

向尼罗河上游行驶 400 公里，我们就抵达了阿蒙霍特普·胡伊那装饰精美的底比斯陵墓，而在该墓我们能看到图坦卡蒙履行职责的情景。国王坐在一个仪式用的华盖下，身着有精致褶裥的衣服，头戴蓝王冠，手拿弯钩和连枷权杖。他在观看一位无名的"财务监督"（据推测是那位无处不在的玛雅）为阿蒙霍特普·胡伊举行总督的授职仪式，这个场景也告诉我们，努比亚是古埃及极其重要的收入来源之一。在另一个场景中，图坦卡蒙坐着接受阿蒙霍特普·胡伊献上努比亚的贡品，而后者站在法老面前挥着一把鸵鸟毛扇子。

图坦卡蒙在即位 10 年后驾崩。从现代的角度来看，这似乎是一场突发的、令人震惊的悲剧——图坦卡蒙活过了童年时期，（根据我们的推测）既没有营养不良的情况也未曾在恶劣的环境下生活过，我们认为他能再活二三十年是很合理的。但和他同时代的人更能接受"死亡会随时降临"的观点，对国王的突然驾崩，他们可能不像我们这样惊讶。在古埃及，成年上层阶级男性的平均预期寿命大约为 40 岁，这样看 10 年的统治期已经很长了。图坦卡蒙比许多同时代的人（包括他的许多家人）都要长寿，而且他是作为一个男人，而不是男孩去世的。和我们想象的一样，没有任何文字记录宣告了他去世的消息，或者解释了去世的细节。但他的棺材内装有 3 个花环，分别在第 2 个棺材的圣蛇上，第 2 个棺材盒上，和第 3 个棺材上。这些花在 3 月中旬至 4 月底开放。假设这些花是为葬礼而采摘的，同时假设木乃伊按照传统在防腐间中待了 70 天，那么结合花环和酒罐上的日期线索，我们可以推断图坦卡蒙死于执政第 10 年的 1 月或 2 月。

就像每部优秀的推理小说一样，我们还需要检查尸体来确定他的死因。然而，这并不是一件容易的事。图坦卡蒙的尸体在束上绷带前就已经严重受损，而我们很难判断这些损伤是来源于木乃伊工坊的操作、袭击事件还是事故。后来，挖掘小组使用高温、热刃和蛮力，用这如今看来非常粗暴的手段将木乃伊从棺材最里面取了出来，然后去除了他的丧葬面具。这个过程中，木乃伊又受到了损伤。不止如此，3000年来木乃伊一直被浸满防腐香脂的亚麻布包裹，国王的皮肤早被烧得焦黑，绑带也被香脂破坏了。霍华德·卡特解释道：

……研究进行得越深，我们就越能看出覆盖木乃伊的绷带和木乃伊本身状态都非常糟糕。它们浸透了防腐香脂，而香脂中的脂肪酸已经将它们完全碳化了。

包裹在木乃伊胸腔外的亚麻布浸满了树脂，已经硬化，而这导致德里无法对上半身开展全面检查，因此也无法指出国王的死因。这为大家的各种猜测打开了闸门，很快就有传言说图坦卡蒙死于肺结核，但纯属空穴来风，没有证据。但更耐人寻味的是，发掘小组成员之一，亚瑟·梅斯在这之前就提出过图坦卡蒙被谋杀而死的假说：

剩下的全部都是猜想……我们有理由认为，他去世时也不过刚刚从男孩成为大人。他的继任者阿伊曾支持他继承王位，并在他短暂的统治期间担任顾问一职。而且，正是阿伊安排了他的葬礼仪式，甚至可能编排了他的死亡。有可能阿伊认为时机已经成熟，可以亲自执掌大权了。

1968 年哈里森对木乃伊进行了 X 射线扫描，扫描结果揭露了德里当初没能看到的东西：图坦卡蒙的胸部有大面积的损伤，胸骨和部分肋骨丢失。在 2005 年，专家团队发现其盆骨和心脏也已失踪。哈里森对其颅腔左侧的一小块脱落的骨头很感兴趣：

……这可能是筛骨①的一部分。在木乃伊防腐过程中，工匠会将工具从鼻腔捅进颅腔，这个骨头就是在这时从鼻子顶部脱落的。同时，X 射线扫描结果表明这块骨头与上方的头骨融合在了一起，这符合凹陷性骨折愈合后的情况。这可能意味着图坦卡蒙死于钝器打击头部导致的脑出血。

这块骨头碎片（实际上右侧还有两块）引发了人们的激烈讨论。最初人们认为它是国王头部遭到致命打击的证据，但现在人们多认为它是图坦卡蒙上脊椎的一部分，在德里的尸检中碎裂并脱离了下来。碎片没有嵌入树脂中，可以在颅腔内自由移动，可见它们必然产生于图坦卡蒙去世并涂上树脂之后。

---

① 分隔鼻腔和颅腔的骨头。——原注

哈里森发现图坦卡蒙的头骨底部薄得异常。在 X 射线片上，图坦卡蒙头颅底部有块阴影，可能说明这里存在钝器打击造成的出血。图坦卡蒙被人重击过头部的猜想曾经非常流行，至今网络上仍有人支持这个理论。然而，专家在重新检查哈里森 X 射线片后发现 X 射线照射的角度引发了视觉错觉，这才让法老的头骨看起来如此地薄。2005 年的研究小组也确认了图坦卡蒙头部没有遭受致命打击的痕迹。当然我们必须承认，不是所有的谋杀事件都会留下能被侦查到的痕迹，尤其是在受害者去世 3000 年后，但可以肯定的是，没有任何证据能证明图坦卡蒙是被杀害的。

根据 2005 年的研究得出的推论，图坦卡蒙身体其他部位没有任何遭受巨大创伤的痕迹，因此他胸部的损伤也必定是在死后造成的。这些研究人员将注意力转移到了图坦卡蒙的左大腿上。国王的左腿骨折，骨折时间应该与他死亡时间重合，或者非常接近死亡时间。德里和哈里森都注意到了这一点，但是由于国王骨骼脆弱，在死后也折断过多次，所以他们都没对此加以重视。如今，人们认为这一创伤可能导致了他的死亡："创口感染最后导致了国王的死亡"。[①]另一个猜想是左腿的骨折可能引发了脂肪栓塞综合征，国王因此失血过多而死。后来也有人提出他体虚气弱，可能是身染疟疾而死的。但这似乎不太可能。虽然疟疾对青少年来说足以危及生命，但成年人通常对此具有免疫力，疟疾对他们

①　Zahi Hawass: *press release*, Supreme Council of Antiquities, 10 May 2005.

影响不大。

当然，我们没必要去找寻什么奇特的死因。在第十八王朝的埃及，腹泻或是一颗烂牙都可能导致死亡。他那损坏严重的身体就有力证明了年轻的图坦卡蒙并非正常死亡。国王的心脏显然在被采取保存措施前就已经腐烂，而这要么是因为木乃伊作坊的工人工作疏忽，要么是因为尸体送到防腐室的时间太迟。这或许说明他死在了国外战场上，但正如我们前文所说，没有任何证据能证明图坦卡蒙真的踏上过国外战场。可见，国王在宫殿外意外死亡的可能性更大。就像最近的一个猜想一样，他或许就是被河马踩死的。不过这种情况成立的话，他的身体其他部位理应有更多的创伤痕迹。

此外还有一个可能性更大的理论。图坦卡蒙的金色鸵鸟羽毛扇被发现于国王的身旁，在棺室的第三个和第四个神龛之间的墙壁上（no.242）。扇子的金箔手柄上的铭文告诉我们，装饰在顶部的 42 根白色或棕色的羽毛，都来自国王在赫利奥波利斯（今开罗附近）以东的沙漠打猎时捕获的鸵鸟。扇子半圆形顶部上装饰有压纹图画，一面描绘的是图坦卡蒙乘坐战车狩猎鸵鸟的场景，另一面是图坦卡蒙带着猎物凯旋的场景。狩猎鸵鸟这一活动可以理想地展示国王对自然界混乱势力的掌控力。这是一项适合年轻人的危险运动，需要狩猎者反应迅速。在墓穴中解释国王的死因是件既不吉利又危险的事。但我们不禁好奇，那把被刻意放在国王尸体附近的扇子，是不是在隐秘地暗示他英年早逝的原因呢？

图坦卡蒙只统治了埃及 10 年时间，其中很大一部分时间是在政治顾问和女性亲属的指导下统治的。在统治期间，他逆转了阿玛尔纳的宗教改革，尽己所能地修复了埃赫那吞的疏忽所造成的破坏。如果他有更多的时间，埃及又会发生什么改变呢？这一点，我们只能自己畅想了。

第三章

图坦卡蒙的石棺上雕刻有塞尔凯特（Serket）和奈芙蒂斯（Nephthys）两位女神的模样。二人立誓保护死去的图坦卡蒙（no.240）：

塞尔凯特说道：我的双臂拥抱这里面的人，以此保护拉的儿子图坦卡蒙。他将不会在墓地再次死去，他会作为一个伟大的神，现于冥界（Duat，"杜阿特"）众神前。

奈芙蒂斯说道：我来到这里（以便）在我的兄弟奥西里斯、拉的儿子图坦卡蒙身后服务……你将作为一个活的巴（ba，"精神或灵魂"）存在，能随你所愿化身为任一形态。你的巴将不会与你的尸体分离。你将追随拉，乘上千万艘日舟之一，同他一起，你将在西方的地平线上落下。

图坦卡蒙相信，他的尘世生活不过是他永恒生命中的一个短暂瞬间。正如他的加冕仪式使他成为埃及活着的国王的一员那样，他的死亡会使他位列逝者的神明之中。根据王室神学，他的来生有几种令人激动的可能。死去的国王可能会成为一颗星星永恒闪耀，永远地凝视着埃及两地。他可能会与木乃伊神奥西里斯成为一体，审判死者，统治那些在芦苇原里永恒劳作的人。他也可能成为鹰头日神拉领导的日舟船员，在危机四伏的漫漫长夜，同威胁太阳的邪恶生物作战。他可以在一定程度上灵活变通来生愿景，他甚至可以从每种神圣的来生中提出想要的部分，结合到自己的来生愿景中。

但很明显的是，图坦卡蒙必须依靠后人的辅助才能完全发挥潜能、获得完整的神性并实现永生。无论他准备多么充分，没有适当的仪式，他都无法完成这一至关重要的转变。他需要遗体木乃伊化、合适的陪葬品、一场葬礼和后人对其积极的崇拜。考虑到死者的脆弱，埃及规定新国王若想确立自身的统治权，必须用适当的礼节埋葬前任国王。

特别的是，我们得以看到这种丧葬传统被实施的场景。在图坦卡蒙棺室的北墙壁画上，阿伊正在执行木乃伊开口和开眼仪式，履行对前任国王的义务。图坦卡蒙的木乃伊站立着，全身被白色亚麻布包裹，戴有王冠、蓄有胡须的头露在布外，交叉的双臂紧握象征着王权的弯钩和连枷权杖。他已然化身成了亡灵之主奥西里斯。阿伊站在他对面，看起来精神抖擞。他扮演的角色是荷鲁斯，奥西里斯的儿子和继承者。他头戴蓝王冠，身穿白色胯裙，肩上披着祭司的豹皮斗篷。他挥舞着仪式用的扁斧，象征性地解除了前任国王嘴、鼻子和耳朵的封印，赋予其重生的潜力。

阿伊继图坦卡蒙成为下一任国王是很让人吃惊的事情。我们在寻找第十八王朝加冕仪式的详细记录时查阅了赫列姆赫布的传记，里面清楚地记录了他在一位未命名的国王统治期间（想必是图坦卡蒙）作为王位继承人的生活：

于是，这位神明在众人面前突出展示了他的儿子……国王对他的品行感到满意，为选择了他而高兴。为了指导两地的法律，法老任命他为该地的最高首领和世袭王子。他独一无二，无人能望其项背。

由于这是赫列姆赫布的自述，我们会怀疑他夸大了自己在图坦卡蒙宫廷中的重要性，甚至其声称与图坦卡蒙有联系，可能都只是为了掩饰他不同寻常的上位之路，毕竟前任国王已经撒手人寰，无从反驳他的说辞。但图坦卡蒙在位期间的碑文证明他的自述无误。有一处石门廊，虽然原属的泥砖建筑现已消失，但我们借上面的铭文了解到大将军赫列姆赫布确是世袭王子。而他位于萨卡拉的精心装修的陵墓非常清楚地表明他是世袭王子的同时，也是国王的副手。赫列姆赫布成为国王后可以被葬在帝王谷的王室陵墓中，这座墓就被遗弃了。

在正常情况下，直到图坦卡蒙与合适的高位嫔妃育有男婴之前，赫列姆赫布都是王位继承人。图坦卡蒙没有儿女，阿伊却继承了王位，而这一史实提醒我们，图坦卡蒙去世时的情况绝不正常。人们很可能猜测悲剧发生时，赫列姆赫布在距离底比斯很远的地方，或许在叙利亚北部。尽管没有决定性证据，但也有证据显示在第9年或第10年，图坦卡蒙的军队在同赫梯王国的军队战争，尝试收回卡迭石城（Kadesh）。这座叙利亚城市当时受赫梯国王苏庇路里乌玛（Suppululiuma）掌控。这场战争最终以埃及军队的失败告终。我们对这次战役的具体细节知之甚少，但那布赫鲁普拉之屋（Mansion of Nebkhepherure）内的场景，以及卡纳克神庙和赫列姆赫布的萨卡拉墓穴墙壁上雕饰的朝贡场景都表明，埃及人面对的不是赫梯人，而是叙利亚和巴勒斯坦的联合力量。赫列姆赫布没有参与图坦卡蒙的葬礼安排这点确实很奇怪：即使他当时在叙利亚打仗，漫长的遗体防腐时间也足以让他及时返回底比斯。我们可以大胆一些地猜测，在埃及急需新国王的情况下，阿伊作为副手挺身而出。而还有个更加冷酷的猜测——王位空缺，而阿伊抓住了这个机会，乘虚而入，登上王位。他曾服侍过阿蒙霍特普三世、埃赫那吞和图坦卡蒙三任法老，如今垂垂老矣，没人会认为他的统治能超过一年或两年。不过他实际统治了4年的时间，超出了人们预期。阿伊没有任命赫列姆赫布为王位继承人。

一千多年来，上层阶级的丧葬传统构成了埃及经济发展的基础。建造金字塔这通往天堂的巨大阶梯的冲动刺激了文职体系的发展；北方的建筑工地对大量原材料和工人的需要促使各行各业的人们迅速掌握了相关技能。埃及的官僚变得尤其擅长书写报告、收税和执行运输任务。金字塔时代已经结束，但每天，整个埃及的建筑师、石匠、工人、水手、木匠、会计、艺匠、纺织工、金属工人、陶工和更多行业的人都会直接或间接地参与死者前往永生的准备工作。陪葬品被摆放齐全，木乃伊被安置完毕，墓门被牢牢封锁后，死者家属和祭司会定期为死者上供粮食和饮品，为死者提供永生所不可或缺的食物必需品。在很多情况下，这些供品都来自墓主人所拥有田地的丰富产出。同时，通过收集并回收家属为死者精心挑选的昂贵的陪葬品，盗墓者也为经济做出了自己的一份贡献。当然，并不是所有人都享有遗体木乃伊化和葬于石墓的权利。像以前一样，绝大多数人会被埋葬在沙漠墓地中的简朴坑穴里。而那些渴望享有更好的丧葬待遇的人，那些想要石墓和死后做成木乃伊的人，则会面临家庭资源被严重损耗的处境。

作为殡葬这一行业的重要组成部分，遗体木乃伊化已经成为一种意义巨大的仪式。即使是宗教信仰颠覆传统的埃赫那吞，也下令将其去世的家人绑缚成奥西里斯一般的模样。可我们对制作木乃伊的实际流程知之甚少，真是令人沮丧。难道是殡葬师的工作内容太过神圣，不能与门外汉分享？还是说这是行业机密？抑或每个人都知道殡葬师的工坊里进行的工作是什么，所以没有讨论的必要？幸运的是，并不是所有人都畏手畏尾，不敢讨论此事。图坦卡蒙去世一千年后，古希腊历史学家希罗多德（Herodotus）

创作了一篇长文记述他的埃及之旅，给他的读者们带去了欢乐。文中，埃及被描述为一片满是金字塔和无畏女人的奇特之地，有人们能想象到的最古怪的丧葬仪式。他告诉我们一共有三种制作木乃伊的方法：价钱便宜的、不太便宜的和价格昂贵的。我们可以有把握地推测，王室的殡葬师制作图坦卡蒙的木乃伊时使用的必是"最完美的工艺"：

……将铁钩伸进鼻孔中，尽可能多地抽出大脑，然后用药物冲洗掉铁钩够不到的部分。接着，用燧石刀划开侧腹，取出腹腔全部内脏，然后先用棕榈酒再用捣碎的香料清洗内腔直到完全干净。用纯净的没药粉、桂皮和除乳香以外的芳香物质填充身体后缝合，之后将尸体全身浸泡于泡碱中至多70天，绝不能超出这个时限。70天后，尸体会再次被清洗，接着被一条条亚麻布从头到脚绑缚起来，背面涂上树胶（埃及人多将树胶作为胶水使用）。处理完毕后，尸体被送回家属手中，而家属会将其置于人形木棺中。

希罗多德的观察并不完全准确，他忽略了一些有助于我们真正理解这一过程的细节。例如，他明确指出，在木乃伊制作过程中会使用泡碱，但泡碱是干敷于尸体上，还是作为溶液将尸体浸泡其中的？尽管缺乏细节，但他实事求是的描述与现代的木乃伊尸检及针对动物和少数人类尸体的实验得出的结论相吻合。不过，他确实低估了遗体木乃伊化的重要性——最新发现的描绘木乃伊制作仪式的纸莎草书强调道，木乃伊化是对死者实现永生至关重要的第一步骤。防腐师的角色皆由祭司担任，他们手握古老工具，戴着阿努比斯神（Anubis）的胡狼面具，吟诵咒语，将死者转变为潜在的神明。

要想理解遗体木乃伊化作为一个仪式的重要性，我们必须思考紧跟着图坦卡蒙去世会发生什么事情。国王已经驾崩，但他的生命还未消逝。随着他的身体开始分解，国王身体中的许多强大的王室实体被释放。这些实体徘徊于人世间，等待助它们开启新生的仪式的执行。人们通常将这些实体解释为灵魂、精神或生命精华，其中包括一个被称为"卡"的存在。让我们再次把目光投向图坦卡蒙墓室北墙上的场景——我们可以看到图坦卡蒙的"卡"长得同法老本人一模一样，但头部有两个象形文字标志，是两个举起的双臂，这象征图坦卡蒙被奥西里斯迎入来世时，"卡"在支持着他。

从身体释放出来的"卡"有和活人相同的基本需求。它需要一个居所（指陵墓中的木乃伊），需要定期供应食物和饮品。在理想的情况下，死者的后代或代表人会定期给它提供这些必需品，但它也可以依靠墓壁上的图像或文字中的食物和饮品、随葬品中的食物模型和食物生产模型，以及陪葬的食物和饮品来维持生命。图坦卡蒙的陪葬品中有肉食、豆类、谷物、香料、蜂蜜、糕点和水果，再配上上等葡萄酒，这些构成了一场永恒的盛宴。啤酒是埃及人的主要饮食之一，并且是众神的最爱，可令人惊讶的是，图坦卡蒙的陵墓中并没有啤酒罐子。不过这也没关系，因为他有所有制作啤酒的必要材料。死去的国王，或者说他的"卡"可以利用一个谷物充实的粮仓模型（no.277）烤出无穷无尽的面包，配着酿出的好酒享用。

生者与死者阴阳分离，但埃及的死者同人世间联系依旧紧密。墓地欢迎游客的到来——大多数贵族陵墓都有一个装饰精致的祭堂，生者可以在那里观赏五彩缤纷的装饰画、进行野餐活动，最后为长眠于墓穴中的死者留下适当的供品。然而，图坦卡蒙的尸体是要被埋葬在遥远的干河墓地中的。他并不指望访客会千里迢迢拜访帝王谷，就为了给他送上一条面包或一罐啤酒。于是，他遵循先例，按照第十八王朝初期的做法，将他的祭堂与陵墓分开，在沙漠边缘建造了一个显眼的葬祭庙，称为"百万年神殿"。尽管陵墓和葬祭庙两者相隔甚远，但它们实际上属于一个整体，而居住在木乃伊体内的"卡"能够神奇地在两者间自由穿行。

图坦卡蒙的葬祭庙在数世纪前就已经消失了，但我们可以对它的位置做一个有根据的猜测。我们很难想象一位自称传统主义者的人不会选择把自己的葬祭庙建造在已有的葬祭庙之间，这些第十八王朝的葬祭庙已然占据了尼罗河西岸正对卡纳克神庙的地区。我们可以进一步猜测，建造他的葬祭庙的石块至少有一部分来自于那些被拆除的埃赫那吞的底比斯阿吞神庙。西岸上的阿伊和赫列姆赫布的神庙废墟也提示了图坦卡蒙神庙所在位置。它位于图特摩斯二世的葬祭庙遗迹附近，离第二十王朝法老拉美西斯三世那距今更近、保存也更完好的葬祭庙遗址不远。这里出土了几座巨大的雕像，其中两座描绘的是国王大步前进的样子。[1]艺术史学家认为，这些巨像与图坦卡蒙非常相似，但上面的铭文标注的是阿伊的名字，后又被覆写上了赫列姆赫布的名字。若是这些雕塑最初是为图坦卡蒙所作，那么它们很可能是被阿伊从他的葬祭庙中"借"到了这座葬祭庙里。而考虑到这些巨像的尺寸和重量，图坦卡蒙的葬祭庙很有可能就在附近。甚至有可能阿伊和赫列姆赫布的葬祭庙原本就是图坦卡蒙的葬祭庙。尽管我们在这座庙中发现了几个刻有阿伊王名圈的地基残留物，但也有可能它们是建筑后期的产物。如果阿伊真的曾将图坦卡蒙的神庙占为己有，那么我们可以推测，他必定是将前任国王的祭拜中心转移到了东岸的那布赫普鲁拉之屋。

"卡"非常脆弱。它只有同它的尸体联系密切时才能存在，死者灵魂的其他部分也得以在远离陵墓的地方自在生活。尸体不能是关节脱落了的骨架，必须是身份可识别的人体。如果"卡"识别不出来它所属的尸体，它就会死去，而死者会再次经历死亡。而这意味着死者会被永久抹杀，一旦经历第二次死亡，就再无复生的可能。因此，"卡"能够认出它的尸体这一点非常重要。虽然理论上"卡"可以生存在雕像或二维图像中，但这是万不得已才会选择的最后归宿。在理想情况下，保存完好的尸体近似活人

---

① Cairo Museum JE 59869; Oriental Institute, Chicago 14088; Ägyptisches Museum Berlin 1479/1.

模样，只是外观被绷带遮盖、束缚住了而已。在第一章和第二章中，我们揭示了一个活着的、生动的图坦卡蒙，而这章我们却得思考他尸体木乃伊化的具象过程，这种对比还是蛮无情的。对许多读者来说，探访殡葬师的工坊似乎是在无礼地侵犯其隐私——我们真的需要知道图坦卡蒙死后遗体处理的所有血腥细节吗？我认为是需要的。有两个完全不同的原因：首先，遗体木乃伊化是图坦卡蒙实现永生的第一步，也是至关重要的一步，因此我们不应将其视为死后无关紧要的例行公事；其次，如果我们要将图坦卡蒙的尸体作为证据，还原他的生活、健康和死亡情况的话，我们就需要了解处理这具尸体所经历的各种程序。

底比斯的殡葬师在西岸沙漠边缘的帐篷中工作。他们居住于两地之间的神秘区域，一面是黑土地，肥沃富饶、秩序井然，是活人的乐园；一面是红土地，是广袤的沙漠，是野生动物和死者的家园，一片混乱。这种将刚死之人从两地隔离的做法强调了它们处于亦生亦死的边缘阶段。而从更现实的角度上讲，尸体处理过程漫长而脏乱，将殡葬师驱逐到社区的边缘，可以使市民免受臭气和飞蝇虫害打扰，毕竟没有人想住在防腐帐篷的隔壁。

我们可能会认为在这种气候炎热的地区，人一旦被确认死亡，尸体就会被火速送往防腐工坊。但在当时，做出死亡诊断并不像现在这样容易。在医疗技术有限的国家，人们在尸体开始腐烂后才能确定此人已经死亡，而这往往是唯一的死亡诊断方式。这也许可以解释为什么罗马时期的纸莎草文本《防腐仪式》（*Rituals of*

Embalming）规定尸体应在家中停留 4 天——让家人有时间去哀悼死者、组织防腐工作，同时很有可能还要确定死者确实已经死亡。希罗多德还补充了一个更糟糕的原因，解释为什么尸体不能太"新鲜"：

当一位受人尊敬的人士的妻子去世，抑或是一位美丽或知名的女性去世时，她的尸体不会立刻交给防腐师，而是在三四天后才交给他们。这是一项防止防腐师侵犯尸体的预防措施。据说这种事在一位刚刚去世的女人身上确实发生过。该犯人的共事者告发了他。

而刚刚去世的图坦卡蒙显然不急着去那儿。他的心脏不见了，大脑也消失了，可 1969 年哈里森的 X 射线显示筛骨却仍在原处，只是受了些损伤。这一事实有力地证明，他的尸体在抵达防腐工坊时腐烂程度已经很严重了。我们推测，在此时他的大脑早已腐烂，脑浆从他的鼻孔淌了出来。但对防腐师来说，这不是什么麻烦，他们反而能省下不少工夫——埃及的医生清楚脑部受伤的严重性，可殡葬师只把大脑看成一个无用的器官，直接扔掉。

用于绑缚并塑形图坦卡蒙胸部的浸满树脂的亚麻布仍在原处。如今它变得坚如磐石，无法被去除。因此我们有理由相信，国王的心脏和他四处游荡的阴茎不同，在木乃伊化之前就已丢失不见。心脏被埃及人视作掌控理性的器官，因此心脏丢失是个严重的问题，可能会影响到人的来生。但也有对应的预防措施：人们会为图坦卡蒙准备一个替代的心脏。这是一个黑色树脂做的圣甲虫，上有黄金装饰，用一根扁平的黄金长线挂在他的脖子上（no.256q）。圣甲虫上刻着《亡灵书》（*Book of the Dead*）的 29b 号咒语："……大地上的灵魂会随他们的意愿行事，死者的灵魂将会按他的意愿前行"，这个咒语保护死者不受心脏丢失影响。

是什么原因导致图坦卡蒙这么迟才被送往防腐帐篷的？在前文中，我们提过一个推测，那就是他在北部沙漠打猎时遭遇意外去世。那么，他是不是被运往南方接受治疗（可能他的同伴没法接受他去世了这个事实）或者防腐处理的呢？和任一国王相关的致命意外都可能会引发恐慌和混乱，可即便如此，南运国王遗体也是个糟糕到惊人的决定，因为即使顺风行驶，船只也需要很多天才能从赫利奥波利斯到达底比斯。更好的办法是在孟菲斯将遗体制成木乃伊，然后再将木乃伊运往南方埋葬。第十九王朝的国王塞提一世和拉美西斯二世都是在北方去世的，他们的遗体便是如此处理。

希罗多德已经很好地概述了遗体防腐的过程，而在解开图坦卡蒙身上的绑带，为其尸体再作检查后，我们得以为其概述填补更多的具体细节。最终，我们将制作木乃伊的过程分成 6 个阶段：最初的准备工作、移除大脑、清空体腔、脱水干燥，以及清洗、穿衣和绷带绑缚。从整个过程来看，虽然图坦卡蒙陵墓的准备工作和物品安排都有些匆忙和潦草，但其尸体的木乃伊化工作执行得当，防腐师也很敬业。

到达殡葬师的工坊后，图坦卡蒙被脱去衣物、剃掉胡须，接着被清洗干净后，他被头朝上平放到一张倾斜的桌子上。殡葬师开始对他的头部进行清理工作。他们一般会将长柄勺子自左鼻孔捅进颅腔（并在这个过程中打碎筛骨）并搅拌，直到液态物质从鼻腔流出来。但在处理图坦卡蒙时，他们没有这么做的必要。他们用泡碱溶液将图坦卡蒙空空如也的颅腔冲洗干净，接着要么在遗体干燥前，要么在刚刚干燥后，用树脂部分填充头颅。1968 年的 X 射线片显示他的头部存在两个明显的树脂层，彼此成直角，说明这个填充工作分为两阶段：其中一层树脂是在尸体平躺时通过鼻腔灌入的；另一层则是在尸体正面朝下、头向后仰，也有更小可能是在上半身倒挂时，通过头骨底部导入的。

重要的是，胃、肠、肺和肝这些最容易腐烂的器官应尽快被去除。肾脏可能会一同被不小心去除，也可能会留在体内。为了去除内脏，殡葬师在图坦卡蒙的左腹横向切了一条近 9 厘米长的开口，与肚脐到髋骨的连线平行。接着，防腐师会将一只手伸入腹中，找到所需的器官并将其取出，还要切开横膈膜得以拿到肺部。9 厘米比正常遗体防腐时的切口要长，但与现代的 Y 型解剖切口相比，完全是小巫见大巫——这种 Y 型切口需要法医从两只肩膀尖端连线，直到两线在大约与乳头平行位置相交，接着继续向下切到耻骨的位置。西西里的狄奥多罗斯（Diodorus Siculus）是古代另一位对埃及殡葬仪式感兴趣的游客，他告诉了我们，为什么埃及殡葬师会小心谨慎，尽量不在尸体上造成太多明显的伤害：

　　如今，处理尸体的人都是技艺娴熟的匠人，他们的专业知识在家族内部作为传统世代相传。这些人把标有葬礼相关的每项物品的价格表摆在死者的亲属面前，询问他们希望尸体被怎样处理。当双方就每个细节达成了协议，且尸体转移到他们手下后，他们就会将其交付给那些被指派从事这项工作、并且已经习惯了这些工作的人。首先，在尸体被放在地上的时候，被称为书吏的人会在尸体左侧腹画出切口的长度；接着，被称为切割工的人会按照法律规定，用蛋白石割开皮肉。他们会在切完切口后立即逃跑，而在场的人则会追赶他，用石头砸他，不停诅咒他，并试图将衰渎行为都归结给他。这是因为人们认为凡是对同族人的身体施暴或刺伤他人身体的人，或者普遍意义上对同族人造成任何伤害的人，都应该被众人憎恨。

　　与之相反，人们认为那些被称为防腐师的人值得所有的荣誉和尊敬。他们同祭司来往，甚至在各个神庙间来去无阻，因为他们是纯洁无污的人。当他们聚集在一起处理被切开的尸体时，一个人会将手从尸体的开口处插入躯干里，取出除肾脏和心脏以外的所有内脏，而另一个人会用棕榈酒和香料洗净所有内脏。

　　通常情况下，他们会用防腐板覆盖切口，之后切口会神奇地愈合。在图坦卡蒙身体左侧的绷带中发现的一块椭圆形金板可能就是位置放错了的防腐板。

最近的扫描结果显示，图坦卡蒙的横膈膜完好无损。这表明，虽然殡葬师使用了传统的方式，从他下腹部的切口取出了肠子、肝脏和胃，但他们是利用他胸部的巨大缺口取出他的肺的。此外，他们还进行了一些修复工作，重塑了他血肉模糊的上半身，使国王的胸部在绷带下的形状更为自然。虽然图坦卡蒙有部分肋骨断裂或缺失，但还有部分肋骨呈现光滑的切割痕迹，说明他们在国王死后曾用窄刀切割骨骼。

因为图坦卡蒙在来世还需要他的内脏，所以它们也必须洗净后浸泡于泡碱之中保存。经过防腐处理的内脏最终会被存放在一套装饰精美的人形黄金棺材中。这些小棺材分别供奉 4 位保护神，他们亦是荷鲁斯的 4 个儿子：人头神艾姆谢特（Imseti），守护肝脏；狒狒头神哈碧（Hapy），守护肺部；胡狼头神多姆泰夫（Duamutef），守护胃；以及隼头神凯布山纳夫（Qebehsenuef），守护肠子（no.266g）。但我们从未对小棺材内的脏器进行医学检查，无法断言它们究竟是什么。有一点特别值得注意——考虑到人类肝脏体积相对较大，我们无法确定这些器官的保存是否完整。有趣的是，在鲍勃·布莱尔（Bob Briar）博士实验性的人类木乃伊项目中，博士不得不将肝脏切片，才能将其挤入卡诺匹克罐中。

图坦卡蒙的卡诺匹克棺材将他描绘成奥西里斯的模样，他头戴纳美什头巾，手握弯钩和连枷权杖。这些小棺材同图坦卡蒙的中层棺材模样近似，以至于在 2019—2020 年伦敦举行的图坦卡蒙：“金色法老的宝藏”展时，许多参观者以为真人尺寸的棺材实际上只有 39 厘米高，都目瞪口呆。霍华德·卡特指出，至少有一个棺材盖不贴合它的底座，他认为它们可能是由不同工匠根据同一设计图案独立完成的。最近，人们则认为这些棺材实际上并不是为图坦卡蒙所制，这是因为它们内侧铭文中的王名圈有明显的改动痕迹。

这些小棺材的脖颈和脚踝处被亚麻带固定，全身被亚麻布包裹。在一个半透明的方解石卡诺匹克箱的底座上雕刻有独立的圆柱形隔间，而这些棺材就被放在隔间之中。箱子的四个角由四位丧葬女神伊西斯（位于西南角）、奈芙蒂斯（西北）、塞尔凯特（东北）和奈斯（Neith，东南）的雕像守护（no.266b）。这 4 位女神同样站在石棺的 4 角，保护图坦卡蒙的身体。在某个时候，可能是在防腐工坊中，也可能是在进行丧葬仪式时，这些棺材上被涂抹了大量的防腐香脂，和真人大小的棺材及木乃伊身上涂抹的是同一种。然后，每个卡诺匹克箱的隔间都被塞上了精雕细琢成人头形状的盖子。这些人头都戴着纳美什头巾，配有秃鹫头冠，额上有圣蛇图案。这些方解石人头描绘的毫无疑问是国王，但他们与图坦卡蒙在其他文物中的模样并不太像，很有可能他们最初也是为别人设计的。最后，卡诺匹克箱的斜盖被放下，并用亚麻绳绑住。

这个箱子被放置在陵墓宝库中的一个木制滑橇上，箱上盖着亚麻布，放在一个雕花金色神龛中（no.266a），神龛又位于一个镀金华盖之下。华盖支撑于滑橇之上，由 4 个相互独立的丧葬女神（no.226）守护。卡特不是一个情感外露的人，但他被这个卡诺匹克箱组的美深深触动：

在正对门口的更远一边，伫立着我所见过的最美丽的纪念物。它是如此可爱，人们见了都会满心欢喜、大为惊叹。它的中央部分由一个神龛模样的大箱子组成，上面镀满黄金，箱沿上装饰着圣蛇雕纹。围绕它站着四座独立的女神像，这些亡灵的守护神伸出手臂保护人的姿势如此优雅，又如此自然逼真，她们脸上的表情如此地慈悲又怜悯，看着她们都像是对她们的亵渎。4 人分别守护着神龛的 4 个方向，其中前后两面的女神紧紧盯着她们守护的人，而从另外两人的塑造中我们又能看到一丝额外的现实主义，他们的头转向一侧，越过肩膀看向入口，像在提防突然的访客。这个纪念物有一种简单的宏伟感，对想象力有不可抗拒的吸引力。而我毫不惭愧地坦白，它让我心潮澎湃，不能自已。

这些女神的修长比例、略微倾斜的头部和打褶的衣物都表明，这个神龛是一个回收利用了的阿玛尔纳文物。由于埃赫那吞简朴的来生愿景和女神没什么关系，我们可以推测这四位最初是按照王后的形象被制作出来的。她们代表的会是纳芙蒂蒂吗？后来，为了使她们更符合图坦卡蒙正式的宗教信仰，工匠给她们添上了标识身份的王冠。

让我们再回到防腐工坊。在这里，国王在内腔被掏空后又被再次冲洗，他的手指和脚趾甲被固定。小袋的泡碱和木屑填满了他的躯干内部，同时他整个皮肤都被泡碱覆盖。在成山的碱盐下，图坦卡蒙的双眼半睁半闭，他双眼的睫毛还在。四十天后，防腐师从盐中取出国王的干尸。他重量变轻了，肤色也变深了。防腐师将他洗净、涂上油脂。图坦卡蒙的鼻子和眼睛被树脂浸渍的亚麻布堵住，他的嘴唇也被树脂封住，但仍保持着微张的状态。防腐师用浸透树脂的亚麻布包裹住他的腹部和胸部来恢复并保持这些部位的形状。他们还在国王的胸部粘上了一个串珠"围兜"来掩饰伤口，可能同时也用来帮助伤口愈合。德里没能取下围兜，它粘得太牢了，也因此他一直不知道围兜下面有胸部创伤。1968年哈里森对图坦卡蒙做检查时，这条围兜不见了，据推测是被偷走了。这条围兜被取下时进一步破坏了图坦卡蒙的遗体。

终于，图坦卡蒙做好了被全身绑缚的准备。这些绷带将保护他的身体，确认他新的神圣身份。因为没有发现任何古埃及人所作的包裹木乃伊的指南，我们不得不参考古罗马时期的《防腐仪式》和被称为《阿匹斯神牛防腐仪式》(*Apis Embalming Ritual*)的文件，顾名思义，该文件详细介绍了孟菲斯的普塔的化身，阿匹斯神牛的木乃伊化过程。[①]公牛的身形和体积显然和人大不相同，但两者绑缚仪式的基本原理是一样的。这不是简单的收尾工

---

① Papyrus Vindob 3873: Österreichische Nationalbibliothek, Vienna.

作，而是一场复杂、耗时且极其昂贵的仪式，需要大量的亚麻布、亚麻垫子和绷带，而这些都靠手工编织制作。

在一位被称为"秘密之主"的殡葬祭司的监督下，初等殡葬师会在专用的绑束室进行工作。他们准备好垫子和绷带，然后按照规定的顺序，从头到脚为尸体涂上香脂、绑上亚麻布。图坦卡蒙的身体被缠了16层绷布，最里和最外一层使用的是最好的亚麻布，有150个符咒和护身符被包进布中。他的每个手指、脚趾和四肢都被单独绑缚。国王的双臂水平交叉于胸前靠近腰部的位置，左臂置于右臂之上。他的双臂摆法较常见的摆法略有改动——其他第十八王朝的国王交叉的双臂都是向上倾斜的。但我们不能简单地归论说图坦卡蒙的双臂摆放位置有误，或是说这种特意的摆法在传达某种信息。现代人研究历史时很容易总结些实际上可能并不存在的"规则"，然后又依照这些规则来挑古人的"错误"。如果仔细观察，我们就会发现图坦卡蒙的木乃伊制作过程中有几个"错误"——他的双臂摆放方式、防腐切口的大小和位置，以及他头部的两层树脂，这些都很不寻常。同样，我们也会发现他陵墓中的"错误"，比如卡诺匹克棺材和魔砖的位置就与我们预想的不同。但是，图坦卡蒙的葬礼是近30年来第一次在帝王谷举行的葬礼，认为一切都会像之前那样进行，是不是不太合理呢？我们真能断定说过去万事都做得十全十美吗？而针对图坦卡蒙双臂摆放的问题，我们推测，这种不寻常的摆放方式可能与其受伤的胸部有些联系。

在绷带之下，图坦卡蒙穿着及膝的黄金胯裙和黄金凉拖。他的首饰包括指套、脚趾套、手镯（右臂上有 7 个，左臂上 6 个）、戒指和一批领圈及胸甲，被裹在不同层的绷带中。他腰间的腰带上系着两把匕首，一把是金的（no.256dd），另一把则是用价值连城的陨铁打造的（no.256k）。

他的头上佩戴着一顶合适的串珠软帽，上面四条黄金和费昂斯釉陶打造的圣蛇中央刻印着阿吞早期的名字（no.2564t）。图坦卡蒙是一个恪守正统的人，可下葬时他佩戴的头饰却如此亲近地提到了他背弃的神的名字，这实在奇怪。人们对此提出了各种理论，包括其临终前转变了信仰，和单纯是丧葬准备上有些误解等。还有其他的一些头饰也被放进了绷带中，其中有一个独特的圆锥形"头饰"，由一团亚麻布"以现代外科绷带的缠绕方式"卷成。它的模样让卡特想到这可能是顶王冠，而奥西里斯就头戴王冠，这可能和他有关。但同时，他也认为这可能"只是一团普通的亚麻布，用来填充面具头饰处的空间"而已（no.2564u）。[①]在该"头饰"的顶部，一条金带固定着某些布料，似乎是亚麻头巾的残余部分（no.256：4pbis）。在这之上，是一顶黄金镶嵌的王冠，上面垂下来的丝带可以用来系上圣蛇和秃鹫装饰。而我们在国王大腿处的绷带间分别发现了这两个可拆卸的装饰（no.256:4o）。

在绑缚完成后，殡葬师在绷带上缝上了一双拿着弯钩和连枷

---

① 摘自卡特的日记，日期为 1925 年 11 月 18 日。

权杖的手 [no.256b(1)]。一只名为"巴"的人头鸟身怪兽盘旋于两手之下 [no.256b(2)]，有刻纹刻在丧葬带子上。两条纵向带子和四条横向带子组成了网状结构，但它们对图坦卡蒙的木乃伊来说并不合身，说明它们最初也是为他人所作 [no.256b(3)]。上面原本的王名圈已经被抹去，只剩下一个刻着斯蒙卡拉的名字。最后，殡葬师在国王的头肩部放上了一个类似头盔的黄金丧葬面具，面具前挂有 3 串圆盘型的珠子（no.256a），这 3 串珠子通常会在面具被公开展出时取下来。

图坦卡蒙的黄金面具将他同拥有金色肌肤的众神联系在了一起。[①]更准确来说，它是将国王与冥神奥西里斯联系在了一起——奥西里斯通常会被描绘成全身包裹绷带，只露出面部和双手的模样。面具上图坦卡蒙戴着镶嵌着条纹状蓝色玻璃的纳美什头巾，额上的秃鹫和圣蛇随时准备着保卫它们的国王。他的眉毛、眼睑和眼妆皆由青金石制成，眼睛则由石英和黑曜石制成，内外眼角处已经变色，透出不该有的红色。正如我们提过的，他的耳朵上有耳洞，可以佩戴耳环。他的胡须被编成又窄又长的辫子，由费昂斯釉陶制成，已经褪色，上面有黄金镶嵌。这个胡须和面具并不是一体的。2014 年 8 月，人们将面具从箱子里拿出来准备清洗时，胡子掉了下来。人们起初用环氧树脂胶把胡子粘了回去，这种胶干得快但会留下明显的印迹。后来人们再次修复胡子时，使

---

① 该面具由金片打制而成。表面含 18.4 克拉黄金，头饰 22.5 克拉，隐藏面具 23 克拉。

用了蜂蜡这种古代工匠常用的"胶水"重新将其粘上。如今，我们已经看不到当初环氧树脂造成的破坏了。

面具的肩部和背部刻有铭文，背部刻的是《亡灵书》的第151条咒语。这个由胡狼头神阿努比斯吟唱的咒语不仅能让面具成为死者的脸，还能让它在死者来世面临挑战时帮助他：[①]

> ……你的右眼是太阳神的夜船，你的左眼是太阳神的日舟
> 你的眼睑是九神会集聚的地方，你的额头是阿努比斯
> 你的后首是荷鲁斯，你的头发是普塔－索卡尔
> 你站在奥西里斯面前，因你他看清万物

人们对该面具是否为图坦卡蒙制作这一问题众说纷纭。英国埃及学家尼古拉斯·里夫斯（Nicholas Reeves）认为图坦卡蒙耳朵上有耳洞，因此该面具最初是为一名女性制作的，但许多人并不认同这一点。虽然我们不能认定该面具描绘的就是图坦卡蒙真实的面容，但其面部特征似乎与其他官方作品中国王的模样相符。

在殡葬工坊度过七十天后，全身缠好绷带的图坦卡蒙准备开启他穿越沙漠的最后旅程。但在这之前，还有一项重要的任务需要完成，殡葬师要收集好制作木乃伊时使用的材料。这些材料不能被扔掉，需要和国王一同下葬。1907 年 12 月 21 日，一个由

---

① 摘自《亡灵书》的第151条符咒。

美国律师兼业余埃及学研究者西奥多·M. 戴维斯（Theodore M. Davis）资助的挖掘小队发现了一个石砌的坑，或者说一个未建完的墓穴（KV54），里面有十几个极大的贮存器皿。由于戴维斯没有拍下或绘下它们原始的位置和模样，也没有对他的发现进行正式记录，我们无法确定原本有多少个器皿。戴维斯将它们带回了家，在招待一位重要访客时打开了这些罐子。埃及学家和博物馆馆长赫伯特·温洛克（Herbert Winlock）叙述道：

> 1908 年 1 月初的某一天，我为了查看爱德华·艾尔顿（Edward Ayrton）为戴维斯先生在帝王谷所做的研究，去他那儿待了两三天。当我到他家时，我看见房前的"草坪"上摆放着十几个巨大的白罐……当时艾尔顿已经完成了他在帝王谷的挖掘工作，就在拉美西斯十一世陵墓的东边。他绞尽脑汁想找到一些东西来取悦艾尔登·戈斯特（Eldon Gorst）伯爵，这位英国外交代表不久后会成为戴维斯先生家的常客……他先前已经打开了一个大罐子，发现里面装着一个迷人的黄色小面具。大家都以为他们会从剩下的罐子里找到更多好东西……那天晚上我翻过山丘，拜访位于谷内的戴维斯家时，我脑海里想着的却还是艾尔顿家的场景。早上还整整齐齐摆成几排的罐子七零八落地倒在地上，到处都是小捆的泡碱和碎陶片……

戴维斯对这些罐子抱有很高的期望，因此他在发现这些罐子里装的都是乱七八糟的杂物时非常失望。杂物包括印着图坦卡蒙名字的破碎印章、亚麻布包裹的泡碱和木屑、亚麻布片和绷带、3个头巾、花卉领圈、大量破碎的陶器、动物骨头（鸭子、鹅、牛和绵羊或山羊的骨头）。这些研究者认为这些东西价值很低，将它们捐给了纽约大都会艺术博物馆。直到1941年，图坦卡蒙墓被发现近20年后，温洛克才认识到这些罐子及其内容的重要性。人们在KV54里发现了图坦卡蒙尸体的防腐工具，而这些罐子里装的正是防腐材料的残余。此外，罐中也装了些盛宴食物，不是为生者准备的，而是为死者的画像和雕塑准备的。罐中发现的花环曾在国王葬礼的各个阶段点缀他的棺材和雕像，而那三条亚麻头巾可能是防腐师处理国王尸体时佩戴的头巾。特别的是，罐中还有一堆烧焦了的树棍，大约20根，可能当初被防腐师用来检查成堆的碱盐下面尸体的干燥程度。温洛克认为，防腐材料重要但不圣洁，所以被故意埋在了远离主墓的地方。也有人认为，这些罐子最开始被放在图坦卡蒙陵墓的甬道里。但人们决定用石片堆满甬道后，出于某种未知的原因，他们将防腐工具转移到了一百多米外的新地方。

　　没有一个国王想面对自己死后没有陵墓安置尸体，也没有葬祭庙供后人祭拜的场景，因此他们将营建丧葬建筑看作第一要务，图坦卡蒙也不例外。作为一个年少登基的国王，他或许想要像其祖父阿蒙霍特普三世一样统治埃及30多年，但死亡对所有人都一视同仁，不会因为他是王室或是年轻人就软下心肠，英年早逝的斯蒙卡拉和至少四位埃赫那吞的女儿就是证明。王室干河墓地中被废弃的建筑工程说明，他在登基后即刻开始建造他位于阿玛尔纳墓地的陵墓，但在宫廷搬离阿玛尔纳后，这个项目戛然而止。图坦卡蒙如今自称为阿蒙拉的信徒，底比斯的皇家大墓地也被重新启用，他希望能和同样信仰阿蒙的伟大祖先们埋葬在一起。他乐于强调自己和祖父阿蒙霍特普三世的联系，因此我们推测他很可能选择了在西谷修建陵墓。阿蒙霍特普的大型陵墓（WV22）就位于西谷，墓中包括多个墓室、甬道和埋葬近亲的次级墓穴。

有两个西谷的陵墓可能属于图坦卡蒙。第一个是未建完的WV25，由一段台阶和一条下行甬道组成。我们会自然认为图坦卡蒙的陵墓应比这要完善得多。技术娴熟的建墓工人需要从阿玛尔纳搬回底比斯，因此工程刚开始进度很慢，但到图坦卡蒙去世时，这个项目在玛雅（头衔包括"永恒之地的工程监督者"和"西部工程监督者"等）的指导下已经进行了至少6年，甚至可能更长的时间。拉美西斯一世在位时，他那相对较小但规格适当的陵墓只花了不到两年就建完了，说明6年时间完全足够建成一个可用的王家陵墓。因此，我们有理由认为WV25是阿蒙霍特普四世废弃了的陵墓，是在他改变信仰和名字并逃离到阿玛尔纳之前建造的。相比之下，相邻的WV23同为第十八王朝的王家陵墓，则配备有两个下行楼梯、两条走廊、一个楼梯井和三个墓室。

然而，图坦卡蒙没有葬在WV23，反而葬在了更为简朴的

KV62。这是一座私人陵墓，是第十八王朝末期，在主山谷地开凿的三座非王家陵墓之一。^①这座新墓原本只有一个墓室——从入口往下走 16 级台阶，通过一段狭窄的倾斜甬道（长 8.08 米，宽 1.68 米，高 2 米）即可到达。后来该墓又增加了三个房间。卡特的团队为这些房间起了现代名称。最原始的墓室被称为"前厅"，长方形（长 7.85 米，宽 3.55 米，高 2.68 米），距谷底 7.1 米，呈南北走向。一个封死的门洞后藏着一间储藏室，被称为"耳室"（长 4.35 米，宽 2.6 米，高 2.55 米），呈南北走向。耳室的水平位置比前厅低了近一米。棺室（长 6.37 米，宽 4.02 米，高 3.63 米，东西走向）与前厅由一道涂了灰泥的干砌石间隔墙分隔开，墙上有一个隐蔽的门洞，它也建在比前厅更低的水平线上。"宝库"是一个储藏间（长 4.75 米，宽 3.8 米，高 2.33 米，呈南北向），与棺室相通，门洞没有被堵住。

虽然墓穴的主要目的是安置木乃伊、"卡"和陪葬品，但它远不止是一个陵墓，更是一个有影响力的祭祀活动场所。可是，KV62 相较于阿蒙霍特普三世的大墓要小得多，空间非常有限，这确实是个问题。丧葬仪式是王室葬礼的重要部分，而这里没有什么空间来进行仪式；积累了 10 年的陪葬品不得不挤在一起，更别提装潢了。更直接的问题是陵墓的门洞太小，较大的陪葬品根本无法通过。有些物品，比如战车和床，可以拆分，但用整块花

---

① 另两者为 KV55 和 KV63.

岗岩雕刻的石棺却不能，而石棺外那 4 层巨大的镀金神龛即使能拆卸下来也进不去。工人们被迫先拆掉了连接甬道的最下六级台阶，和前厅大门的门楣和侧柱，在东西都被安顿进陵墓后，再用石块、木头和灰泥对它们进行修复。而考古学家在取出墓中的神龛嵌板时，不得不倒过来重复了一遍这一操作。

为什么图坦卡蒙没有被葬在自己的陵墓里呢？我们没有发现能回答这个问题的历史证据，但考虑到阿伊负责图坦卡蒙的葬礼，我们应该从他下手寻找答案。有可能西谷陵墓的结构出现了问题，迫使阿伊将图坦卡蒙埋葬在别的陵墓中，而这个替代的陵墓可能本来是墓地的工坊，更有可能原属于某个不太重要的贵族。但情况也有可能更为复杂。我们知道，阿伊登基时年岁已高，他早在阿玛尔纳建造了一座私人陵墓，后来又在帝王谷建造了第二座陵墓。他不是个傻瓜，肯定很清楚自己没时间建造第三个更华丽的陵墓了。因此他顺理成章地做了这个决定——图坦卡蒙会被埋葬在阿伊为自己准备的私人陵墓中，而他登基后将继续西谷陵墓的建设工作。而在图坦卡蒙去世 4 年后，阿伊确实被埋葬在了阿蒙霍特普三世墓旁那座华美但仍未完工的陵墓里。阿伊的陵墓在古代就被洗劫一空，我们至今没有找到他的木乃伊和陪葬物品。

当图坦卡蒙的尸体在盐堆下慢慢脱水时，人们正在进行安置陪葬品的工作，这想必是一场后勤的噩梦。工匠要制作各种箱子、盒子和篮子，在里面装上物品、贴上标签，然后运到谷里。有些物品源自帝王谷附近的马尔卡塔宫殿（Malkata palace）或图坦卡蒙的葬祭庙，但有些则得从孟菲斯乘船远道而来，所有东西都得挤进这窄小的陵墓中。我们没法判断他的陪葬物品的规格和其他国王的相比是否正常，我们很可能会觉得那些活得更久的国王陪葬品更多，想象他们躺在大型仓库般的陵墓中，被数十万件文物环绕的场景。但我们也认为，图坦卡蒙的陪葬品应当包含了他来世所需的一切。因为他的棺室太小，除了他的棺材之外很难再塞下别的东西，所以偏仪式用和丧葬用的物品就被安放在了离尸体最近的宝库中，而食物、饮料、油和一些家具则被放在了耳室中。前厅里摆满了实用的日常物品，但相对地出现了一个问题，那就是人们必须在前厅留出一条通道供木乃伊进入棺室、卡诺匹克箱进入宝库。固然，有些物品可以靠墙叠放，但很多物品只能暂时存放在棺室外。同时，人们需要为葬礼准备好棺材、卡诺匹克箱、陪葬人偶、巫沙布提俑和仪式用具，以及随后的宴会所需的食物和饮品。

我在本章开篇简要描述了国王来世的场景，读者可能会因此认为他们的宗教理论和规则简洁明了。但事实上，我们发现图坦卡蒙的陪葬用品和丧葬艺术反映出了他一定程度上的信仰混乱和冲突。每一件陪葬物品都有其自己的用途，但我们会发现物品用途所反映的宗教传统和来生愿景并不相同，整体看起来就像一个信仰大杂烩。不过，这并不意味着图坦卡蒙本人会感到困惑或不满。西方人会给圣诞老人写信、用降临节日历进行圣诞倒数，也会用十字包和巧克力兔子庆祝复活节。圣诞节和复活节都是基督教节日，但是人们庆祝节日的方式并不都起源于基督教传统，我们应该理解不同传统也可以和谐相融的道理。图坦卡蒙的陵墓展现的从不是什么简单的死亡和来生的故事，埃及的神学也没有那么浅显。若是我们再次将目光投向棺室墙上的绘画，看那些同时和奥西里斯与拉神有关的来世场景，我们就能明白这一点。再想想同他下葬的巫沙布提俑，这一点就再明确不过了。

巫沙布提俑在整个新王国时期，都是上层阶级陪葬品的重要组成部分。他们的职责非常具体，就是代替墓主在芦苇原劳作。丧葬文本《亡灵书》的第 6 个咒语将其概述为：

哦，巫沙布提俑，如果需要依靠你……去完成来世任何需要完成的工作……你将代替我耕种田地、灌溉河堤，或驾船将东方的沙子运往西方。你们应该说，"我们来做这些事，我们来了"。

图坦卡蒙的巫沙布提俑配备有小篮子、镐、锄头和轭。在巫术的作用下，它们将拿起这些微型工具，执行任何奥西里斯可能分配给他们主人的琐碎农活。共有 413 个巫沙布提俑同图坦卡蒙一同下葬，它们由不同的材料制成、有不同的设计，艺术价值也各不相同。其中有 365 个工人，每人负责一年中的一天，36 个监工，每周一个（埃及一周十天）和 12 个监管者，每个月一个。这看起来规划得很合理，但别忘了重要的一点，就是国王并不需要在来世从事农业劳动，所以也不需要人偶替代他们工作，为王室准备巫沙布提俑是多余的。而图坦卡蒙并不是唯一一个在这个相当基本的神学问题上犯了迷糊的国王。尽管巫沙布提俑派不上什么用场，许多国王在下葬时还是会带上它们。正如前文提到过的，我们甚至在阿玛尔纳也发现了巫沙布提俑，而埃赫那吞显然不希望自己的来生和奥西里斯扯上关系。第十九王朝的拉美西斯三世可能是在此事上最令人迷惑的国王——在他的麦地那哈布祭庙（Medinet Habu mortuary temple）中，有个场景描绘了他为奥西里斯亲自下地劳作的模样。

通过观赏图坦卡蒙的墓壁壁画，我们仿佛身临其境，在参加他的葬礼。第十八王朝的王室陵墓传统上会按照《冥界之书》（*Books of the Underworld*）或《来世之书》（*Guides to the Afterlife*）这类宗教文本里的记录和图画装饰。然而，在图坦卡蒙的墓穴中，只有棺室被涂上了灰泥、漆上了图画，而且完成得似乎非常匆忙。墓壁和陪葬物品上的霉菌，以及一些文物因潮湿所受到的损害都告诉我们，在封墓时，灰泥还没有完全干透。看来阿伊在最后一刻才做了调换陵墓的决定。但对我们来说，这么晚才画上壁画反而是个好事，因为这样我们可以确定他的壁画（不像他的许多陪葬物品）是专门为图坦卡蒙所制的。它们反映的即使不是他本人的来世的愿景，也是阿伊对他来世的期望。

在东墙的壁画中，我们可以看到国王的木乃伊。他躺在棺材里，棺材置于棺材架上，被保护在装饰了花环的神龛内。神龛下面是一艘船，船下面是一个木制滑橇。画面中没有和棺材一同穿过沙漠来到此墓的卡诺匹克箱，也没有第十八王朝私人陵墓场景中常见的悲恸的妇女形象。我们没看到丧偶的安海森那蒙的身影，也无法知道她对图坦卡蒙的早逝作何反应。12位埃及最上层的政要穿着白色亚麻服饰，他们被招来拉着绳索将滑橇从沙漠拖往墓穴。在这些人中，维齐尔彭图和乌瑟蒙图二人留着标志性的寸头，名字也被明确标注了出来。大家一边拖拉滑橇，一边悲痛地吟唱道："那布赫普鲁拉为和平而来，神啊，这片土地的保护者。"这幅画里，穿越沙漠看起来毫不费力，但考古研究发现，整个旅程非常颠簸，图坦卡蒙那缠了绷带的脚就是与棺材边不断摩擦中受损的。

北墙上的三个场景从右至左讲述了国王进入来生的故事。第一个场景我们在本章开头就有提及，它展现的是简化版本的葬礼。图坦卡蒙的木乃伊被支撑着直立起来，身穿豹皮祭司大衣的阿伊正拿着蛇头刀为其进行开口开眼仪式。平放的图坦卡蒙木乃伊在仪式中会被摆成直立状态，这一点他面具上的两个粗糙的孔可以间接证实。这两个孔是用来固定连枷法杖的，它们可以防止木乃伊直立时权杖倒向前方。非王室陵墓中描绘的葬礼场景表明，这个仪式应在陵墓入口处进行。图像无法体现时间，我们也不知道仪式持续多久，但因为墓中动物造型的床有3个，镀金的神龛有4个，我们推测它可能持续了三天四夜。接下来的场景中，我们看到图坦卡蒙不再是一个木乃伊，而是作为一个人，被努特女神

（Nut）接入来生。最后，我们看到法老和他的"卡"拥抱奥西里斯神的场景。此外，受损的南墙上还保留了部分哈索尔（Hathor）、阿努比斯和伊西斯三位丧葬神祇迎接图坦卡蒙的场景。

而西墙壁画讲述的则是属于另一个宗教系统的故事。画面描绘了丧葬文本《密室之书》（*Book of the Hidden Chamber Which is in the Underworld*，以"阿姆杜阿特"一名广为人知）中的一个场景。从中我们看到了夜晚的第一小时，这一小时被称为"击碎拉的敌人头颅之时"。那是日落时分，是不属于白昼或黑夜的时间，12只狒狒唱着歌欢迎日舟驶入冥界，它们代表的是夜晚的12个小时。这就是图坦卡蒙要登上的那艘船。太阳神拉垂垂暮老，又身心疲惫，但他的船给了他重生的希望，画面中风华正茂的圣甲虫神凯布利（Khepri）正是拉自我的显化。如果棺室再大一些，我们说不定还能看到国王在接下来的11个小时内，跟随拉的船员进行夜间冒险的场景。我们会看到他们与邪恶的蟒蛇阿波菲斯（Apophis）进行战斗，欣赏一个持刀的猫头人斩掉奥西里斯敌人的首级，观察拉拜访埃及最神秘、最古老的神明，目睹有罪之人的最终审判。而最后，见证神的船员拖着日舟穿过盘蛇迈罕（Mehen）的身体，让拉重生。

在葬礼进行到某个时刻时，祭司们会向陪葬人偶，或许还有木乃伊献上最后一餐。整个过程从展示桌上的食物和罐中的美酒开始，到在世的访客吃掉食物，可能以砸碎容器而结束。剩余的食物和被打碎的陶器都被收集起来，存放在大罐子里，而这些罐子和其他杂物（包括若干红色小供杯）一起被留在了甬道里。

人们抬着图坦卡蒙的木乃伊、卡诺匹克箱和葬礼用品迈下 16 级台阶，走过狭窄的甬道，穿过塞满物品的前厅，进入墓室。在这里，沉重的棺材底层层堆积在石棺中，准备好了迎接墓主。图坦卡蒙被戴上花环，放到了最里层的棺材中。祭司一边低声吟唱咒语，一边向国王身上倾倒至少两桶树脂基底的防腐香脂，还要小心地避开他的脸和脚。三个棺材盖被依次扣上，三层棺材被依次封死。然后，破损的石棺盖也被艰难地扣上，又被涂上灰泥，漆上图案。想必人们比预期花了更久的时间才完成这步操作——他们不得不削掉最外层木棺的脚趾尖，才能保证盖子能水平扣上，石棺底部一卷卷的木屑也是证据。

卡诺匹克箱被放置在了预先组装好的神龛内。宝库装填完毕后，工人开始在石棺外竖立那四个镀金神龛，它们都以石棺为中心，没有底板（从外到内依次为 no.207、no.237、no.238 和 no.239）。它们体积太大，如果不拓宽入口，就无法被运进棺室。人们在搬运它们时也花了很多工夫，先得把它们由大至小运进来，靠墙摆放，然后再由小至大（即由内到外）组装起来。棺室有限的空间给古代的木匠和现代的考古学家都带来了各种问题——卡特叙述说他们在尝试拆除神龛时，"撞到了头，咬破了手指，不得不像黄鼠狼一样挤来挤去，以各种尴尬的姿势工作"。尽管有些神龛部件上刻了或画了有用的指示，但神龛的组装并不完美。神龛外表有凹痕和裂缝，地板上还有木匠留下的碎屑，而最令人吃惊的是，神龛的朝向有误，它们的门错误地朝向了东方，而不是西方的夕阳。

在神龛安装完毕、上面的双门被拴住且密封后，石匠们开始建造隔离棺室与前厅的门户。艺匠们画完新的南墙上的图像就从一个小孔爬出了棺室。祭司们将4块"魔砖"封到墓室的墙壁上，然后也离开了。在前厅工作的石匠们堵住了通往棺室的洞口，在上面涂上了灰泥。他们希望这样能保证国王的尸体永远不被发现，尽管两个守护神雕像明显的摆放位置无异于直接告诉盗墓者国王的方位。剩余的陪葬物品被放入前厅，有几个被遗弃在了甬道里。最后一个离开墓穴的活人清扫了他走过的地面，保证没有脚印会打扰圣地的和谐。最后，祭司们封堵住墓穴的大门，用碎石填满了下行的楼梯。

在黑暗中，图坦卡蒙独自等待着夜幕降临，等待着接下来的伟大冒险的开始。与此同时，绷带开始缓慢熏灼他的身体。被殡葬师和祭司们大量涂抹的树脂和香膏正将他的皮肤烧成焦炭，将他的绷带化成尘烟。

第四章

一位丧偶的埃及王后在给赫梯国王的信中写道：

我的丈夫去世了，而我们没有任何子女。但我听说你的子嗣众多。如果你愿意，送一位王子过来，他会成为我的丈夫，我就无须下嫁给我的仆人……我很担心！

安海森帕吞是位有名的历史人物，生活在阿玛尔纳时代。在一座主人不详的阿玛尔纳豪宅中，一个小型私人石碑上刻画着一幅家庭场景，而在这里我们第一次看到了安海森帕吞，那时的她只是个婴儿。[①]一个年轻的家庭正在放松地享受阳光，而他们的身影被明亮的颜料永远定格在了石灰石上。父亲坐在软垫凳子上，抱着他最年长也最重要的大女儿。他给她挠痒痒，又俯身亲她。

---

① Neues Museum, Berlin 14145.

在他对面，妻子抱着二女儿，她想要同父亲、姐姐玩耍，但被母亲环抱在膝上，不能挣脱。而小小的、几乎不为人注意到的三女儿爬到了她母亲的肩膀上，向前伸手，想抓母亲精致头冠上垂下的装饰。在父亲身后有 8 个陶器，里面装满啤酒，足以解渴。乍一看，这可能是任何一个享受野餐的古埃及家庭。但通过仔细观察，我们能确认他们绝非凡人。父母二人都戴着标志性的王冠，说明他们身份是埃赫那吞和王后纳芙蒂蒂。在他们头顶闪耀的则是阿吞，主宰他们生活方方面面的日神。而被母亲的王冠所吸引的婴儿就是安海森帕吞，将来她会改变自己的名字和信仰，嫁给哥哥，成为他的王后，并成为整个家庭中最后去世的人。

画面中，安海森帕吞赤身裸体。没了衣服的遮蔽，我们发现她的躯体被画得颇为蹩脚，显然艺匠并不习惯描画儿童。她宛若一个迷你版本的纳芙蒂蒂，有着梨形身材，大腿粗壮、腰部凹陷、手臂和小腿细长，尽管她爬上肩膀、伸出手臂的动作看起来还算流畅，但她并在一起的双腿却显得非常僵硬。她留着寸头，头颅被不自然地拉伸，呈椭圆形。她的姐姐们比她个头稍大一些，但和她体型一致，而且头颅形状同样夸张。梅里塔吞向后转头看向母亲，而我们能看到她也扎了一个粗粗的侧锁辫子。在阿玛尔纳的平面和雕塑作品中，这些或带或不带侧锁的蛋型脑袋反复出现，在作品没有标注人物时，我们就靠这些辨认出公主的身份。最初埃及学家推测这可能表明他们会在婴儿出生时，通过某些手段将还很柔软的颅骨塑造成特定形状。问题是，尽管在古代，人工颅骨变形在全球各地都很普遍，但我们没有发现任何一具有典型的人工变形头颅的木乃伊。而在距该图 15 年后，安海森帕吞出现在别的底比斯的场景中时，站在图坦卡蒙身旁的她的头型看起来完全正常。这证明上文的猜测并不正确，同时，也让我们对纳芙蒂蒂六个女儿都患有脑积水的猜想产生了怀疑。可能性更大的解释是王室一家的头骨可能的确天生较长，而艺匠有意地夸大了这个特点。哈里森 1968 年对图坦卡蒙的头部进行的 X 射线检查也证实了这一外表特征。此外，在《阿吞颂诗》中，埃赫那吞对鸡蛋为生命之源这个想法很感兴趣，而他似乎把这个想法具象地表现到了女儿们的身上。

你让女性体内的种子生长，你让男性拥有精液。你给予仍在母体的胎儿以生命，你抚慰他们，使他们不再哭泣。你是子宫内的守护者，你为新生赋予气息，使他能在母体外生活。在他出生时，你张开他的嘴，供应他的需要。当鸡蛋里的雏鸡在壳里叫时，你给予了它呼吸来维持它的生命。当你使它长到足够自己破壳时，它刚一出来就能叽喳叫唤，它刚一出来就能用双腿走路。

王室的画像和雕塑在阿玛尔纳四处可见。埃赫那吞、纳芙蒂蒂和公主们出现在城市四周的界碑上、在陵墓和神庙的墙壁上、在私人或公共的神殿里、在全城的重要地点上。形式有石头、金属和木头的雕像及壁画，小的有刻了图文或画了彩绘的石碑，大的有同样刻了图文或画了彩绘的墙壁。独裁者们喜欢建造大型雕像来歌颂自己，但如此惊人数目的王室作品反映出的就不仅仅是用自己占据城市风景的简单渴望了。随着旧神被遗弃，埃赫那吞需要寻找别人承担传统宗教中太阳神的角色。阿图姆，这个在创世之初诞生于混沌之水的神明，成了阿吞。他的双胞胎子女，大气之神舒（Shu）和湿气女神泰芙努特（Tefnut），成了埃赫那吞和纳芙蒂蒂。而埃赫那吞的女儿们代表舒和泰芙努特的儿女和后代，同样具有神性。

随着时间的流逝，我们看到逐渐长大的安海森帕吞与她的姐妹们一起出席王室的活动。她站在宫殿的阳台上，帮助父亲给他的亲信们扔金子，同时她也参加了第12年的国际盛典。一块出处不明的刻字砂岩块显示她受"法老的女儿安海森帕吞的看护泰亚（Tia）"的照顾。画面中，泰亚正在为小公主献上面包。在他们身旁，站着一位极其高大的男性王室成员（他的身体只剩一小部分还在石块上），他显然正是埃赫那吞。安海森帕吞是被允许站在国王身侧辅佐他的女性之一，可想而知她地位的重要性。但作为三公主，她没有大公主梅里塔吞那样重要，梅里塔吞被授予坐在父亲膝上的荣誉，而她没有；她也没有二公主梅克塔吞重要，梅克塔吞实际地位相当于大公主的副手，而她不是。当年埃赫那吞的地位在其兄长图特摩斯死亡后得到了提升，同样道理，安海森帕吞的地位也一定因梅克塔吞的早逝得到了提升。

在埃赫那吞统治末期，王室家庭突然又多了两位年轻的公主。从发现的文物上看，她们复杂又遭受了破坏的头衔清楚地表明，她们是一位或多位不知名的法老的女儿。她们的名字为梅里塔吞·塔舍瑞特（Meritaten Tasherit 意为"更年幼的梅里塔吞"）和安海森帕吞·塔舍瑞特（Ankhesenpaaten Tasherit 意为"更年幼的安海森帕吞"），人们认为她们可能是根据母亲的名字命名的。在王朝时期，父女通婚的情况极为罕见，但大家第一反应都在猜测二人为梅里塔吞和安海森帕吞与他们的父亲结婚生下的孩子，我们至今还能在互联网上找到这个理论的支持者。但事实上，二人有好几位可能的父母人选，包括梅里塔吞和斯蒙卡拉，基亚和埃赫那吞（我们至今还未确认基亚的无名女儿的身份），也有极小可能是梅克塔吞和某位不知名的丈夫。安海森帕吞和图坦卡吞不太可能是二人的父母，因为图坦卡吞住在阿玛尔纳时还太年轻，不可能有两个孩子。梅里塔吞和安海森帕吞后来分别与斯蒙卡拉和图坦卡吞结了婚，而二者在丧偶后都没有再嫁这一事实证明此前二人都没有结过婚。

虽然父女通婚在王室中非常罕见，但兄弟姐妹间的婚姻却很常见，这种婚姻被认为是有益的。国王得以迎娶一位了解王后职责的女性，而结婚后王后也不用在忠诚家庭或忠诚国家间纠结。并且孙辈的数量更少，王位的纷争也会更少。同时，难以成婚的公主也有合适的丈夫人选。近亲结婚甚至加深了王室与神明的联系——神灵也倾向于与自己的兄弟姐妹结婚，尽管部分是因为缺少合适的伴侣才如此选择。而无论安海森帕吞究竟是图坦卡吞的亲妹妹还是同父异母的妹妹，都没有人会反对二者的婚姻，因为那时，没有人意识到近亲结婚可能会有不幸的后果。

当时的埃及社会观念认为，无论平民还是神灵，也无论性取向是什么，所有埃及人都应当结婚。没有妻子的男人被认为是不完整的，学生们也会被建议尽早结婚、开枝散叶，子嗣越多越好：[①]

你应在年轻的时候娶一个妻子，让她为你生下子嗣。她应该在你还年轻的时候为你生子。生儿育女是人应做之事。子嗣众多的人是幸福的，人们会称赞他子孙兴旺。

对于大多数人来说，婚姻和家庭是他们对抗疾病、厄运和潦倒晚年的唯一可靠保障。当然，图坦卡吞不需要担心自己老年会变得贫穷，但他同样将婚姻视为交易也很正常。而且，他确实需要生育孩子。

安海森帕吞会嫁给图坦卡蒙，成为"大王后"。她会成为她丈夫统治中不可或缺的元素，国王和王后会建立一种男女平衡的合作关系，一起侍奉众神、统治埃及、驱散混乱。她最突出的职责是支持图坦卡吞，为他生育儿女，建立一个核心家庭，其中最好包括一位男性王储、几名"备用"王子，以及几位公主。这些公主可以为父亲的统治提供女性的支持，当然，还可以同她们的

---

① 摘自《阿尼教诲》（*New Kingdom Instructions of Ani*）。

兄弟结婚。然而，王后的作用远远不能用"生育机器"概括，安海森帕吞更需要承担复杂且多样的责任。但令人沮丧的是，集中于国王身上的聚光灯黯淡了身旁王后的光芒，掩盖了王后自身的成就。安海森帕吞的名字在阿玛尔纳书信中被提到过几次，说明王后可能会在外交中起到一定作用。而像"神的妻子"和"神之手"这类的头衔暗示王后会举行一些女性仪式来唤起男性神明的欲望。历史上，有几个王后甚至在国王缺席或子嗣年幼的情况下，短暂地统治过埃及。她们的"统治"完全隐藏在丈夫或儿子的统治之下，除非国王选择对王后的忠诚表达感谢，否则我们无从得知她们曾统治过。

只有一个妻子是不够的。不像他的子民和神灵，图坦卡吞需要结婚多次，同时拥有不同地位的妻子，让她们承担不同的责任和期望。我们推测，有些是出于享乐目的和埃及女性缔结的婚姻。这些嫔妃没有王后重要，但也有可能会在王朝危机之时，从默默无闻的后宫嫔妃一下化身为新王的母亲。而那些外交婚姻则更为重要：在高级别的外交婚姻中，国王通过迎娶他国的女性，说服对方国王自己是他的盟友更是他的兄弟；低级别的婚姻里，国王与其说是迎娶公主，不如说是将附属国的公主当作"人质"扣押在深宫之中，借此将这些不太重要国家的利益同自己的捆绑。这些婚姻被视为君王之间的私人纽带，其中一位君王驾崩后，纽带就会断裂，只有举行新的婚姻才能再次缔结纽带。因此，米坦尼国王图什拉塔（Tushratta）的女儿塔杜赫帕同埃赫那吞结婚后，发现姑

姑基鲁克帕 [Gilukhepa，米坦尼国王舒塔尔那二世（Shutturna）的女儿] 也在埃及后宫之中，后者是埃赫那吞的父亲阿蒙霍特普三世的嫔妃。同样地，图坦卡蒙需要通过婚姻，重新建立埃赫那吞之死打破的所有联系。因此，图坦卡蒙在统治的头几年就迎娶了好几位外国公主，而那时他不过是个小孩。此外，他也会收到一些外国女性作为礼物，而这些女性会成为他的仆人或嫔妃。我们在前文看过齐尔图的阿布迪·阿斯塔提随意说起要赠送"十个女人"作为礼物，而他绝不是唯一一个赠送埃及无名女子的人。

可见，图坦卡蒙需要照顾很多女性，而其中不仅包括他的妻子和孩子，还有他们的仆人。基鲁克帕嫁入埃及时带着 317 名扈从，其中许多都是女性，而这并不是个别现象。此外，他还得照顾那些从埃赫那吞、斯蒙卡拉和阿蒙霍特普三世那里继承的女性，也是他的姑姨、姐妹以及表姐妹和堂姐妹。在宫廷里安置全部女性是不可能的。因此，她们会被送到独立的后宫建筑群居住。那是一个自成一体、自给自足的女性社区，依靠土地生产的作物、佃农支付的租金以及兴旺的纺织生意生活。具有讽刺意味的是，阿玛尔纳工匠村中相对简陋的房屋和陵墓或多或少地保留了下来，但精致壮观的后宫建筑群和其相应墓地却几乎消失得无影无踪。

虽然多个铭文和画像都可以证明安海森帕吞的确成了图坦卡吞的大王后，但我们没有发现有关二人婚姻的记载。图坦卡蒙的陵墓曾出土过一个彩绘箱，这个小箱偶尔会被称为"婚约匣"，但没有任何证据表明里面曾经装过重要的法律文件，即婚约书

（no.40）。这个箱子由雪花石膏块雕琢而成，上面刻有两个王名圈，分别是"伟大的神、两地之主、拉神之子、王冠之主"图坦卡蒙和"大王后"安海森那蒙。匣中装着一团腐烂的马毛和一些可能是人类头发的小球。卡特认为它可能是"一种额外的卡诺匹克棺，专门用来承装国王的头发"。让我们再把目光看向赫尔莫波利斯石块，我们最初就是在这上面的铭文中首次听说图坦卡吞这一名字的。仔细观察，我们可以看到另外两行象形文字铭文，写着"国王身体的女儿……深受两地之主宠爱"。最初这两句话是面对面隔着如今已经碎裂的石块摆放的。而这两句铭文的距离，说明其内容是有关联的。我们甚至可以猜测，这里可能原本有两个人物并列站在神庙墙壁之上，而这两句铭文属于人物之下的文字介绍。其中，公主名字的大部分都不见了，只剩一个芦苇的象形文字，这表明她的名字结尾是"阿吞"一词。埃赫那吞的6个女儿中有4位的名字都以"阿吞"结尾，但埃及人名字的象形文字书写顺序和名字发音顺序并不一定相同，而只有安海森帕吞这一名字的"阿吞"一字应写于末尾。因此，我们可以确定，这段文字指的就是安海森帕吞。同时，考虑到图坦卡吞和安海森帕吞两人的名字被写在了一起，我们推测此时他们已经结婚了，安海森帕吞继任纳芙蒂蒂和梅里塔吞成了新的王后。这就解释了"深受两地之主宠爱"这一描述，这一称呼只为她享有。

在图坦卡蒙即位后，安海森那蒙像她的母亲和祖母一样，成了埃及的王后。在一些图坦卡蒙的纪念碑上能看到她的身影，在铭文中也能看到她的名字被提及，卢克索神庙中女神姆特的脸也被描画成了她的模样。然而，她只在她丈夫统治埃及的 10 年间留下过历史痕迹，而 10 年还是太短了。对我们来说，寻找有关安海森那蒙证据的最佳考古地点是她丈夫的陵墓。但不是在墙壁上——她没有出现在任何壁画场景中，而是在一些陪葬品的装饰上。我们首先可以研究一下"小金神龛"，这是一件美丽的、赋有神秘力量的文物，也是图坦卡蒙最神秘的陪葬品之一（no.108）。它是一个双层的木箱，被置于滑橇之上。它的顶板倾斜，整个盒体被厚厚的金箔包裹。它是秃鹫女神、上埃及卡布城的守护神涅赫贝特（Nekhbet）的大神龛（Per-Wer）的仿造品。与图坦卡蒙墓中的许多箱子一样，这个神龛也被盗墓贼盯上了。因此我们重新发现它时，它里面装着一些盗贼不要的文物，包括一个雕像的乌木基座，雕像本体被盗，一个胸甲和项圈的一部分，以及一条系着巫术之神威瑞特赫考的护身符的珠子项链。护身符上威瑞特赫考在给图坦卡蒙喂奶，以此为他的加冕仪式做准备。她左手抱着他，右手引导他的嘴靠近她的胸部。而"上下埃及之王，那布赫普鲁拉，天空的爱人威瑞特赫考的挚爱"图坦卡蒙体型迷你，他站在巨蛇旁边的基座上，头戴王冠，穿着胯裙和凉鞋，佩戴着珠宝。

神龛外层的金箔还在。在上面，我们可以看到图坦卡蒙和安海森那蒙互动的景象。卡特是这么描述这些雕刻被发现时的场景的：

……描绘了一些国王和王后日常生活中的情景，看起来愉快又纯朴。所有场景都突出表现了丈夫和妻子之间的和睦关系。而这种不自觉的和睦氛围是阿玛尔纳流派作品的标志……

卡特自己就是一名富有才华的艺术家，很显然他太着迷于阿玛尔纳作品的田园氛围，忘记了埃及官方作品象征含义的重要性远远大于其装饰价值这一点。他看见阿玛尔纳作品的人物动作柔软流畅，就认为该作品具有随意性，进而认为这些画作虽然迷人，但没有什么价值。他没有停下来想一想，为什么艺术家们要费尽心思，在一件重要到足以被放入国王陵墓的艺术品上描绘一对夫妇平淡的日常生活呢？一个世纪后的今天，我们对埃及艺术的复杂性和王后的作用都有了更好的理解。当我们研究这个神龛时，我们看到的是王后向坐着的国王提供女性支持的场景。而国王坐着不是因为他身体虚弱，反而是因为他太过强大，没必要站起来。王后扮演着威瑞特赫考的角色，将液体倒入法老的杯中。马阿特作为秩序的神圣化身，她蹲着接受国王倒在她手中的水。安海森那蒙与威瑞特赫考的联系也可以从神龛外层刻的名字中和头衔里看出。在那些言之无物的头衔中，威瑞特赫考的名字被多次提及。而二人的联系说明安海森那蒙正在为她丈夫的加冕典礼和随后的新年仪式做准备，神龛背部靠下的场景证实了这一点。画面中，安海森那蒙向登基的图坦卡蒙奉上两片有缺口的棕榈叶，而"年"的象形文字符号正是棕榈叶。此外，上面还有盛典、永恒和象征一万的"蝌蚪"样子的文字符号。而在上面的场景中，我们看到安海森那蒙正在为她的丈夫抹油，据推测这可能是他加冕典礼的一个步骤。

安海森那蒙在国王的"黄金宝座"（no.91）椅背中心嵌板上的形象同样突出。这把木椅有一米多高，结实的背板稍稍向后倾斜，有扶手，侧板镂空，4条腿被雕成了狮子腿的样式。最初，这四条腿间由一个雕纹连接了起来，代表着两地的统一，但这个雕纹已经被盗墓贼偷走了。宝座上覆盖着金银箔，并镶嵌着彩色石头、玻璃和费昂斯釉陶。两块侧板上雕刻了带翼的圣蛇，它还戴着象征上下埃及的双冠。在这些板子上，国王的名字写的是"图坦卡吞"而不是"图坦卡蒙"。与小金神龛一样，该宝座的风格属于阿玛尔纳时期的艺术风格，不过能看出艺匠努力尝试将不受欢迎的阿吞神学理念包含到新的正统观念中。同样地，霍华德·卡特对背板上的场景进行了一番颇为有趣的解释：

……宫殿大厅之一，柱子上装饰着花环，门檐是圣蛇图案，护墙板上有传统的"嵌壁式"镶板。透过屋顶上的一个洞，太阳射下他那滋养生命、守护大地的光线。国王本人以一种不常见的姿态坐在加了衬垫的宝座上，他的手臂漫不经心地甩在宝座后面。在他面前站着王后娇柔的身影，显然国王的梳妆打扮即将结束。她一只手拿着一小罐香膏或是药膏，另一只手轻轻地在他的肩膀上涂抹膏油，也可能是在他的领口上擦上一抹香水。这个小小的作品简单又居家，但同时多么具有生命力啊！包含的感情多么浓厚！画面又是多么具有动感啊！

"娇柔"一词对应的原文是"girlish"，原义为"女子气的"。卡特本意是想表达赞赏，尽管这个选词有些不当，并且如今很多女性也不会将这词视为夸奖。安海森那蒙是一位成年女性，更是一位肩负重要政治和礼仪职责的王后。卡特可能是受到了"上层阶级妇女性格被动、情感丰富且富有爱心"这种感性观点的影响，不自觉地将这种观点投射到了古埃及王后身上。这种看法不当，削弱了安海森那蒙的重要性。这个场景描绘的不是什么温馨的家庭小事，不是两个年轻恋人的亲密时刻。它描写的是涂油仪式，而安海森那蒙是执行仪式的祭司。

这对王室夫妇站在一个花卉装饰的帐篷或是凉亭下。安海森那蒙站在丈夫面前，她穿着精致的带袖褶裥长袍，戴着努比亚风格的齐耳短假发，和一顶融合了牛角、太阳圆盘和两根长羽毛的复杂王冠。这个王冠显示了她与隼头的太阳神荷鲁斯、荷鲁斯的女儿哈索尔以及荷鲁斯之眼的联系，当然最明显的还是她与底比斯的阿蒙的联系。图坦卡蒙穿着打褶的胯裙，戴着领圈，头戴高高的王冠，身上佩有五颜六色的珠宝。他坐在一张精致的椅子上，踩着脚凳。在这对王室夫妇的上方，阿玛尔纳风格的太阳圆盘光辉万丈，它长长的光芒末尾长着小小的人手。安海森那蒙向图坦卡蒙伸出她的右手，而此时，她扮演的正是威瑞特赫考的角色。

然而，一切都没有看起来那样简单。如果我们仔细观察，就会发现这个场景有被改动过的痕迹。通常情况下，头饰的高度会随着空间的大小进行调整，但在这幅画中，高大的头饰遮挡了太阳的光线，可见它一定是后期添加到画面中的。王室夫妇的名字写的是后期带"阿蒙"之名的版本，但在名字末尾，我们能明显看出从早期的"阿吞"和"帕阿吞"改成现在版本的痕迹。看来，这个王座是在阿吞仍是埃及的主神时制作的，后来在图坦卡蒙转变信仰后又进行了调整。有人认为，它最初是为别的国王制作的，但如果是这样的话，画中的夫妇原本是谁呢？专家们众说纷纭，有的认为是埃赫那吞和纳芙蒂蒂，也有人说是埃赫那吞和基亚，也有斯蒙卡拉和梅里塔吞的说法。考虑到王名圈只经历了很小的改动，我们猜测这个宝座最有可能是在图坦卡吞登基不久后制作的，而画面中的王后本来就是安海森帕吞。

如果说小金神龛和黄金王座证实了安海森那蒙在图坦卡蒙在世时对他王权的辅佐，那么他的石棺则表明，在他统治初期，她也起到其死后生活的支持作用。我们稍瞥一眼就能发现他的石棺本体和石棺盖并不配套，石棺底由石英石制作，而石棺盖却是红色花岗岩雕刻而成的。工匠尝试将它涂成同本体相同的颜色，但是没有完全成功。我们普遍认为原来的棺材盖掉下来摔坏了，但也有可能是在一场灾难性的意外中，原来的棺材底碎了，而工匠们不得不随机应变，从某个更古老的陵墓中"借"了个棺材底。

随着葬礼的临近，第二次意外发生，使棺材盖中央裂开了一条缝。工匠没有时间去寻找替代品了，只能用灰泥和颜料"修补"了损坏的地方。

倾斜的石棺盖上雕刻了一个带翅膀的太阳圆盘和3行竖着的丧葬文本，里面提到了几位与丧葬有关的神，包括阿努比斯、托特以及不太常见的隼神贝德蒂（Behdety）。棺材底上也有丧葬文字，还有4座浮雕女神像，分别站在4个角落中，一齐望着图坦卡蒙的头部，保护着棺材的主人。这4位女神，伊西斯、奈芙蒂斯、塞尔凯特和奈斯伸展着她们带翅膀的手臂环抱着石棺，永恒地拥抱并守护着死去的图坦卡蒙。然而，四位女神最初雕刻的都是人类的手臂，而不是羽毛翅膀。她们最初就是四位女性雕像，或者描绘的是同一位女性的四个形象，后来才被改造成了女神像。这反映了图坦卡蒙对来世期望的改变。同时，工匠也对丧葬文本内容进行了实质性的修整。事实上，这个棺材底没有被建造完成，有些区域用颜料画了图案，有的区域只是草草抹上了灰泥。这暗示棺材的改造是在图坦卡蒙葬礼前不久进行的。而这反过来又佐证了另一个观点，那就是国王驾崩时并不体弱多病，并不处于不久就会用上石棺的状态。我们可以对比图坦卡蒙的石棺和埃赫那吞那被砸碎的花岗岩石棺。我们已经从阿玛尔纳王室陵墓中找到了后者的碎片，而这些碎片显示，没有4位女神庇护着死去的埃赫那吞，因为这不符合他的宗教信仰。取而代之的是四个版本的纳芙蒂蒂雕像，分别站在他石棺的4个角落。正如我们前文所说，图坦卡蒙的石棺底有可能是从更早的陵墓取用的。但假如说它确实是为他定制的，那么我们可以推断，它最初四角站立的一定是安海森帕吞的四个雕像。像她母亲保护埃赫那吞一样，安海森帕吞似乎也有能力保护死去的国王图坦卡蒙。

在我们结束对图坦卡蒙陵墓研究之前，我们必须考虑有些证据所展现的是安海森那蒙生活的另一方面。宝库里存放着的都是图坦卡蒙最神圣、最私密的陪葬物品，包括他的卡诺匹克神龛。在这里，发掘小组在乱八七糟的箱子、模型船和其他文物堆成的小山上找到了一个普通的木箱，原本被绑住并密封在箱子上的盖子已经移位（no.317）。箱子里装着两具小小的、头脚交错并排摆放的人形棺材盒，一具长49.5厘米，另一具长57.7厘米（nos.317a、b）。棺材的颈部、腰部和脚踝处都被亚麻丝带绑着，以保证棺材紧闭。同时，棺材被墓地的封印封死。这两口棺材都是木制的，都被涂上了树脂，上面都写着标准的丧葬铭文，铭文中都将死者称为"奥西里斯"。这两口棺材对于装它们的盒子来说体积略大，而就像图坦卡蒙自己的棺材一样，外层棺材的大脚趾部位被削去，方便扣上盒盖。

每个棺材里都有一个金箔包裹的内棺，而每个内棺里都有一个包扎好的小木乃伊。第一具木乃伊戴着一个黄金丧葬面具，那个面具对他的脑袋来说实在太大。卡特没有想到自己会发现人类的遗骸，他把木乃伊绷带拆开后就将遗体送给了德里处理。德里检查后确认这是一具保存完好的早产女婴的尸体，从头顶到脚跟有 25.75 厘米长。婴儿腹部没有切口，因此我们并不知道她是如何被做成木乃伊的。她被绷带全身包裹，手臂完全伸展着，双手放在了大腿上面。她既没有睫毛也没有眉毛，但她的头上有细细的绒毛。她的皮肤是灰色的，很脆弱，几近透明。一部分脐带还连在她的身上。德里估计她是在母亲怀孕五个月时死亡的。

第二具小小的尸体同样被绷带全身包裹，但她没有佩戴面具。因为命运的巧合，这具尸体早在卡特发现另一具木乃伊时，就被收藏在开罗博物馆里了。在 1907 年，戴维斯在执行那次糟糕的挖掘工作（即发现了图坦卡蒙防腐工具那次）时，在一个贮存罐中发现了一个小型的黄金面具。这个面具被国家文物局认领之后就被送到了开罗。戴维斯在将剩下的罐子都捐赠给大都会艺术博物馆时，顺带也捐赠了一个与其他物品毫不相关的微型木乃伊面具。这个面具可能是他于 1906 年在 KV51 的发掘工作中找到的。该墓穴出土过三只猴子、三只鸭子、一只圣鹮和一只狒狒的木乃伊。这个莫名其妙的捐赠物品让所有人都很困惑，最后这个彩绘石膏面具被作为图坦卡蒙的防腐工具之一公布。[①]由于戴维斯没有记录这些贮存罐的开启和清空时的情况，我们并不知道这个面具是和防腐材料一起被发现的，还是和丧葬宴会的残留物一起被发现的，抑或只是单纯和这些东西混在了一起而已。而这也意味着我们无法确定微型面具是怎么跑到图坦卡蒙的墓室里的。

---

① Cairo Museum JE 39711.

它是不是因为太小了，没法被戴在木乃伊头部，所以被遗弃在了防腐工场里？如果是这样的话，那就至少有一个婴儿是与图坦卡蒙同一时期被制成木乃伊的。或者是它被丢在了墓室里，然后混在了丧葬宴会的残余之中。后者这种情况则说明这些婴儿和雕像、人偶，当然还有国王的木乃伊一样，在图坦卡蒙的葬礼中起到作用。

德里亲自拆开了第二具木乃伊的绷带，发现里面也有一具女婴尸体，从头顶到脚跟长 36.1 厘米。虽然她的体腔和颅腔早被清空，并被填满了浸透树脂的亚麻布，但她的保存情况不如另一具木乃伊。她的手臂伸得直直的，靠在大腿两侧。她有眉毛和眼睫毛，并且眼睛是睁开的。她的头发很少，但德里认为这可能因为它们随着绷带一起脱落了下来。她身上没有脐带，但在检查她的肚脐后，德里认为脐带是被剪掉了。他认为这个婴儿是在母亲怀孕大约 7 个月时死去的。几年后，哈里森重新检查了这个婴儿，他估计其死亡时母亲处于孕期第 8 或第 9 个月。他诊断出她有高肩胛畸形（一种锁骨畸形的症状）、脊柱裂和腰椎侧弯的症状。更有争议的一个理论是，这两个女孩可能是双胞胎，她们的体型差异由双胞胎输血综合征导致，但这一说法没有被人们广泛接受。这些婴儿和他们的棺材被送到了开罗，在那里，棺材进入了博物馆，而尸体则被送到了医学院，在那里被人们遗忘了很多年。一直到 1977 年，其中一具木乃伊被重新发现，专家提取其组织样本后，发现她是 O/M 血型。这与图坦卡蒙是其父亲的情况下所表现的血型相吻合。

我们不知道为什么两个女婴会出现在帝王谷王室墓地的陪葬品中。而由于图坦卡蒙的陵墓是目前发现的唯一一座基本完整的第十八王朝王室陵墓，我们也没法知道这个做法是否合乎常理。两个婴儿都是女性，这是一个巧合吗？还是说，她们被特意挑选并纳入他的陵墓之中，这样图坦卡蒙在受安海森那蒙守护之外，还会受到其他女性力量的保护？这两者确实很有可能是图坦卡蒙和安海森那蒙的死产胎儿。卡特坚信她们就是安海森那蒙的孩子，不过他显然忘记了孩子们有两个父母的事实：

这是小王后安海森那蒙身体畸形导致的结果，还是一场政治阴谋引发的蓄意谋杀？这些问题恐怕永远不会得到解答。但我们可以推断的是，但凡两个婴儿中的一个活了下来，拉美西斯都不会存在。

埃及不需要一名没有子嗣又丧偶的王后。安海森那蒙在阿伊继承其丈夫的王位后就从历史上失去了踪影，而我们没必要对此感到惊讶，从图特摩斯一世开始绵延近200年的血脉就此消失。我们可以想象出这样的情景——她退出公共视野，在后宫中度过三四十年奢侈豪华却默默无闻的生活。然后，她被埋葬在某个如今早已失落的后宫墓地中。这就是绝大多数埃及王后的归宿。

然而，在互联网上快速检索一下，我们就会发现一个流行的理论，即丧偶的安海森那蒙留在了宫廷，与她丈夫的继任者阿伊结了婚。这个配对有些奇葩：阿伊比安海森那蒙大得多，而且有强有力的间接证据表明，他既是蒂伊王后的兄弟，也是纳芙蒂蒂王后的父亲，因此他既是安海森那蒙的祖父也是她的曾叔父。在此之前，埃及没有丧夫的王后再婚的先例，也没有王室内部（或是别的家庭中）的祖父和孙女结婚的先例。同时，也没有任何有关安海森那蒙在阿伊的统治中扮演什么角色的记录。二人婚姻的唯一证据是一枚蓝色玻璃和费昂斯釉陶戒指，上面有两个并排的王名圈，写着安海森那蒙和阿伊的名字。这枚戒指是 1931 年由一位"开罗的布兰查德先生"[推测其身份为美国古董商拉尔夫·亨廷顿·布兰查德（Ralph Huntington Blanchard）] 从尼罗河三角洲的某个不明确的地点获得的。埃及学家珀西·纽伯里（Percy Newberry）获得了这枚戒指，他认为这是真品，并围绕着它重建了图坦卡蒙去世后的事件。对他来说，这是平民出身的阿伊与安海森那蒙结了婚的绝对证据，他认为阿伊通过迎娶唯一幸存的阿玛尔纳公主，巩固了他所继承的王位。1932 年纽伯里忙着写书，而当时，埃及王权的"女继承人理论"流行正热。这一理论是对非洲母系社会肤浅且错误的理解的衍生。它认为埃及的王位是根据女性的血统传递的。正如纽伯里自己所解释的那样：

一个男人一般是通过与世袭公主结婚而成为国王的。世袭公主一般是王室家族中在世的女性里最年长的那一位。她可能是国王的遗孀、长女，或者是一个远房亲戚。世袭公主本人并不进行统治……她只是王权被传递给丈夫时的必经渠道。

这枚戒指后来就消失了。然而，柏林博物馆在 20 世纪 70 年代购入了一枚有同样王名圈的戒指，纽伯里的理论被人们毫无疑义地接受了。这可能是因为王室的近亲婚姻让许多埃及学家感到震惊，而他的理论正好为近亲婚姻提供了一个比较容易被人接受的解释。但我们只要看一眼图坦卡蒙的家谱就会发现，女继承人理论没有任何事实依据支撑。固然，图坦卡吞和安海森帕吞很可能是兄弟姐妹或是同父异母的兄弟姐妹，但阿蒙霍特普三世和埃赫那吞的王后都不是自己的妹妹。事实上，阿蒙霍特普三世将妻子低微的出身明明白白地告诉了世人——她是"大王后……她父亲的名字是予雅，母亲的名字是图雅"。而我们可以在阿伊西谷陵墓的墓壁上发现他的王后的真实身份——纳芙蒂蒂曾经的乳母泰伊，她就是阿伊的大王后。这枚戒指会不会是伪造的呢？或者有没有可能是制造它的工匠并不识字，所以抄写错了两人的名字呢？抑或者，有没有可能这枚戒指只是单纯反映了阿伊和安海森那蒙之间的友好关系呢？这似乎是可能性最大的一种解释，而如果这个假说成立，那安海森那蒙说不定在她祖父的统治期间仍继续履行着祭司职责。

阿伊统治了埃及不超过四年时间，之后大将军赫列姆赫布继承了王位。而我们再也没有见到安海森那蒙。

《苏庇路里乌玛功业》（*The Deeds of Suppiluliuma*）是与图坦卡蒙同时期的赫梯国王苏庇路里乌玛一世的传记，在他死后由他的儿子穆尔西里二世（Mursili II）写成，被存放在赫梯首都波阿兹卡雷（位于今土耳其境内）的皇家档案馆中。我们得以从一批破碎的泥板上还原了这个作品。和阿玛尔纳信件相同，该书是利用楔形文字书写的。书中记述了本章开头那个奇怪的故事：

当埃及人民听到安曲遭受攻击的消息时，他们都感到害怕。而且由于他们的领主尼布库鲁里亚已经死亡，埃及的王后，也就是达哈蒙祖，派遣了一名信使，给我的父亲带来了这样的一封信"我的丈夫去世了，而我们没有任何子女。但我听说你的子嗣众多。如果你愿意送一位王子过来，他会成为我的丈夫，我就无须下嫁给我的仆人……我很担心！"我父亲听完这信，就召来了长老们商量此事。（他说：）"我这辈子都没经历过这样的事！"于是，我父亲派遣内侍哈图萨济前往埃及，（他下令道：）"去，把真话带回来给我！也许他们在骗我！也许（实际上）他们的主人真有一个儿子！把真话带回来给我！"

乍一看，这个故事很简单。一位丧偶的埃及王后写信给苏庇路里乌玛，要求他派一个王子过来同她结婚。但令人沮丧的是，写信人的名字"达哈蒙祖"只是埃及王后的头衔"法老的妻子（ta hemet nesu）"的音译。我们知道苏庇路里乌玛与埃赫那吞素有通信，所以我们确定要找的是一位在阿玛尔纳时代末期丧偶的王后。这就剩下了三四个可能的人选：纳芙蒂蒂、梅里塔吞、身份神秘的纳芙尔纳芙鲁阿吞（可能就是梅里塔吞）和安海森那蒙。专家们针对每一位是或不是达哈蒙祖的原因都进行了漫长的讨论。但是，正如我们所了解到的，埃赫那吞明确指定了自己的继承人。他死后，王位将传给斯蒙卡拉，然后再传给斯蒙卡拉的儿子或是图坦卡蒙。除非安海森那蒙和图坦卡蒙在意外中一同去世，否则只有图坦卡蒙的遗孀迫切需要找到一人成为新国王。在上文节选中，去世国王的名字尼布库鲁里亚听起来很像图坦卡蒙的名字那布赫普鲁拉稍微变形的版本，而这一事实进一步增加了写信人是安海森那蒙这一假说的可信度。

　　苏庇路里乌玛对这个请求感到困惑。大家都知道，埃及的国王们不愿意将他们的公主嫁给外国人。这一点在阿玛尔纳书信中表现得很清楚。巴比伦国王的某位不知名的女儿已经嫁给了埃赫那吞，而他向埃赫那吞请求派来一位公主和亲，或者不能派公主的话，派任一位女性冒充一下公主也行：①

　　……你，我的兄弟，我之前写了信，恳求你派一位公主和亲。而你依照埃及不派（女儿和亲）的惯例，（写信回我）说道："从远古至今，埃及国王的女儿都不送人。"为什么不呢？你是个国王，

---

① EA4: Staatlichen Museen, Berlin VAT1657.

你想怎么做就能怎么做。如果你要送（你的女儿），谁又会说什么？……成年的公主，或是美丽的女人，总有未婚的吧。送我一个美丽的女人，把她当作（你的）女儿一样。谁又会说"她不是国王的女儿"？但你坚持你的决定不动摇，没有给我送来任何人。

埃及公主在他国宫廷做"人质"的主意让人反感，邀请一位外国人掌控埃及的想法更加可怕。毕竟，埃及国王肩负着保卫两地不受无序的外邦人侵略的职责，国家神庙的墙壁上也画着历任法老痛击努比亚人、利比亚人和亚洲人（未来还会包括赫梯人）的场景。这封信发送的时机也让人感到困惑。根据我们的推测，赫列姆赫布无法参加图坦卡蒙葬礼的原因是因为他正在叙利亚北部与赫梯人的盟邦对战，赫梯国王即使不是埃及的敌人，但也绝不是埃及的朋友。然而此时却有一位埃及王后向赫梯国王乞求帮助，这实在奇怪。

苏庇路里乌玛派他的内侍哈图萨济提去埃及打听虚实。几周后的春天，哈图萨济提回到了赫梯。他询问了王后，而王后也派遣了她自己的信使哈尼传递了一条信息：

你为什么要说"他们在骗我"？如果我有儿子，我还会把自己和国家的耻辱宣扬到外国去吗？你不相信我，还这样对我说话！我的丈夫已经死了。我没有儿子！我绝不会下嫁给我的仆人！我没有询问别的城邦，只给你写了信！他们说你子嗣众多，把其中

一个儿子给我吧！他会成为我的丈夫，也会成为埃及的国王。

图坦卡蒙预期要在殡葬工坊中度过 70 天，而这些来来回回的旅程所花费的时间想必比 70 天还要长得多。为了等待苏庇路里乌玛的答复，图坦卡蒙葬礼会不会在阿伊的许可下一直被搁置着？最终，答复来了。乐观，或者说贪婪，战胜了谨慎，苏庇路里乌玛派出了王子扎南扎（Zannanza）。不幸的是，扎南扎死在了前往孟菲斯的路上。我们并不清楚这是否是自然死亡，但可以肯定的是它必定使埃及和赫梯两国本就冷淡的关系上雪上加霜。埃及的文字记载没有提到这次通信，也没有记录扎南扎的死亡。

这个极不令人满意的结局给我们留下了一大堆没有答案的问题。安海森那蒙真的能够以这种方式左右埃及的命运吗？她会绝望到向外邦征求丈夫吗？她能说服她的朝臣，包括野心勃勃的阿伊和赫列姆赫布，让她的新丈夫（无论他是埃及人还是外国人）继承王位吗？她的王室血统无可挑剔，她会不会考虑自己执政？女性登基不是最理想的情况，但绝对是有可能的，安海森那蒙应该知道，第十二王朝的塞贝克涅弗鲁（Sobeknofru）和第十八王朝早期的哈特谢普苏特都是出名的女国王。我们还得考虑到这封信是一个陷阱的情况：它提出了一个令人无法抗拒的提议，旨在引起两个强大国家之间的摩擦，或者引起赫梯宫廷内部的纷争。这个陷阱的始作俑者可能是埃及人也可能是赫梯人，而直到现在，我们仍不知道他的真实身份。

第五章

盗墓者的故事：
图坦卡蒙和被盗的陵墓

一位盗墓者承认盗掘了拉美西斯六世的陵墓（KV9）：[①]

外邦人内沙蒙带我们看了内布马阿特－麦雷阿蒙法老（Nebmaatre-meryamun，即拉美西斯六世）的陵墓……我们一共5个人，花了4天时间闯入了这座陵墓。我们打开墓穴，走了进去……看到了一个篮子被放在60个……箱子上。打开之后，发现有一个铜锅、三个铜制盥洗盆、一个……的盥洗盆……我们称了称这些铜制物品和花瓶的重量，一共500德本[②]，每人分到了100德本。之后又打开了两个箱子，里面装满了衣服……

埃及的贵族们用色彩鲜艳的壁雕来装饰他们陵墓中的祭堂。

---

① 摘自僧侣体写作的迈耶纸莎草文书B篇。
② 古埃及重量单位。在新王国时期，一德本大约为91克。古埃及人常用这种重量单位计算物品价值。

这些祭堂相当于他们陵墓的公共休息室，里面壁雕的场景本就是为外人欣赏而制作。拜访者们会点着一支火把，打开墓门，走进一个凉爽而昏暗的地方，那里物品繁多华丽但又井然有序。如今，木制墓门已被金属栅栏取代，照亮褪色的墙壁的也不再是暗淡的火光而是刺眼的电灯，但我们依然可以如古人一样，观察墓主人的日常工作，或是同他们一同享受宴会上丰盛的佳肴和无尽的美酒。在壁雕中，人们划船、玩棋盘游戏，过日常家庭生活。乐师们演奏乐器，孩子们玩着游戏，迷人的年轻姑娘们翩翩起舞。在背景中，仆人们高效执行着日常任务。每个人都有一席之地，每个人都对自己的生活感到满意。我们得费力观察才可能瞥见看起来并不开心的人。王朝时期的人似乎个个都享受着完美生活。

但这当然只是假象。壁画并不是真实生活的缩影，而是贵族阶级的墓主对未来完美生活的愿景。在墓门之外，这片土地上的人们被贫穷、疾病、灾祸、犯罪和单纯的坏运气所主导，与画中的田园诗意相去甚远。这是因为仅占社会 10% 的贵族阶级掌握了埃及庞大的财富资源，他们几乎都是受过教育的男性。同时因为社会流动很少，绝大多数人生下来便注定要重复他们的父母和祖父母的命运。人们一生辛苦劳作，妇女还要不断生育儿女，获得的"回报"就是死后被埋葬在沙漠墓地某个简单的坑洞里。我们想想也能知道这些无名的未被木乃伊化的埃及人所预见的来世该是怎样的凄苦。

聪明和努力不一定能带来物质回报，但埃及人独特的丧葬文化却为不择手段的人们提供了大量发财的机会。从道德上讲，盗墓是件不可原谅的罪行——这会危害死者的来世生活，因此盗墓者可能会遭到死者的诅咒。我们将在第八章讨论图坦卡蒙诅咒故事的真实性。而从实际行动方面考虑，这又非常危险——无论是在沙漠墓地的地表下挖洞，还是在挤满石片的通道中挖洞，两者都充满了风险。我们在里卡赫墓地（Riqqeh cemetery）中就发现了一个王朝时期盗墓贼的尸体。他是在行动中被石头砸死的，一双骷髅手臂伸向木乃伊，而旁边地板上摆着一摊白骨。这个例子正表现了盗墓生活的危险。挖掘者们观察到，"他似乎是在站立时被突然压死的，在石头掉落时他至少应该是处于蹲下的姿势。"同时，被逮捕的盗墓者的下场都非常悲惨。在"审问"过程中，他们的肢体可能会被扭曲、身体可能会经受刀割或棍打的酷刑；被定罪的人会承受肉刑、被送到矿场或采石场工作（这与被判死刑无异），或者在某些极端情况下，可能会被穿刺在木桩上以儆效尤。但是高风险往往意味着高回报，许多人也甘愿承担风险。

王朝时期后的盗墓活动、国家认可的墓葬清理和现代的考古发掘已经完全清空了王室陵墓，也清空了早期对陵墓损害较轻的盗墓活动的痕迹。但纵观整个埃及王朝的墓地，我们会明白一件事。那就是抢劫死者的人也往往是负责安置死者的人。专业知识和进出墓地的权利无疑为这些人提供了丰富的犯罪机会，他们可以潦草地执行丧葬仪式、完成丧葬流程。同时，因为木乃伊绷带包得严严实实，人们看不到下面具体藏了什么东西，所以他们可以肆无忌惮地偷窃亚麻布、防腐油膏和布下的护身符。准备埋葬死者的掘墓人可能会偶然发现一座旧墓并将其洗劫一空。挖掘王室陵墓的相关人员可能会挖到之前的墓葬，然后偷走其陪葬物品。祭司们在封锁家族墓室大门前可能也会顺走些东西。而墓地的守卫和官员可能会接受贿赂，进而对盗墓行为不管不问，更有甚者还会监守自盗。

看到上述这一串的轻度罪行，再考虑到有组织有计划的专业盗墓团伙的存在，我们很可能会提出疑问：为什么古埃及人坚持把陵墓建成易被偷盗的模样？为什么3000年来，埃及的贵族们即便知道自己的财宝对小偷来说是不可抗拒的诱惑，还坚持要带进陵墓里？尸体若在不受绑缚且不受棺材保护的情况下被埋在炎热又荒芜的沙漠里的话，它会成为干尸，但是头发肌肤仍然可以保存完好、面容可以辨认，那为什么人们还坚持昂贵而耗时的木乃伊仪式？或许是人们受到的宗教压力（认为木乃伊仪式是进入来世的一种手段）和社会压力（将固定的丧葬仪式视为正统），以及对死后永远被困在黄沙中的恐惧，促进了丧葬产业的蓬勃发展。贵族们继续错误地企盼物理屏障、守卫和墓壁上的威胁可以阻止盗墓人的行动，但不识字的盗贼甚至读不懂那些威胁的内容：[1]

---

① 佩特迪的吉萨金字塔陵墓中的警告铭文。

（对于）任何一位

想要对这座（陵墓）施恶的人

（或）任何一位进入其中（意图作恶）的人

鳄鱼会在水中对付他们

蟒蛇会在地上对付他们

河马会在水中对付他们

蝎子会在地上对付他们

盗墓活动打乱了文物的位置，影响了我们对他人陪葬品的官方回收情况的判断（将官方回收称为"官方盗窃"似乎也没错）。图坦卡蒙的陵墓是唯一一个基本完好无损的王室陵墓，帝王谷其他陵墓的文物并不完整，因此我们无从对比得知一座国王陵墓中一般会有多少件回收利用的文物。但我们不用特别认真观察，就能发现图坦卡蒙的墓葬中既有自己的物品，也有为他人设计的工艺品。后者中部分显然是他人供奉的陪葬品，例如图坦卡蒙那6件较大且较精致的巫沙布提俑便是由朝臣玛雅（no.318b；此外另见 no.331a）和纳克特敏 [（Nakhtmin）nos.318a、nos.318c 和 nos.330i-k] 提供的。

图坦卡蒙的部分陪葬品上清晰刻着某些已故王室成员的名字，包括图特摩斯三世、阿蒙霍特普三世、蒂伊、埃赫那吞、纳芙蒂蒂、梅里塔吞和纳芙尔纳芙鲁阿吞。这些物品被卡特鉴定为图坦卡蒙的"祖传遗物"，但我们永远无法确定这些物品是否真的具有情感价值，或者仅仅是从阿玛尔纳王室墓地的 KV55 工坊中取回的旧工艺品，由图坦卡蒙（或阿伊）回收使用。这些传家宝中最耐人寻味的一件当属宝库（no.320）中发现的一个微型木制人形棺材。这口棺材被涂上了树脂，颈部和脚踝处被亚麻布带捆绑，并盖上了丧葬用印章。它被证实是一套 4 层棺材中最外层的一层，棺材里放着一个蹲坐国王模样的黄金吊坠，国王头戴蓝王冠，从风格上判断，应该是阿蒙霍特普三世或图坦卡蒙。此外，棺中还有一缕被折叠在亚麻布中的发辫，布上标有蒂伊女王的名字和头衔。这束头发被看作寻找蒂伊木乃伊的关键证据之一。

图坦卡蒙某些成套组的陪葬品呈现出了多种设计风格和物品处理风格，头身不匹配的巫沙布提俑就是一例。这可能反映曾有不同工匠为同一项目工作，而非这些随葬品来源不同。但是其他一些文物，包括图坦卡蒙的木乃伊金带、石棺外至少一层镀金神龛（共四层）、他的卡诺匹克箱和微型卡诺匹克棺，显然最初是为其他人制作的，后来才被改造成图坦卡蒙的物品。我们是从三方面确认这一点的：它们的设计风格属于阿玛尔纳晚期风格、它们与墓中其他重要文物并不相似，以及最重要的是它们的铭文存在被改动的迹象。一些专家会把图坦卡蒙三层嵌套棺材中的中间一层（no.254）也纳入这类回收文物之中，因为尽管这三层棺材完全贴合，但中间一层与其他两层在风格上并不匹配。当然，我们也应当考虑到另外两件属于"借来的"物品的可能性（no.253 和 no.255）。此外，正如我们之前提到的，有些专家认为图坦卡蒙的丧葬面具最初是为纳芙尔纳芙鲁拉制作的。

一绺头发确实可能会是"传家宝"，后人禁不住会睹物思人。卡特童年深受维多利亚文化影响，那些维多利亚时代的人显然认同上述观点——他们经常佩戴的饰品中可能就装着故去亲人的头发。可木乃伊金带和卡诺匹克棺完全是另一回事，它们可不是什么可有可无的物品。相反，它们在王室墓葬中不可或缺。如今，大多数专家都认为图坦卡蒙"借来的"陪葬品最初是为纳芙尔纳芙鲁阿吞制作的。这让我们不禁好奇，这位神秘人士为什么不再需要这些东西了呢？它们会不会是从阿玛尔纳王室工坊中取回的无用备件呢？但它们似乎更有可能出自 KV55 临时工坊，出自纳芙尔纳芙鲁阿吞自己的阿玛尔纳陵墓里。那么，为什么图坦卡蒙没有自己的丧葬用具呢？我们有理由相信，像卡诺匹克箱这样的必要物件应该在他即位初期就准备完毕了，或许在下葬前一直被存放在其葬祭庙里。考虑到他直到最后一刻才被调换到现在这个陵墓中，我们很容易想到这些回收利用的陪葬品可能原属于阿伊。或许，这位年事已高的继任者担心自己所剩时日无几，不够他建完自己的陵墓并准备好自己的陪葬品了。假设 KV55 陵墓中装满了从阿玛尔纳王室干河墓地取回的文物，那当然阿伊会做这个战略性交换的决定——阿伊将同原本为图坦卡蒙准备的陪葬品下葬，而图坦卡蒙的陪葬品原属于其家族别的成员，且可能被这些亲属使用过。

被回收利用的陪葬品包围的图坦卡蒙比埃及绝大多数的活人

都富有得多，也脆弱得多。他陵墓的入口被堵住、抹上灰泥、封死并掩埋，但他的财产在墓中并不安全，有许多人，包括那些建造陵墓的、安置陪葬品的和协助进行丧葬仪式的人，都清楚地下到底埋了什么。建筑师伊纳尼就意识到了这种风险，他夸口说要为图坦卡蒙的祖先图特摩斯一世在帝王谷建造一座陵墓，此墓"无人听闻、无人见过"。[①]但是帝王谷葬着国王这点从来不是什么被保守得很好的秘密，显然，伊纳尼只不过是在夸夸其谈。不过他的说法里也有那么一点真实的成分在。每一座古王国和中王国时期的极其显眼的金字塔都由大约 20000 到 30000 名临时劳工建造。他们是被国家召集的劳役，每三个月轮班工作，前后工作时间长达 20 年。而制造山谷的石凿陵墓的劳工技能更优秀，数量也更少，这些劳工被称为"真理之地的仆人"。

这些"仆人"们与其他底比斯的百姓不同，他们居住在专门的工人村中。该村被称为代尔麦地那（Deir el-Medina），受国家直管。但这并不代表着工匠过着与他人隔离的生活。他们可以出入西岸的其他住宅区，也可以随意渡河进出城，但他们背负营建陵墓的特别任务，这注定工匠村只能被建造在偏远之地。代尔麦地那位于干燥的沙漠中，距离耕地里足以破坏陵墓的潮气足有半英里（约 805 米）远，多亏于此，被保存下来的工匠村的规模相当惊人。村庄的房屋的下墙基本完好无损，依旧挺立在敦实的泥

---

①   Ineni tomb: TT81.

砖墙的废墟后面。翻过这堵墙，我们可以看到一排排外表几乎相同的连栋房屋，它们的内部都由房屋主人自己定制，所以没有两栋是完全一致的。在村子的围墙外，我们会看到凿在山坡上的陵墓、神庙、沙漠和一个巨大的干涸的水坑，如今被称为"大坑"。然而，我们看不到一口井，这挺出人意料的。大坑的深度不及水线，而尼罗河在距村庄南部足有两英里（约3219米）处的地方，因此工匠村的每一滴水都必须由国家供应——每天都有驴子排成一条长线，驮着沉重的水罐往返于村庄与尼罗河之间。

与大多数平民不同，工匠村的村民识字，而且拥有无穷无尽的书写工具，包括各种颜色的墨水和沙漠地面上随处可见的石灰石片，可以尽情书写。在新王国末期，帝王谷不再是王室大墓地，代尔麦地那也被迫废弃。居民虽然纷纷搬走了，但他们留下了大量的书面材料和非官方的艺术作品。我们通过这些资料，得以深入了解他们的工作生活：

……书吏内弗尔霍特普向他拥有生命、繁荣和健康的主人表示问候……我正在主人下令为王室子女建造的陵墓中工作。我的工作做得很好、很有效率，任务完成得很好、很有效率。希望主人不要担心！我做得确实蛮不错，而且一点也不觉得累。

由书吏内布内特耶鲁写给书吏拉摩斯……记着，给我拿一些墨水，因为（我的）上级告诉（我）好的（墨水）已经变质了。

每隔 10 天，工匠们会离开村庄，步行到山谷里。在接下来的 8 天内，他们白天在陵墓里工作，上下午各工作 4 小时，中午午休，晚上则睡在临时的小屋里，然后回家度过两天的周末。与此同时，他们的妻子、年轻人、老人和病人留在村落里。他们过着非典型的生活——村落由女性而非男性管理。

霍华德·卡特鉴定的考古证据表明，在图坦卡蒙被埋葬不久，一伙强盗就躲过了大墓地守卫的视线（也可能贿赂了守卫），在被封锁的墓门左上角开了一个洞。进入墓室后，他们点燃火把，匆匆穿过甬道，强行挤入第二道门，进入了前厅。他们把各个箱盒里的东西倾倒在了地上，抢走了其中小而轻的物件，包括药膏、珠宝、金属和纺织品，留下了大而笨重的东西，以及用金箔覆盖而不是纯金制成的物品。其中一个强盗用披巾包了 8 个金戒指和 2 个圣甲虫形宝石，丢到了一个盒子里。卡特发现了这个盒子，并根据里面的物品，在物品记录卡上写了一个复杂的故事（no.44b）：

我好奇里面原来装的是什么。现在这些显然是盗贼在被发现后匆忙收罗起来、随意地扔进盒子里的杂物。事实上，这个盒子是探索盗墓者的相关细节的最好线索。盒内物品最上层的两个物件显然是从其中一个盗贼身上获得的——

（1）4 块表面附有珠粒的金板。它们被弯曲、折叠在了一起，方便手拿。

（2）一条长披肩，中间卷着 8 个金戒指和 2 个圣甲虫宝石。

这些盗贼无论多么匆忙，都绝不可能扔掉这些东西。因此他们肯定是被逮捕了，而被逮捕时身上正带着这些东西。（如上）物品最初肯定是装在了几个不同盒子里。因此，探究它们如今的位置是没有意义的……这块布被其中一个盗贼用来装他的赃物……就像现代阿拉伯人用头巾包裹贵重物品一样，他把这些物件放在布的中央，提起两端，就像吊袋一样，将布转几圈合上了袋子，然后把合上的袋子系成了一个简单的圈结。

据推测，这些赃物被运过河，送到了底比斯出售。

盗贼们一次又一次地回来掠夺陵墓，最后，大墓地的官员终于注意到了这个陵墓门户大开。被抢掠过的陵墓通常会在收拾整洁后被重新密封。如果官员们无法阻止盗墓行为，那他们至少可以将陵墓被破坏的痕迹隐藏起来，假装大墓地一切正常。毕竟，没有人希望维齐尔发现陵墓被盗，然后正式调查此事。官员在收拾图坦卡蒙的陵墓时态度相当随意，他们将物品随机塞到各个箱盒里，现在前厅里只有一个箱子的内容与最初的标签一致。墓室恢复到最初的状态后，官员们会重新封堵内部的门，然后实施额外的预防措施，用石灰石片填满甬道，直到房顶。一些小物件，包括盗贼掉落的物品和被扫入墓室的东西，都意外地混在了填充甬道的石片里。最后，人们重新密封了外门。

下一批盗贼仍从旧的孔洞进入，而面对被堵塞的甬道，他们发挥了自己的工程技能（可能使用的还是公家的工具），在石片中开凿了一条通道。他们能够进入所有的墓室，但他们专注偷取前厅和耳室的日常物品，忽视了墓棺周围的祭祀用具。箱子被再次打开，陶器被砸碎，黄金从木头上被扯了下来。但盗贼们迫于通道大小的限制，不得不认真挑选自己要带走的物件。之后历史重演，大墓地官员再次注意到了这些盗墓活动。陵墓再次被修复，隧道被黑色石片填满，外门再次被堵上、封好，扣上大墓地的封印。若非气候干扰，这样的循环还会继续发生。

虽然帝王谷通常炎热干燥，但偶尔也会有剧烈的雷暴。遇到这种天气时，雨水在山谷两侧会汇成粗壮的溪流，席卷着大量石头、沙子和碎石倾洪而下，谷底的地面根本无法吸收全部的雨水。随着溪流汇聚融合灌入山谷，中谷——即图坦卡蒙墓和 KV55 所在地，变成了一个湖泊。水流最终褪去，留下了一层泥浆、白垩、页岩和石灰岩组成的坚硬沉积物。古代建筑师们意识到了洪水的危险，试图采取一些措施保护已逝国王陵墓的安全——他们挖了一个巨大的排水通道，又在各个墓穴附近建造了分流墙。尽管他们采取了这些预防措施，但所有地势较低的陵墓仍然遭受了多次洪水的摧残。在图坦卡蒙下葬后的四年内，帝王谷迎来了一场猛烈的暴风雨，山谷被水填满，而他的陵墓被淹没在了大量的泥土和瓦砾之下。不久之后，该墓被人遗忘，参与建造赫列姆赫布陵墓（KV57）的工匠们直接在图坦卡蒙的陵墓入口处建造了他们的小屋。在近 200 年后，工人们在修建第二十王朝法老拉美西斯六世（KV9）的陵墓时，在图坦卡蒙的陵墓入口建造了小屋，并在这里倾倒了垃圾，图坦卡蒙陵墓从此被人遗忘。

在经受最初的一连串抢掠之后，图坦卡蒙在他失落的陵墓中安全地长眠了 3000 年，其他国王就没有这么幸运了。山谷安全与否在很大程度上取决于建造和装饰陵墓的工匠是否有责任心。及时地支付这些工匠全额的工资是很重要的，在第十八王朝时期，这并不是问题。但随着王室的权力在第十九王朝末期开始减弱，工匠的工资并不一定能被及时地支付。一份名为《都灵罢工纸莎草文献》（*Turin Strike Papyrus*）的文本描述了第二十王朝拉美西斯三世统治时期工匠间弥漫的不满情绪，其中随意提及了拉美西斯二世（KV7）和他的子嗣（KV5）的陵墓被盗的情况："如今，乌瑟哈特和帕特瓦拉会从奥西里斯国王乌瑟尔马阿特·塞特本拉（Usermaatre Setepenre，即拉美西斯二世）的陵墓上扒下石块……而鲁塔的儿子凯内纳也以同样的方式对乌瑟尔马阿特·塞特本拉国王子嗣的陵墓……"

埃及经济逐渐崩溃，盗墓行为也有所增加。而西岸的居民掌握着抢掠贵族和王室陵墓所需的知识和技能。这些盗墓团伙组织严密、消息灵通，而且其行动往往被负责保护墓地的官员默许。我们发现了一位在拉美西斯九世执政第 16 年，法庭开会审议阿蒙帕努弗（Amenpanufer）的供词。此人是一个石匠和强盗，曾抢掠第十七王朝索布凯姆塞夫二世（Sobekemsaf II）的陵墓。我推荐读者阅读他的供词全文，它不仅包含罪犯精心策划的盗墓行动的细节，而且还告诉了我们，行贿与腐败俨然成了当时的社会风气。

我们像平时习惯的那样去盗墓，发现了索布凯姆塞夫国王的金字塔墓。这个墓不同于我们平时常盗的金字塔或贵族陵墓。我们拿着铜制工具，从最里层强行进入了国王的金字塔中。我们找到了地下室的位置，拿着点燃的蜡烛，走了下去……发现神就躺在他的埋葬地的后面。我们看到他的妻子努布卡斯王后埋葬在他旁边。那陵墓被石灰保护着，被瓦砾覆盖着……我们打开他们的石棺和棺材，发现国王那高贵的木乃伊身上还配备了一把剑。他的脖子上佩戴着大量的护身符和黄金珠宝，同时他还戴着黄金头饰。尊贵的国王木乃伊通体被黄金覆盖，他的棺材里外都用黄金和白银装饰，上面镶嵌着各种宝石。我们拿走了神的木乃伊上找到的黄金，包括他脖子上的护身符和珠宝首饰……然后放火烧了他们的棺材（这是从棺材上剥离金箔和珍贵的镶嵌物的简单方法）……

几天后，底比斯地区的官员听说我们在西岸盗墓，便逮捕了我，把我关在了底比斯市长的办公处。我将我分到的那份20德本黄金，交给了底比斯登陆码头的地区书吏凯莫普。他释放了我，我便回到了同伴身边，他们又给了我一份额的黄金作为补偿。就这样，我养成了盗墓的习惯……

图坦卡蒙驾崩两个半世纪后，埃及国王不再被看作统一两地的全能统治者。文职队伍变得臃肿且腐败，在官员心中，对个人的利益与对王室的忠诚相互对抗，而往往是前者占上风。随着国家收入的急剧下降，类似银行职能的仓库的储备也在不断减少。底比斯深陷食物短缺的困厄，同时西岸的住宅区又常受到来自西部沙漠的利比亚游牧民的袭击。在帝王谷中，法律如同虚设。在沙漠边缘，葬祭庙被破坏，贵重物品被掠夺。新王国时期的最后一位法老拉美西斯十一世放弃了底比斯，逃往北方，再也没有回来。公元前 1069 年，他的死亡象征着埃及就此一分为二。前省长斯门德斯（Smendes）成为第二十一王朝的第一位国王，在新的三角洲城市塔尼斯（Tanis）统治埃及北部。同时，大将军兼阿蒙大祭司赫里霍尔（Herihor）、其后人匹努杰姆一世（Pinudjem I）和他的后代则开始从底比斯统治埃及中部和南部。

埃及学家将接下来的四个世纪称为"第三中间期"。但这个术语在各种意义上都充满误导性——它暗示埃及第三次陷入了一个短暂而混乱的黑暗时代。诚然，这是一个权力下放、人口流动的时代，大量的利比亚人和努比亚人在此期间于埃及定居。但是，考古学证据以及（证明力度稍弱的）文字证据表明，第三中间期对许多人来说是一个相对和平和繁荣的时期。如今越来越明显的一点是，现代定义中秩序稳定的"王国时期"和纲纪紊乱的"中间时期"的区分，并不像人们曾经认为的那样明确。

由于没有国王，阿蒙的祭司们承担起维护帝王谷中的王室大墓地的职责。他们发现里面陵墓的状况很糟糕——墓室被开启，陪葬的物品被偷走，木乃伊被切开，为了方便盗贼寻找珠宝和护身符有的木乃伊还被烧毁了。将这些陵墓恢复到以前的荣光会是件非常耗时且极其昂贵的事，而且本质上毫无意义，因为从抢劫到恢复再到抢劫的循环不会停止。他们需要想出一个新策略。如果陵墓中有隐藏宝藏的说法会吸引盗贼，那么也许公开移除这些宝藏可以让国王们安息。底比斯的金库在多年近乎内战的纷争中被消耗殆尽，而移除宝藏行动中找到的任何财宝都将成为该金库的珍贵补充。

大墓地的官员们开始工作。王室陵墓被开启并清空，里面的东西被转移到底比斯大墓地的各个临时工场中。在这里，木乃伊被拆开绷带、重新包扎、贴上标签，然后被放置在剥去了金箔的木棺里。为了表示尊重，人们给一些被重新包扎好的王室木乃伊献上了（廉价的）花环。这些棺材被分散存放于大墓地各处的墓室中，而这些木乃伊逐渐被合并放置。最后只剩下两个木乃伊安置场地：一个是阿蒙霍特普二世的山谷陵墓（KV35），另一个是第二十一王朝大祭司匹努杰姆二世位于代尔巴哈里悬崖高处的家族陵墓（DB320）。

我们对图坦卡蒙的生平、死亡和死后经历的审议就此结束。他的木乃伊在陪葬物品的包围中安息，但灵魂会在他选择的来世中永生。他的名字被后世从官方的王表中删除了，但他留下了足够多的雕像和文字，保证他不会被人们遗忘。而在他长眠近3000年后，他会重新出世，成为埃及最著名的法老。

下部

卢克索，1922 年

第六章

[
律师的故事：
寻找失落的国王
]

律师兼埃及学家西奥多·M.戴维斯决定停止寻找保存完好的王室陵墓：

帝王谷内恐怕已经没什么东西了。

帝王谷从来都称不上是"失落"的考古地址。它的阿拉伯名叫作"比班莫卢克（Biban el-Moluk）"，意思是"帝王之门"，该地的用途被名字展现得清清楚楚。其中有几座陵墓被建在明显的位置上，它们门户大开，里面空空如也。然而，没有人知道这些陵墓在何时被建成，建造者又是谁。人们对陵墓总数也做出了多个猜测，西西里的狄奥多罗斯就大胆猜测该地有47座陵墓：

他们说，这个城市（底比斯）里也有古时国王的华美陵墓……如今，祭司们称记录中共记载有47座国王的陵墓，但据他们说，到拉古斯（Lagus）的儿子托勒密 [托勒密一世（Ptolemy I)] 的时代，这里就只剩下 15 座陵墓了。在我们到访埃及时，这 15 座中的大部分已经被摧毁了……

1743 年，教士兼旅行家理查德·波科克（Richard Pococke）出版了《埃及观察记录》（*Observations on Egypt*）一书。英国人对埃及的模糊了解多来自《圣经》和寥寥可数几位古典作家的作品，此书为他们引人入胜地介绍了埃及的状况。荷马史诗《伊利亚特》中阿喀琉斯将底比斯称为百门之城，他如此描述道："埃及的底比斯，那里屋宇豪华，拥有世上最珍贵的珠宝。底比斯有城门百座，通过每个城门，两百士兵驾着马匹和战车前往他方。"在到达卢克索后，波科克尝试寻找文中的百道城门，但徒劳无功。他去参观卡纳克神庙群，但只看到了"一个非常贫穷的村庄，人们的小屋大多建造在神庙南部的废墟之上"。然后，他穿过尼罗河，向当地族长借了一匹马，骑马前往山谷。

我们从这条通道抵达了比班莫卢克，该名意为帝王之门或庭院。这就是底比斯国王们的陵墓所在地……这个山谷可能有 100 码（约 91.4 米）宽……看起来有 18 座陵墓……然而，需要注意的是，狄奥多罗斯曾说，到了托勒密时代该地就只剩 17 座陵墓了，而我找到的入口也差不多这么多。据他所说，其中大部分到他的时代已经被毁了，而如今只有 9 个可以通人。山谷两侧高山陡峭，而谷底满地是粗糙的岩石，也许是从山坡上滚下来的。山底的岩壁上开凿有数个石窟，形成了一个个长廊，极为美丽……这些长廊大多高宽均为 10 英尺（约 3.05 米）左右。有的大洞穴内还有小洞穴，而这样的洞穴共有四五个，长 30～50 英尺（9.14～15.24 米），高 10～15 英尺（3.05～4.57 米）不等。穿过这样的洞穴，我们会进入到一个宽敞的房间里，这儿就是国王的陵墓……

在他的文字记录所附的简化地图上，我们能看到一个 T 型山谷，底层的岩石上有非常明显的敞开的门。

1768 年，英国探险家詹姆斯·布鲁斯（James Bruce）访问卢克索时也曾试图寻找百门，但同样失败了。他说自己拜访了"底比斯庞大宏伟的陵墓群"，将旅程夸张地描述成了一场惊险刺激的冒险。尽管他的记录有夸张的成分，但他确实参观了 7 座墓穴，而且对它们的观察基本准确：

在一幅壁画中，几件乐器被零散地摆放在地上。它们大多长得和双簧管类似，吹口处置有簧片。此外还有一些类似笛子的简单管乐器。旁边有几个很明显是陶土制作的罐子，两侧开口上覆有羊皮或其他兽皮，像鼓皮一样绷得紧紧的。它们可能是一种用手敲击发声的小鼓，最初被用来配合竖琴演奏。我们现在在阿比西尼亚①仍然能看到这种乐器，但同它配套演奏的竖琴却已然消失了。

接下来的三幅壁画中有三把竖琴，而这三把竖琴值得我们高度关注。我们会研究这些乐器优雅的形态，研究画面中清晰呈现的部件细节。而接着我们会自然想到，艺匠既然能够制作出如此水平的乐器，当时的音乐必定达到了极高极完善的水平。

第一把竖琴看起来最完美、受损度也最小。我立即被它深深吸引住了。同时，我要求记录员画下第二把竖琴的模样。通过绘制简略但准确的素描，我希望自己能复刻那个洞穴里的每幅图画，或许这对他人的研究也会有所裨益。但后来，我却痛苦地发现自己完全被蒙骗了。

对"住在山洞里的土匪"的恐惧让布鲁斯迅速逃离了此地。回到英国后，他发表了埃及奏乐场景的素描。这些极富想象力的绘画激发了公众的极大兴趣。而自此，该墓也被称为"竖琴师之墓"。如今，我们认为它是第二十王朝法老拉美西斯三世的陵墓（KV11）。

在 1798 年拿破仑·波拿巴（Napoleon Bonaparte）入侵埃及前，奥斯曼土耳其帝国已经统治了埃及近 400 年。拿破仑希望能攻下埃及，从红海截断英国同印度的贸易通道。最初，法军的行动进行得顺风顺水，还在 7 月 21 日取得了金字塔战役的胜利。

---

① 即今埃塞俄比亚之旧称——编者注。

但胜利转瞬即逝，8 月 1 日，霍雷肖·纳尔逊（Horatio Nelson）率领英国海军战胜了法国舰队。法军的船只被摧毁，他们也因此被困在了埃及，拿破仑本人于 1799 年逃回法国。而被困于埃及的法军占领了开罗三年，期间势力范围不断向南扩张，一直扩张到了阿斯旺。然而，1801 年 3 月 18 日，英军登陆并占领了亚历山大港（Alexandria）。在土耳其军队赶来支援英军后，法军被迫撤退，开罗陷落。埃及再次回归奥斯曼帝国的统治之下。

拿破仑手下的埃及科学艺术研究委员会（Commission des Sciences et Arts d'Égypte）是一个负责记录埃及自然、现代和古代历史的学者组织。他们出版的多卷书籍《埃及记述》（*Description de l'Égypte*）体积庞大，被保存在专用的储存柜中。书中只记录了主谷地的 11 座陵墓和西谷一座阿蒙霍特普三世的陵墓。在该书影响下，"尼罗河风格"这一时尚潮流席卷全欧洲，在拿破仑时代的服装、珠宝和建筑中均有体现。但学术界对此不以为意，古埃及被他们看作文化的"死胡同"——它的历史被人遗忘，它的民俗粗野，其中动物崇拜尤其原始。它的艺术具有装饰性，但风格僵硬呆板。博物馆将其有限的埃及藏品看成奇珍异宝，而不是值得研究的文物，这一做法显然无法打消人们对埃及的偏见。

第一个系统地尝试寻找山谷内失落的陵墓的欧洲人是出生在意大利、持有英国护照的水力学专家和前马戏团大力士乔瓦尼·巴蒂斯塔·贝尔佐尼（Giovanni Battista Belzoni）。在参观竖琴师之墓后，他对帝王谷产生了兴趣。在漫步到偏远的西谷后，他立刻发现了阿伊的陵墓，并在其入口处刻了一行铭文："发现于 1816 年，发现者贝尔佐尼"。第二年，他重回西谷，又发现了未完成的 WV25，由阿蒙霍特普四世下令建造。回到主谷以后，他凭借着工程师敏锐的眼光，相对容易地找到了一些空墓。但令他感到失望的是，他没能发现一座完整的王室陵墓。1817 年 10 月 16 日，他发现了一座陵墓，因为该墓出土了一头牛的木乃伊，所以最初被称为"阿匹斯之墓（Tomb of Apis）"。这是他最伟大的发现。之后，该墓被更名为"普萨美提斯之墓（Tomb of Psammethis）"。但我们现在知道，这是塞提一世的陵墓（KV17）。它是山谷中最长、最深、装饰最精美的陵墓之一。后来，伦敦新建的博物馆埃及厅（Egyptian Hall）基于该墓举办了一场非常成功的展览。观众都被贝尔佐尼的绘画、塞提的蓝釉巫沙布提俑，以及展览亮点——国王的半透明雪花石膏石棺迷住了。[①]当然，国王的木乃伊还没有被发现。可贝尔佐尼并不气馁。这位前马戏团团员为展览另外提供了一具木乃伊，为观众献上了一场完整的"表演"。

当贝尔佐尼在山谷中努力挖掘时，语言学家和古物学家们正在进行一场激烈的竞赛——每人都想先人一步翻译古埃及语言、解码象形文字文本。1799 年"罗塞塔石碑（Rosetta Stone）"的

---

① 大英博物馆拒绝为石棺支付 2000 英镑。如今石棺在伦敦的约翰·索恩爵士博物馆展出。

出土，使破译古埃及语成为可能。①石碑上刻有同一段文字的三种版本，由两种不同语言书写：分别是古希腊文，类似现代阿拉伯语的古埃及世俗体，以及古埃及圣书体。我们读不懂后两种文字，但能读懂古希腊语，因此古希腊语文本正是解码另外两个文本的关键。1822 年，法国语言学家让－弗朗索瓦·商博良（Jean-François Champollion）赢得了这场"比赛"，我们终于有机会了解埃及陵墓和神庙墙壁上的文字到底写了什么。这些文字向我们展现了一个丰富、成熟又极为古老的文化。几乎是在一夜之间，埃及学从一个有趣的业余爱好升级为一门体面的学术科目，而那些曾经认为西方文明的起源只在古典时代的人被迫改变了认知。同时，曾经对古埃及文物不屑一顾的博物馆，如今争先恐后地回收更多的文物。与此同时，埃及旅游业蓬勃发展，卢克索内渴望购买纪念品的西方游客络绎不绝。每个人都想获得真正的文物（或至少是他们乐观地相信的"真正"文物），而当地人也乐于满足他们的需求。终于，贫瘠的沙漠产出了宝贵的"庄稼"。

1858 年，埃及国家文物局（National Antiquities Service）成立，目的是保护埃及日益珍贵的文化遗产。19 世纪 70 年代，古物市场上第三中间期的丧葬文物肆意流通，而文物局在市场上为新建的开罗博物馆购买了两张纸莎草文书后，立即开始采取治理行动。非法流通文物的主要嫌犯是拉苏尔兄弟，他们一家因倒卖古董和盗墓出

---

① British Museum, London EA24.

名,之前因不明原因富裕了起来。他们的房子同西岸库尔纳(Gurna)村的许多房子一样,与墓地相连。文物局搜查了他们的房子,但什么也没找到。他们接着试图贿赂兄弟俩说出秘密,但没有成功。于是,艾哈迈德·拉苏尔(Ahmed el-Rassul)和他的兄弟侯赛因(Hussein)被逮捕,并被送往省会接受审讯。这场"审讯"使侯赛因永远成了瘸子。在两个月后,他们被送回了家。最终,文物局同拉苏尔三兄弟中的穆罕默德·拉苏尔(Mohammed el-Rassul)达成了一项交易。他们一家被豁免起诉,还获得了 500 英镑奖金和文物局的工作岗位。作为回报,他讲述了一个不寻常的探索故事。

大约 10 年前,他的弟弟艾哈迈德正在代尔巴哈里悬崖上寻找一只丢失的山羊——这是代表"寻找失落的陵墓"的常见说辞——然后他意外发现了一处凹陷,下面可能就是一个墓道。他们费了相当大的工夫清空了墓道,打破了底部被封锁的入口,进入了匹努杰姆家族的陵墓(DB320)。墓中有匹努杰姆原初的墓棺和新王国末期被修复后安置于此的王室木乃伊。陪葬王室木乃伊的贵重物品已经消失不见,因此三兄弟决定抢掠匹努杰姆一家的宝藏。

1881 年 7 月 6 日,穆罕默德·拉苏尔带领博物馆馆长埃米尔·布鲁格施(Émile Brugsch)和同事艾哈迈德·卡茂尔(Ahmed Kamal)来到了隐蔽、深邃又漆黑的墓道前。他们将一根绳子固定在棕榈木上,布鲁格施拿着一根点燃的蜡烛,小心翼翼地下到了井里。他蹲下身子穿过一个小门洞,进入一条低矮的走廊，看到走廊中摆着几大口棺材和许多小型的陪葬品，包括多箱雕像、铜制和石制器皿以及卡诺匹克罐等。穿过弯弯曲曲的走廊，再走下一段短短的台阶，就来到了一个墓室中，里面堆放着埃及最伟大的新王国国王和王后的棺材。沿着走廊再往前走，第二个墓室里则存放着匹努杰姆家族墓葬被劫掠后所剩无几的可怜文物。

在只有拉苏尔兄弟知道这个陵墓的存在时，它还相对安全，可如今秘密被揭露后，陵墓中有装满钻石和红宝石的珍贵宝藏的传言在西岸蔓延开来，给木乃伊本身和考古学家的工作都带来了隐患。文物局把库尔纳的村民视为热衷抢掠埃及文物的盗贼，而库尔纳人同样把文物局视为盗贼，拒绝穷人收获那幸运地藏在家门口的巨大财富。布鲁格施可能就是出于对当地人的恐惧，才没有制订详细的计划，对发现的东西进行分类或拍照，就决定即刻清空古墓。他雇了 300 个人清空陵墓、运送棺材。他们被要求在陵墓里裸体工作，以防偷窃。棺材被卷在席子中、被缝在帆布里，然后从陵墓竖井中被拖了出来，置于烈日之下。这些棺材被发现后不到一周就被送上了开往开罗的汽船。比较显眼的陪葬品也一同被运走了，剩下较小的文物和文物碎片被遗弃在墓中。然而在开罗博物馆，这些木乃伊无法适应更为潮湿的新环境，开始腐烂。

让我们把视线转回帝王谷，在这里，法国埃及学家维克多·洛雷特（Victor Loret）正在寻找失落的王室陵墓。1898 年 3 月 8 日，他发现了阿蒙霍特普二世的陵墓（KV35）。该墓狭长又危险，内有陡峭的走廊和楼梯、低矮的天花板和一个开放的竖井，该竖井用于困住盗贼和雨水。这座陵墓早被抢掠过了，但里面并非空无一物。洛雷特发现阿蒙霍特普二世本人就躺在棺室里，在石棺内层的木质棺材中。这位国王已经被第三中间期的祭司们"修复"完毕，并被贴上了标签，而这标签对我们辨认其身份很有帮助。他也并不孤单。墓穴四处散落着人类遗骸，令挖掘者高兴的是，有一间墓室里有九具新王国时期的王室木乃伊，躺在棺材中，同样被贴上了标签。这些木乃伊连同棺材被转移到开罗，在几次险些被抢走后，阿蒙霍特普二世木乃伊也被转移到开罗。

在一间通向多柱式主厅的封闭的侧室里，洛雷特又发现了三具没有标签、未被绷带缠裹、也未被装进棺材中的木乃伊，在地板上排成了一排。这三具木乃伊均已被严重破坏，破坏者显然是盗墓贼。

第一具木乃伊似乎是位女性。她的额头和左眼上盖着一层厚厚的面纱。她的断臂被替换后平放在身侧，双手指甲翘起。褴褛破烂的布条几乎遮不住她的身体。浓密的黑色卷发铺展在她头部两侧的石灰石地面上。她的面部保存完好，看起来高贵威严。

中间的木乃伊是一个15岁左右的孩子。他赤身裸体，双手合拢放在腹部。他的头乍一看像是被完全剃秃了，但仔细观察会发现，他右太阳穴上长了一束厚实的黑发，没有被剃掉……小王子看起来正在大笑，那调皮的模样完全不会让人联想到死亡。

最后，离墙最近的那具木乃伊似乎是一位男性。他的头发被剃光了，但离他不远的地上有一顶假发。这个人的脸看起来骇人却又有趣。他的嘴巴倾斜，从一侧直伸到脸颊中央左右的位置。他口中咬着一块亚麻布，布块的两头露在嘴唇外面。他双目半闭，神情诡异。他的死因可能是被布堵住嘴导致的窒息，但他叼着布块的模样简直像一只年幼的好玩的小猫……

因为第三具女尸光头且未戴假发，洛雷特将其误判成了男性。这三人被看作阿蒙霍特普家族中无足轻重的成员，因此洛雷特又将它们重新封存在了侧室中——他认为这里就是三人最初的陵墓。

没有证据能证明这三人中的哪一位是王室成员，也完全没有证据表明他们生活于第十八王朝时期。我们在辨别新王国王室成员时会参考祭司的标签，既然第三中间期的祭司让他们赤身裸体躺在地上，那么他们就不太可能是什么重要人物。这个观点有其合理之处，但埃及学家最喜欢干的事就是将无名木乃伊与失落的王室成员相匹配，因此第一具木乃伊，现称为年长女性(KV35EY)，多年来被人们判定为女法老哈特谢普苏特、埃赫那吞的王后纳芙蒂蒂或他的母亲蒂伊王后等。而正如洛雷特指出的那样，这具木乃伊的头发很浓密。后来，史密斯在对她做了尸检后，如此地描述她：

……一个身材矮小的中年妇女，留着波浪形的富有光泽的棕色长发。她的头发从中间分开，自头两侧垂到肩上。头发末端是茂密的自然卷。她的牙齿磨损严重，但很健康。她的胸骨已经完全硬化了。此外，她没有白头发。

1976 年，头骨 X 射线检查和测量结果表明，年长女性独特的头骨形状与蒂伊王后的母亲图雅的相同。不久之后，人们又发现图坦卡蒙的宝库（no.320）中其祖母蒂伊王后的头发中提取的样本与年长女性身上提取的头发样本相吻合。虽然我们预估她的死亡年龄为 40 岁左右，而理论上讲埃赫那吞的母亲可能活得比这更久一些，但她仍被立即判定为蒂伊王后。但有人对比较头发样本时使用的分析技术的准确性提出了质疑——一些专家担心这种技术过于笼统，无法产出任何有意义的结果。组织测试显示年长女性的血型为 O/N，而年长女性为蒂伊的可能性又被进一步削弱了。这是因为蒂伊的父母图雅和予雅都是 A2/N 血型，蒂伊是 O/N 血型是有可能的，但可能性非常小。同时，人们逐渐意识到，盒子上的标签既不能说明里面东西的所有人，也不能表明其来源。人们不再认为年长女性的身份是已被确定的事情。2010 年，在札希·哈瓦斯博士的领导下，埃及文物局的科学家们通过基因分析技术，确定 KV35EL 是图坦卡蒙的祖母，也是予雅和图雅的女儿。媒体轻易就接受了这个鉴定结果，但埃及学者对此的接受态度更为谨慎。如果她确实是蒂伊，那我们就可以重构她死后那一程人间旅行——她最初被埋葬在阿玛尔纳，后来被送往 KV55 修复，然后被重新埋葬，她可能与她的丈夫一同葬在了 WV22。

空墓之谜已被解开，失踪的王室木乃伊已被寻回。但人们并没有找到全部的国王。如下，我们列出了 1908 年确认的第十八王朝的国王、他们的陵墓和尸体的状况。我们可以看到，有些国王只有陵墓被人们发现了（假定他或她曾经使用过上述陵墓），有些只有木乃伊，而有些国王两者都被发现了。

阿赫摩斯一世：陵墓（不确定）、木乃伊 DB320

阿蒙霍特普一世：KV39（不确定）、木乃伊 DB320

图特摩斯一世：KV20/KV38、木乃伊 DB320（不确定）

图特摩斯二世：陵墓（不确定）、木乃伊 DB320

图特摩斯三世：KV34、木乃伊 DB320

哈特谢普苏特：KV20、木乃伊 DB320 的部分（不确定）

阿蒙霍特普二世：KV35、木乃伊 KV35

图特摩斯四世：KV34、木乃伊 KV35

阿蒙霍特普三世：WV22、木乃伊 KV35（不确定）

埃赫那吞：阿玛尔纳皇家陵墓、木乃伊（不确定）

斯蒙卡拉：阿玛尔纳皇家陵墓（不确定）、木乃伊（不确定）

图坦卡蒙：陵墓（不确定）、木乃伊（不确定）

阿伊：WV23、木乃伊（不确定）

赫列姆赫布：KV57、木乃伊（不确定）

列表中有两位第十八王朝国王的陵墓和木乃伊仍未被人发现。斯蒙卡拉这个人物非常神秘，我们根本不清楚他是否独立统治过埃及。但我们能合理推测他应该是在阿玛尔纳生活、去世并下葬的。图坦卡蒙的情况则与之不同，他想必计划好了要同自己的祖先一起埋葬在帝王谷中。那么他真正被埋在了何处呢？许多埃及学家都迫切渴望去寻找这位失踪的法老，但文物局为了避免多方竞争导致的挖掘工作的混乱，规定只有一人可以获得在帝王谷进行研究的殊荣。1902 年，西奥多·M. 戴维斯获得了这份特权。我们在前文曾经提到过这位富有的美国律师，图坦卡蒙的防腐墓室（KV54）就是他发现的。

一方面，戴维斯想要搜集意大利文艺复兴时期的艺术品，另一方面，他想发掘一个完整的埃及王室陵墓，这两股冲动激励着他工作。但他缺乏独自进行实地考察的必要技能，因此他通过赞助文物局的发掘工作开启了自己的埃及学研究生涯。他前后与三位遗迹监督官保持着密切联系，这三位分别是霍华德·卡特（于 1902—1904 年间任职）、詹姆斯·奎贝尔（James Quibell，于 1904—1905 年间任职）和亚瑟·威格尔（Arthur Weigall，于 1905 年任职）。这个"机制"运行良好，资金不足的文物局也得以利用第三方的钱探索帝王谷。戴维斯的团队发现了许多陵墓和坑洞，并在 1905 年发现了几乎完好无损的予雅和图雅之墓（KV46），取得了辉煌的成就。然而，随着遗迹监督官要承担的正式职责越来越多，劳累过度的威格尔鼓励戴维斯雇用从事自由职业的埃及学家来领导团队。戴维斯照做了。他先后与爱德华·艾尔顿（1905—1907）、哈罗德·琼斯（Harold Jones，1908—1911）和哈利·伯顿（1912—1914）进行了成功的合作。但不受文物局直接监督的一个不幸的后果是，戴维斯素来潦草的实地考察工作变得更糟糕，完成得更不负责任，而且过程记录非常的杂乱。

1907年1月6日，艾尔顿一行人正在离最近发现的予雅和图雅之墓不远处进行挖掘工作。他们凿开了一层凝合在一起的碎石和洪水留下来的岩屑，发现了几层粗糙台阶，通往陵墓工坊KV55被封住的门洞。门上的封印印记表明，在图坦卡蒙统治时期，该工坊被关闭，而在第十八王朝末的洪水淹没谷底前的一段时间内，该工坊重新开放又被重新密封。门洞后有一条短小的下行通道，被一块镀金的木板挡住了，这是蒂伊王后的陪葬神龛的四面木板之一。由于这块脆弱的木板在受到保护处理前不能被挪动，挖掘小组不得不搭建了一座木板桥，才能进入单人墓室。在一张罕见的发掘照片上，我们能看到这个墓室一片狼藉，地板上铺满了从天花板上掉落的碎石，乱七八糟的陪葬品被扔得到处都是。这些陪葬品包括剩余的神龛木板、一个化妆盒、雪花石膏罐、一个腐化了的棺罩、费昂斯釉陶制品、珠子、刻有阿蒙霍特普三世名讳的器皿，以及写有埃赫那吞头衔的石块，上面王名圈被抹去了。

南墙上有一壁龛，可能本是一个废弃的门洞，它上面放了四个坚固的卡诺匹克罐，附有精致的人头盖子。这些人头头戴努比亚风格的假发，面部精致，人们因此普遍认为这些盖子代表的是基亚或梅里塔吞。由于梅里塔吞王后可能会佩戴王冠，所以她们更有可能是基亚。这些盖子同它们沉重的罐身并不相配，很有可能不是这些罐子原本的盖子。仔细调查后我们发现，这几个罐身的历史非常复杂。它们上面原本刻有罐主人的名字，但后来铭文被抹去，只剩下了埃赫那吞的王名圈和阿吞的名字。最后，王名圈也被凿掉了。人们打开罐子后，发现里面装有"坚硬、紧实、黝黑且类似沥青的物质，环绕着中央突出的物质，后者呈棕色、易碎"。

地板上有一副人形棺材，上面装饰有羽毛纹（rishi）镶嵌图案。它的黄金人面被撕掉了，棺材盖也被掀开了，可以看到里面躺着的木乃伊。戴维斯下了定论，确信这是蒂伊王后的陵墓。他的同伴艾玛·安德鲁斯（Emma Andrews）在墓穴开启后不久就进入其中，观察木乃伊原始的状态。她写道：

1907 年 1 月 19 日，在帝王谷……我下到了棺室里，这里进出如今可以说是很方便了。在棺室中，我看到了可怜的王后躺在她那华丽的棺材内，身体的一部分露了出来。她的头上戴着秃鹫形状的王冠。神龛、棺材和门的木头部分被大量的金箔覆盖，我仿佛是在黄金上行走……

戴维斯认为，这口棺材最初被放在一个木制的棺材架上，而这个棺材架已经腐烂倒塌了，棺材因此被摔到地上，盖子被磕开，露出了里面内容。因此，所谓的"秃鹫王冠"应该是装饰在木乃伊胸前的脱落了的胸饰。然而，没有任何记录证明棺材架的存在，可见棺材很可能从一开始就被直接放在了地面上。此外，有证据表明有水滴进了墓中，棺中的木乃伊是潮湿的。还有证据表明，一块掉下来的石头可能砸裂了棺材盖。而且很可能有人入侵了陵墓，偷走了棺材里的黄金人面和木乃伊的金面具。这人要么是强盗，要么是负责封锁工坊的大墓地官员。

戴维斯描绘说这具木乃伊身上"盖着纯金罩单"。[①]这"纯金罩单"可能是脱落了的棺材内衬，而非独立的木乃伊罩布。它们上面刻有文字，但无法看清，这些金布现在被开罗博物馆收藏。木乃伊手臂上的六个金手镯也被送到了开罗，但不幸的是，它们在拆封的当天就被偷走了。这还不是个例。一个广为人知的"秘密"就是 KV55 在被发现后立刻遭抢。霍华德·卡特帮助戴维斯追回了部分被盗的文物，但由于它们的来源出处人们不得而知，所以不能被列入 KV55 的"发现文物清单"中，戴维斯保留或赠送的文物也不在清单上。此外，一些开墓时还在，后来却消失了的物品显然也不在清单上。

腐烂的棺材在被移出墓穴后就解体了。1915 年，博物馆的

---

① 刻有文字的金布被收藏在开罗博物馆。六张没有刻字的金布被送给了戴维斯，它们如今被纽约大都会艺术博物馆收藏。

文物修复员修复重现了棺盖，但棺身却消失了，后来又重新出现在慕尼黑的埃及艺术国家博物馆中。整体被修复重现，棺盖棺体又得以"重聚"，重获新生的棺材得以讲述其主人的复杂故事。从镶嵌物的质量来看，很明显，它是为一位重要人物制作的。棺材的手臂交叉放在胸上，而男性和女性的棺材上都能看到这个姿势。这个棺材暴露在外的双手是空的，我们也就无法从所持物品上判断棺材主人的身份。残缺的文本表明，这个棺材的制作分为两个阶段，棺材本身至少有过两任主人。第一位主人是位女性，她的名字出现在了棺盖和棺身周围镶嵌的象形文字条带上。她被称为"上下埃及法老，马阿特，两地之主（那弗尔赫普鲁拉·瓦恩拉·埃赫那吞的妻子和挚爱），活着的阿吞的完美孩子，她将永生……"由于棺材的头部佩戴着努比亚风格的假发，所以这位女性可能是基亚。后来，这段铭文的对象从女性改成了男性，并加上了"阿吞完美的儿子""伟大的一生"和"完美的统治者"等头衔。此外，棺材上新装了圣蛇头饰和辫状胡须（神明所蓄的那种）。就这样，棺材被改造成了适合第二位主人，一位身份不明的王室男性的模样。

专家对木乃伊迅速进行了尸检，可去掉绷带的木乃伊化成了一副骨架子，并且门牙碎裂、头骨破损。

我们近日将木乃伊从棺材里取了出来。我们发现他身材矮小，头和手长得很精致。他的嘴巴半张，露出一副完美的牙齿。他全身被包裹在质地优良的木乃伊布中，但这些布的颜色都非常灰暗。正常来讲，它们应该艳丽很多才对。我怀疑是过分的潮气损坏了木乃伊，于是轻轻地碰了一颗门牙一下（它可有 3000 年的历史呢），结果，唉！它化成了灰尘。这说明这具木乃伊无法被保存下来。我们随后清理了整个木乃伊……

现场没有留下照片，所以我们只能参考在场的人的描述进行研究。而这类一手资料的通病就是，不同人的描述之间差异相当大。例如，戴维斯报告说木乃伊双手紧握，艾尔顿却告诉我们说它左臂弯曲，左手置于胸上，右臂贴于大腿侧。威格尔注意到了木乃伊身上的金带，但其他人都没有看到：

……在揭开棺材盖的时候，我们发现了一条细细的黄金布带或是缎带，很明显是缠绕在尸体上的。而在收集骨头、碎片和灰尘时，我们又发现了另一条类似的带子，而这条明显是贴在木乃伊的背部的。在我的记忆中，这些带子大约有两英寸（约 5.1 厘米）宽，上面刻有埃赫那吞的头衔，但每条带子上的王名圈都被剪掉了，留下了个椭圆形的孔。

他告诉我们，这些条带被送到了开罗，他还在开罗博物馆的工坊里看到了它们，但官方清单中却没有它们的踪影。他说道："……我现在也不确定它们是在开罗博物馆某处，还是已经消失了。"

戴维斯请来了两位医生，一位是当地的波洛克医生，另一位是在卢克索过冬的美国无名产科医生。据他所说，两人看到木乃伊宽大的骨盆，便将其判定为女性。但威格尔的说辞和戴维斯的互相矛盾，他声称道："前几天我在卢克索见到了波洛克医生，他说自己从未说过该木乃伊是位女性，并说他和另一位医生都不能确定性别。"这些骨头到达开罗后，史密斯迅速将"蒂伊王后"判定为男性，而此后所有检查过这些骨头的解剖学家都同意他的结论。

这个木乃伊身上还有什么特征呢？首先，德里和哈里森一致认为他身高约 5 英尺 7 英寸（约 170.2 厘米），与图坦卡蒙的身高一样。他的头骨形状很特别，和图坦卡蒙的相同，都"宽而平顶"。哈里森的团队后来认证说 KV55 和图坦卡蒙的血型相同，都是相对罕见的 A2/MN 血型。同时二人都患有一种非致残性的遗传病，叫作肱骨内上髁穿孔，表现为肱骨上长有一个孔洞。综合来看，这么多相似点足以证明图坦卡蒙和 KV55 有紧密的联系，二人要么是兄弟，要么是父子。由于图坦卡蒙死时还不到 20 岁，他不可能有一个接近成年的儿子。而如果他死时有活着的子嗣，那我们理应知道他的存在。因此，我们可以排除 KV55 是图坦卡蒙的儿子这一可能性。

这就剩下了两种同样合理的可能性：如果这些骨头所属的那人比图坦卡蒙年轻，那他很可能是图坦卡蒙的同胞兄弟或同父异母的兄弟斯蒙卡拉（斯蒙卡拉也有较小可能性为图坦卡蒙的父亲）。而如果此人比图坦卡蒙年长，那他可能是图坦卡蒙的父亲埃赫那吞（埃赫那吞也有较小可能性是图坦卡蒙的祖父）。我们知道埃赫那吞至少统治了埃及 17 年，而且我们可以在底比斯神庙墙壁上描绘的他早期统治的场景中看到他的长女，因此我们可以有把握地说他死时至少有 30 岁，甚至可能比 30 还长上好几岁。确定 KV55 的年龄对我们的研究至关重要。

史密斯最初估计 KV55 死亡时大约 25 岁：

……考古学家们向我提出了一个问题："这些骨头有可能属于一个 28 岁或 30 岁的人吗？"……没有一个解剖学家能够言之凿凿地驳斥这个人是 28 岁的可能性。但如果他符合当时的正常情况，那他极不可能活到 30 岁。

但接着，棺材里的证据（包括那些神秘的木乃伊金带）让他完全接受了这些骨头属于埃赫那吞的理论。他修改了自己的判断：

我们没法给骨架定一个很大的年龄，解剖学证据并不支持这点。若是真能断定死者年纪很大，那这具木乃伊的身份没有任何疑问，正是埃赫那吞，不带偏见的考古学家都会同意这个判定。对大多数历史学家来说，此人 30 岁才好——至少要 30 年才能挤下库尼阿吞努（埃赫那吞）统治期间的诸多事件。……如果有明确的考古证据表明这些是库尼阿吞努的遗骸，那历史学家便能指出些无可辩驳的事实，证明这位异端国王死时一定是27岁，甚至是30岁。我承认，和无懈可击的事实相比，支持对立假说的解剖学证据无足轻重，无法直接证伪对方的观点。

德里在1931年对这些骨头和牙齿进行了检查。他不同意史密斯的观点，史密斯认为它们属于一位刚刚20岁出头的男性。哈里森的团队同意德里的观点，即KV55木乃伊去世时年龄在25岁以下。确实，"如果我们参考某些可变的解剖学标准的话……或许更能确定死者死亡年龄是在20岁左右。"一些解剖学家也同意这一结论。但哈里斯和温特（Wente）检查完头部和牙齿后，认为死者年龄为30~35岁。而最近某一小组进行的检查同样引起了组内的意见分歧，一位专家认为这些骨头属于一位年轻男性，而另一位专家则认为此人的年龄至少在45~50岁这一区间，甚至可能高达60岁。研究小组无法在这个问题上达成一致意见，这点颇为麻烦。同时，在推导时间线时，60岁的死亡年龄也会造成很大的问题。如果埃赫那吞在执政第17年去世时是60岁，那他比他母亲（被该小组认定为KV35EL）还要老，而她显然是在朝廷搬到阿玛尔纳后去世的，去世时40多岁。该组在官方研究报告中将神秘男子年龄认定为35~45岁，但没有公布支持该结论的证据。在此年龄基础上，该遗体身份被正式认定为埃赫那吞，这些残骸也是作为埃赫那吞遗体向公众展示的。然而，包括笔者本人在内的许多人都不同意这个结论。我们认为死者年龄更年轻，并认为这些骨头是图坦卡蒙的兄弟斯蒙卡拉的遗骸。

此外，我们还需要考虑一个问题。斯蒙卡拉会不会是图坦卡蒙的父亲，而不是他的兄弟？根据考古证据，我们并不知道斯蒙卡拉或他的妻子梅里塔吞的出生时间，因此上述可能性确实存在。而确认 KV55 的年龄在这个问题的探讨中同样至关重要。如果KV55 是斯蒙卡拉，并且他去世时确实只有 20 岁，那么他能留下一个 8 岁的儿子继承王位的可能性似乎并不大。

戴维斯的报告《蒂伊王后之墓》（*The Tomb of Queen Tiyi*）于1910 年出版。人们普遍认为这篇报告并不准确：

在埃及的考古挖掘史中，辉煌的成就一直与几乎连续不断的灾难并肩而行。而最大的灾难就是研究员完全不公布研究成果。但是，被公布的成果不完整或不准确，也是一种灾难。不幸的是，西奥多·M.戴维斯于 1910 年出版于伦敦的书《蒂伊王后之墓》就是这种情况。

戴维斯后来又有更多的重要考古发现，包括 KV57 赫列姆赫布墓。可他却感到失望，因为他一直希望能找到图坦卡蒙，但没能如愿。事实上，他离自己的目标非常接近了。正如摄影师哈利·伯顿注意到的：[①]

―――――――――――

① *Manchester Guardian*, 27 January 1923.

……如果波士顿的西奥多·戴维斯先生（我在1914年为他进行过挖掘工作）没有过早地停止他的最后一次"挖掘"行动，我相信他会发现如今的图坦卡蒙国王的陵墓的。我们挖到了离它不到六英尺（约1.8米）的地方。但就在这时，戴维斯先生担心进一步挖掘会破坏邻近的道路，命令我停止了工作。

戴维斯破坏了KV55中的许多考古证据，他发现的两个未被劫掠的陵墓KV46和KV55相邻坐落于山谷间，他却完全忽视了这一重要位置线索。他更没能捕捉到三个强烈暗示图坦卡蒙墓就在不远处的重要线索。我们在前文已经讨论过其中一个"线索"了，就是KV54中发现的防腐工具。1905—1906年，在"岩石下"发现的刻有图坦卡蒙名字的费昂斯釉陶杯也是线索之一——这可能是被盗墓者掉落的陪葬品。最后一个是在1909年发现的一个未被装饰的小室（KV58），他在里面发现了一个没有刻字的巫沙布提俑和一个战车挽具的金箔，上面刻有图坦卡蒙、安海森那蒙和阿伊的王名圈。戴维斯公布KV58时将其鉴定为图坦卡蒙的陵墓，认为其规模相当令人失望。图坦卡蒙怎么会沦落到在这样一个简陋的墓室下葬的地步？难道他也被古人"修复"了？

这些就是我们所知道的有关图坦卡玛努的生活和统治的一些事情。如果他与他的王后安库纳玛努或其他嫔妃育有儿女，那这些孩子在纪念物上没有留下任何痕迹。在他死后，阿雅（阿伊）继承了王位，并埋葬了他。我推测他的陵墓位于西谷，在阿蒙诺特斯三世（阿蒙霍特普三世）和阿雅的陵墓之间，或在二者附近。当对阿吞努（阿吞）及其追随者的反动行动结束后，他的木乃伊和家具被送到了一个隐蔽的地方……在那里，戴维斯发现了多次转移和抢掠后还剩下的那点东西。但这也仅仅是一种假设，我们还没有办法证明其真实性，或推翻这个理论。

1914 年，戴维斯退出了埃及学领域。他认为帝王谷的全部秘密都被探索完了，没什么能提供给人们新鲜东西了。但并非所有人都同意他的观点。

第七章

考古学家的故事：
发现图坦卡蒙

英国考古学家霍华德·卡特相信帝王谷仍有未被发现的秘密：

> 我们受文物局主任加斯顿·马斯佩罗（Gaston Maspero）爵士特许在此挖掘，但爵士同意戴维斯先生的观点，认为该遗址里已经没有什么可供发现的东西了，并坦率地告诉我们，他认为它不值得被进一步调查。然而我们记得，近一百年前，贝尔佐尼也提出过类似的观点，因此我们拒绝接受他的意见。我们对该地进行了彻底的调查，非常肯定一些区域被以前的挖掘者的垃圾所覆盖，从来没有被透彻地考察过。

如今人们公认是卡特发现了图坦卡蒙的陵墓。但在 1922 年，人们并不这么认为。发现图坦卡蒙墓这一成就被归功于卡特的赞助人卡那封勋爵，正如当时的新闻头条清晰地写着——"底比斯的伟大发现：卡那封勋爵长期努力终有回报"。卡特被看作他备受青睐的雇员，或者像《泰晤士报》所说的那样，他"值得信赖的助手"。[1]卡特是卡那封实现其考古梦想的工具，他之于卡那封就像艾尔顿之于戴维斯。因此，1922年12月，文物局局长皮埃尔·拉考（Pierre Lacau）写信祝贺考古队的重大发现时，自然也是写给了卡那封勋爵。12月14日的《泰晤士报》转印了信件被编辑后的版本：

你所取得的非凡成果，还有你开展工作的方法都给我的同事留下了深刻的印象。他们集体希望与主席（拉考本人）一道，向你表达祝贺和感谢。这不仅仅是埃及的考古成就，更是全考古学领域最伟大的考古发现之一，而今后，你的名字会与该伟大发现永远联系起来。

至于你的合作者霍华德·卡特先生，他主持了这么多年的工作，对他来说，这个发现是他职业生涯的最高成就，也是任何考古学家所能得到的最惊人的奖励。他完全值得获得这个奖励——他展现了他处事的条理和耐心，是其他挖掘者的好榜样，这两者正是挖掘者最难得的品质。愿人们能向他多多模仿学习。

第五代卡那封勋爵本名为乔治·爱德华·斯坦霍普·莫利纽克斯·赫伯特（George Edward Stanhope Molyneux Herbert）。

---

① *The Times*, 30 November 1922.

正如他的头衔所表明的那样，他是一位英国贵族。他的祖居是拥有 300 个房间的海克利尔城堡（Highclere Castle），如今因其为英国独立电视台历史剧《唐顿庄园》的取景地闻名。想要获得真正的唐顿庄园体验的游客可能会顺带参观城堡内的埃及展览，"庆祝第五代卡那封勋爵发现了图坦卡蒙的陵墓"。即使是按照爱德华时代的贵族标准来看，卡那封也极其富有。他的钱不仅来自各种遗产，他做出的与 19 岁的阿尔米娜·翁布韦尔（Almina Wombwell）结婚的精明决定也丰富了他的财富。众人皆知，她是银行家阿尔弗雷德·德·罗斯柴尔德（Alfred de Rothschild）的私生女。在婚姻财产授予协定中，她的父亲为她提供了 50 万英镑的嫁妆（购买力相当于 2021 年的 700 万英镑）和每年 12000 英镑的收入，还帮卡那封还清了赌债和个人债务。在丈夫去世后，阿尔米娜·卡那封继续资助他的团队工作，直到图坦卡蒙陵墓内的物品被清空为止。考虑到她对古埃及并无兴趣，这一行为显得尤其慷慨。

卡那封有充足的资金投入他的爱好中，包括搜集艺术品和珍稀书籍、驾驶帆船、赛马和赛车等。1901 年，他对速度的热爱几乎使他丧命，于是他转身投入埃及学中。卡那封的姐姐威尼弗雷德·伯格克莱尔（Winifred Burghclere）将弟弟形容为"……一位出色的驾驶员，能准确判断距离长短，这种天赋给他在赛车上帮了很大忙。此外，这天赋让他在射击和高尔夫上也表现优秀。他能在困境中保持冷静，虽然这并不能保证他不受一点伤害，但遭遇灾难时，保持冷静往往能救他一命。"在德国一条笔直而空旷的道路上高速行驶时，这位出色的驾驶员没有预见到隐藏在道路凹陷处的两辆牛车。他无法停车，只能猛地将车扭向路边，撞在了一堆石头上。轮胎爆裂，汽车翻倒，压了卡那封身上，把他按进了泥土里。卡那封受了重伤——他的姐姐列出了脑震荡、烧伤、手腕骨折、暂时失明，以及下巴和嘴巴受伤等症状。在伤好后，他也常受头痛和胸部感染折磨。医生担心英国的潮湿环境不利于他的健康，建议他去炎热的埃及过冬。

像之前的西奥多·戴维斯一样，卡那封对古埃及和寻找失落的宝藏很快产生了兴趣。他不想购买文物，他想体验自己寻找文物的快感。可虽然他有足够资金来资助挖掘工作，但他和戴维斯一样，缺乏执行适当的、科学的挖掘工作所需的技能。如果卡那封想开掘最有研究潜力的考古遗址——帝王谷又是这些遗址中最有潜力的一个——他需要一个专业的考古学家来领导他的团队。1909年，加斯顿·马斯佩罗为他介绍了霍华德·卡特，并建议两人一起工作、互利共赢。

没有比卡特更优秀的实地监督了，卡特是一位才华横溢的艺术家，还有令人印象深刻的考古学履历。他曾在贝尼哈桑（Beni Hasan）和贝尔沙（el-Bersha）的石凿墓穴中与珀西·纽伯里（Percy Newberry）一起工作、在阿玛尔纳与弗林德斯·皮特里（Flinders Petrie）共事，还曾在代尔巴哈里与爱德华·纳维尔（Édouard Naville）合作。接着，他还担任了5年的南埃及遗迹总监督官和一年的北埃及遗迹总监督官。文物局对他的工作内容非常熟悉，现任南埃及遗迹监督官亚瑟·威格尔也认可他的信誉和专业技能。卡那封和卡特二人聚在一起组成了一个值得信任的团队，可以承担调查埃及较有科研潜能的遗址的重任。他们开始了一系列发掘工作，这些工作并不引人注目，但在考古学上都很有趣。可令人沮丧的是，二人依旧无法到他们极力想挖掘的遗址上工作。直到1914年，西奥多·戴维斯才放弃了自己在帝王谷进行发掘的权利。1915年，相关方同意"挖掘工作应由霍华德·卡特先生执行，费用和风险由卡那封勋爵承担。在挖掘过程中，后者应始终在场。"但由于世界大战还在进行，二人无法做到整个季节都进行现场考古工作。因此，直到1917年底，卡那封和卡特才开始寻找图坦卡蒙。

卡特考虑到戴维斯最近发现的 KV46 和 KV55 两地位置，决定将挖掘重点放在谷底地面上。他决定采取一项大胆的策略，而他自己也认为这是"一次孤注一掷的行动"：他将把拉美西斯二世、美楞普塔和拉美西斯六世的陵墓之间的区域系统地挖掘到基岩层。在画出谷底的平面图后，小队移走了大约20万吨的瓦砾和过去的挖掘行动留下的碎片，他们因此得以确认谷底地面没有被开凿过。[①]他们利用轻轨来移动这些瓦砾，这个轻轨系统在后来被证明对运送图坦卡蒙的陪葬品穿越沙漠前往河边很有帮助。

---

① *The Times*, 11 December 1922.

在他的第一个考古季，卡特清理了拉美西斯六世陵墓（KV9）入口下的部分瓦砾和古代小屋。与戴维斯一样，他也挖到了离图坦卡蒙陵墓很近的地方，但他的工作开始干扰参观拉美西斯墓的游客，于是他在快到隐蔽的入口时停了下来。他并不知道自己与图坦卡蒙陵墓擦肩而过，继续在其他地方进行挖掘。这份工作枯燥、肮脏、内容重复且没有回报，并不是卡那封所期待的令人兴奋的考古探险。也许戴维斯是对的，图坦卡蒙难道真的被埋在了战车墓中？考古队是否应该在另一个地点进行挖掘？有传言说卡那封对该项目不断消耗自身钱财这一点感到了厌倦，不过考虑到他的财力，这似乎不太可能。当地的劳动力很便宜，雇佣工人工作几个星期的花费不会超过几百英镑。他更有可能是对埃及学本身感到了厌烦，想要转向别的学科。不管是出于什么原因，卡那封和卡特达成一致，决定在1922—1923年度的考古季进行最后一次寻找失落的国王的尝试：

我们在那里挖掘了整整六个考古季。可一个季节接着一个季节过去，什么都没有找到，一片空白。我们连续工作了几个月，却一无所获，只有考古学家才知道这有多令人沮丧。我们几乎认了命，觉得自己被打败了，准备离开山谷，去其他地方碰碰运气；然后——在最后一次孤注一掷的努力中，我们刚用锄头挖开地面，就发现了比我们最疯狂的梦想还伟大得多的考古成果。想必在整个考古发掘历史上，从来没发生过一整个考古季节的工作被压缩在五天的时间里完成的事情。

1922 年 11 月 1 日，考古小队回到了拉美西斯四世墓下的区域。在这里，他们在清除第二十王朝的工匠小屋的残余后，凿开了卡特所称的"土壤"或"厚重的垃圾"，但当时的照片显示这些其实是洪水残留的泥石，足足 3 英尺（约 91.4 厘米）深。[①]三天后，卡特正在家里，而卡那封在英国时，工人们发现了 16 级石阶中的第一级。这些台阶通向一个被封锁的大门，上面涂有灰泥，并印有几个椭圆形的封印，包括大墓地的封印，还有一个封印的图案中胡狼神（木乃伊仪式之神阿努比斯）蹲在九个被捆住的俘虏（九弓）之上。在工人们的召唤下，卡特赶来了现场。他凿开了一个小洞，用他的新款手电筒，窥到了一个装满石屑的通道。1922 年 11 月 5 日，他在随身日记本中写道："在拉美西斯六世的墓下发现了陵墓。调查后发现陵墓封印完好无损。"而同一天，在官方发掘日志中记录的故事则更加激动人心：

……接近日落时分，我们已经清理到了第 12 级台阶，此时一个抹上灰泥的密封门洞的上部大半已经暴露在外。在我们面前有足够的考古证据表明，这确实是一个陵墓的入口，而且从封印上看，陵墓外表完好无损……封印图案表明，墓主地位较高，但

---

① 摘自卡特的日记，日期为 1922 年 11 月 1 日。

当时我还没有找到可以表明墓主身份的证据……我很满意，因为我也许正处于找到一个伟大发现的边缘，而且此墓可能是我多年来一直在寻找的失落陵墓之一，但这个门洞的大小让我很困惑。与山谷中其他王室陵墓的开口相比，这个大门实在太小了。它的设计风格显然属于第十八王朝。或许墓主是一位贵族，经王室同意埋在了那里？或者墓主是一位王室成员？当时的调查中还没有什么可以告诉我答案的证据。如果我知道再往下挖几英寸就会看到清楚地刻着"图坦卡蒙"的标志的封印，那我准会安下心来，继续狂热地工作。但是，当时天色已晚，夜幕已经降临，满月高高升起挂在东方的天际，为了保护该墓，我与这些精挑细选出来的手下——他们和我一样非常高兴——重新填埋了挖掘出的坑穴，接着回到家里，给卡那封勋爵（当时在英国）发了封电报，内容如下：

终于在谷中发现了一座宏伟的陵墓，封印完好。为您的到来同样表示祝贺。

重新填埋坑穴意味着要用许多吨沙子、岩石和瓦砾掩埋台阶，还要在上面推上巨大岩石。这是一种必要的保护措施，可以阻挡小偷，还可以防止山洪冲进墓穴，摧毁一切，每次结束挖掘时都要这样做，每次继续挖掘时又要反过来重复一遍整个步骤。

直到卡那封于 1922 年 11 月 23 日抵达卢克索后，清理楼梯间和门洞的工作才得以完成。在楼梯间的填充物中，小队发现的文物多得令人目不暇接，其中有破碎的陶器、图特摩斯三世的圣甲虫饰品和刻有阿蒙霍特普三世、埃赫那吞、纳芙尔纳芙鲁阿吞、梅里塔吞，以及图坦卡蒙名字的盒子碎片。卡特最初以为自己发现了第二个十八王朝末的匿藏处，同 KV55 相似，但就在此时，他在完全暴露出来的门洞的灰泥上发现了图坦卡蒙的名字。他知道了这扇门曾被图坦卡蒙的官员封锁住，但不祥的是，有迹象表明，在被洪水淹没之前，该墓曾被打开并被重新密封过。

在被封印的门后，一条短短的下行通道被浅色的石灰岩碎片填至天花板，中间还夹杂了陶器碎片、罐子里的封泥、破碎或完整的石制器皿，以及古代工匠遗弃的水袋。在填充物的左上角有一条隧道，隧道本身已经被深色的燧石和浅色的白垩岩砾石填满。到 11 月 26 日，这条通道被清空，卡特和卡那封站在了另一个被堵住的、抹了灰泥的、密封的门前。又一次的，二人看到了明显的改动和重新密封的痕迹。

我们自然得听听卡特是怎么描述接下来发生的事情的。他的话经常被人引述，但从未因过度引用失去其魔力：

我用颤抖的手在左上角开了一个小口。四周一片黑暗，什么也没有。铁制探测棒所能触及的范围内的地方是空的，不像我们刚刚清理过的通道那样充满碎石。我们用蜡烛测试了可能存在的腐败气体。然后，我们把洞口扩大了一点，我将蜡烛伸了进去，向里面看去。起初，我什么也看不见，从密室中逸出的热空气让蜡烛的火焰不停闪烁，但很快，随着我的眼睛逐渐适应光线，房间的细节从雾中缓慢浮现出来。奇怪的动物、雕像和黄金——到处都闪耀着黄金的光芒。那一刻——对站在一旁的其他人来说我想必呆了很久——我被震撼到说不出话。卡那封勋爵再也无法忍受悬念，焦急地询问我："你能看到什么吗？"而我只能回答他："能，美妙的东西。"接着，我们将洞口又扩大了几分，这下我们二人都能看到里面的景象了。我们把手电筒伸了进去。

很显然，该墓至少被盗过两次。但从大门往里看，这个陵墓保存状况基本完好。卡特和卡那封被证明是正确的：帝王谷仍有未被发现的秘密。但有个可能会显得有些吹毛求疵的问题——为什么这一重大事件在出版作品中的描述与挖掘日志中的描述或是卡那封的叙述都不一致呢？出版书籍中写的是"能，美妙的东西"，但挖掘日志里写的是"能，看起来很奇妙"。而卡那封写的则是"这里有些奇妙的东西"。这种微妙的不同并不重要，更无恶意。但它有效地提醒了我们一点——我们对图坦卡蒙陵墓的发现和清空过程的了解受到多个信息源的影响。考古学本质上会破坏人们所寻找的东西，因此准确的记录和信息及时的公布至关重要。有关图坦卡蒙陵墓的资料除了构成陵墓清理过程官方记录的物品卡、照片和发掘日志外，还有准确度不一的回忆录、信件和报纸报道，以及卡特出版的三卷书。因为这些书是面向普通读者创作的，所以它们作为完整的考古学出版物，却并不像我们期待的那样科学、严谨。每一份资料都从略微不同的角度讲述了这个故事，我们只有将它们结合起来，才能对整个过程形成一个接近全面的了解。卡特书籍第一卷中的"能，美妙的东西"无疑比平淡无奇的"能，看起来很奇妙"更有力、更能吸引读者，但我们不禁好奇，这种为取悦观众而对事实稍作调整的情况到底发生过几次呢？

新配备的手电筒照亮了墓室，证实了卡特的第一印象是正确的：前厅被陪葬品塞得满满当当，如果想要进去，很难不踩坏一两件珍贵物品。他们在这里看到了拆卸开来的战车、兽头床和许多神秘的箱子、包裹和盒子，每一个都需要一场小型挖掘才能拿出来。南面的墙没有进一步凿出后续墓室的痕迹，（我们假定谨慎的卡特仔细检查确认了这一点），但西墙上有一个敞开的洞。透过这个洞，我们可以看到另一侧有一个更小的房间，即耳室，里面杂乱无章地塞满了各色"宝物"，还有些盗贼打开被堵塞的门洞时掉下来的石头。因为耳室的地板比前厅的地板矮了近一米，所以小组成员不得不趴在地面，头朝下倒挂着从门缝中取出第一批耳室物品。现在，让我们再把视线转回前厅。北墙上有一个被堵住的、涂有灰泥、盖有封印的入口，通往一个或多个房间，由两个真人大小的雕像看守。在这面墙上，考古学家们再一次发现了一个很明显是由盗贼留下来的小洞。这个盗洞被古时的大墓地官员修复后已被重新密封。

图坦卡蒙还在不在北墙后的某处，还在不在他的陵墓里呢？

要找到答案只有一个办法。在前厅被打开后不久，卡特、卡那封和卡那封的女儿伊芙琳·赫伯特（Evelyn Herbert）小姐重新打通了盗洞，爬进了后面的棺室里。满足了好奇心后，他们随即退了出来，在洞口涂上了灰泥，并试图将其隐藏在一个篮子的盖子后面。不过事后，从官方照片上看，这个洞口非常明显。正如我们所预料的那样，这次冒险没有留下任何官方记录，却成了一个广为人知的"秘密"，埃及工人们和化学家阿尔弗雷德·卢卡斯都知道，而后者作为一个经验丰富的考古文物保护者，很快就发现了隐藏在篮子盖子后面的现代灰泥。但他认为此事无足轻重："洞口及其被发现时的状况，无论是打开的还是关闭的，都是一个没有考古价值的问题。这个洞口本身也不值一提……"然而，三人的行为违反了文物局的规定，而且影响了陵墓中的文物的考古状态。卡特，作为前文物局遗迹监督官，对这一点应该非常清楚。

《泰晤士报》在1922年11月30日报道了这一发现，为了吸引读者，文章提到该墓未来会出产隐藏的宝藏：

毫无疑问，这些奇妙的物品是图坦卡蒙国王陪葬品的一部分。在他的陪葬品中，图坦卡蒙国王的王名圈随处可见，以两种形式书写出来……让人愈加惊喜的是，墓中还有第三个密封的墓室。有一点非常重要，那就是该墓室门前被两个国王雕像守卫着，这意味着这里可能是图坦卡蒙国王真正的葬身之地，我们或许还能发现异教徒国王的家庭成员同他葬在了一起。

但是，在前厅被清空之前，考古学家不可能进行正式的探索，清空前厅需要花很长的时间。每件文物都必须被编号、拍照、标记在墓室平面图上、然后用文字和素描记录下来。接着，它们会被送往文物保护室——KV15，即塞提二世之墓，暂做保护室使用——进行处理和并被进一步拍照记录。最后，它们会被打包运往开罗，这会是一段漫长而艰辛的旅程。卡特意识到他不可能单枪匹马地完成这项工作，因此他组建了一个专家小组，主要成员有他的朋友，退休的工程师亚瑟·卡伦德 (Arthur Callender)，化学家阿尔弗雷德·卢卡斯，还有从纽约大都会艺术博物馆"借"来的考古学家兼文物保护者亚瑟·梅斯，以及考古摄影师哈利·伯顿。他们在 KV55 加装了一对厚厚的窗帘，将其改装成了一间暗房，伯顿在那里处理了 3000 多张陵墓及其内容的照片。这些照片中有些是在古墓内拍摄的，有些是在保护室内拍摄的更为细致的文物特写。最初的团队逐渐解散——据说同一心扑在研究上的卡特相处和共事起来并不容易——但伯顿和卢卡斯留到了最后。1933 年 1 月，伯顿在陵墓中拍摄了最后一张照片。

KV4，即拉美西斯十一世之墓，成了"午餐墓"：这里不仅是研究人员中午吃饭和避暑的地方，也是存放设备和一些发现的地方。在一张照片 (这张不是由伯顿拍摄的) 中，我们看到优秀的埃及学家们围坐在餐桌旁，俨然一幅群星闪耀的情景。他们穿着正式的衬衫、戴着领带、身披夹克衫，留着茂盛的小胡子。从左侧顺时针分别是杰出的美国语言学家 J. H. 布雷斯特德（J. H. Breastead）、伯顿、卢卡斯、卡伦德、梅斯、卡特和同样杰出的英国语言学家艾伦·加汀纳（Alan Gardiner）。桌头的空椅子应该属于卡那封，他是一位眼光敏锐的摄影师，正忙着拍摄这张照片呢。在背景中，两个身份不明的埃及仆人站在众人身旁，正准备服侍大家。

墓穴入口处建有一堵矮墙，阻隔了想要进入陵墓的不速之客。安全问题至关重要，因此卡伦德做的第一项工作就是在陵墓入口处安装一个木门。几周后，这扇门被卡特设计的钢制安全门所取代。一顶帐篷和一个木制的住所则为保护遗址安全的士兵和文物局的警卫提供了庇护和一定的隐私。

清理前厅的任务终于可以开始了，这项任务既艰难又费时。前厅的空间不够考古学家们自由移动，对他们来说，进入房间甚至都很困难，而移动一件文物就可能会严重影响其他的文物。小组按逆时针方向在房间里工作，从门口右侧开始，到左侧的拆卸的战车结束。1923 年 2 月 16 日星期五下午，在朋友、考古学家和政府官员的见证下，棺室的大门被拆除。挖掘日志中列出的在场人员名单如下：

阿卜杜·哈利姆·帕夏·苏莱曼（Abd El Halim Pasha Suleman），国家工务局副局长；

拉考，文物局主任；

恩格尔巴赫（Engelbach），文物局南埃及遗迹总监督官；

易卜拉欣·阿凡提（Ibrahîm Effendi），文物局南卢克索遗迹监督官和提图菲克·阿凡提·布洛斯（Tewfik Effendi Boulos）；

威廉·加思廷（William Garstin）爵士；

莱斯古（Lythgoe）与温洛克；梅斯、卡伦德、卢卡斯与伯顿；

卡那封爵士和伊芙琳小姐

及其他。

整个活动自然是从午餐开始的。人们聚集在墓中，坐在面对棺室外壁的椅子上，等待"表演"开始。考古学家们发表了演讲——据说卡那封讲得很好，卡特则一般——然后，卡特站到一个木制平台上，脱去裤子和背心，拿起一根撬棍。这项工作任务艰苦、环境闷热又多尘。墓壁由大量的石块砌成，卡特需要将这些石块递给梅斯，它们再被递给卡伦德，接着一个接着一个传递给工人们，最后被堆放在墓穴外面。大约 15 分钟后，卡特开凿出了一个足够大的洞，可以伸入手电筒，在灯光下，人们发现了一堵纯金的墙。不久之后，洞口变得更大，卡特得以将一个床垫推入洞中，保护金墙不受掉落的砖石的破坏。两个小时后，一行人挤过洞口，跳入比前厅更低的棺室中。

正如卡特和卡那封早先了解到的那样，"金墙"是图坦卡蒙四层同心黄金神龛中最外层的侧板。在神龛的东侧有紧闭的双扇门，被拉上了门闩，但没有被封住。卡特拉开乌木门闩，推开门，发现了第二层黄金神龛，上面盖着精致的亚麻棺布，布上缀满了花纹。这层神龛的门同样被闩上了，但上面的封印——包括陵园的封印和图坦卡蒙自己的封印——都未被破坏。终于，人们可以第一次下定论说，古代的盗贼没有触碰过国王的尸体。寻找图坦卡蒙的冒险就此结束。

之后数年间，考古学家们继续在该墓进行艰苦的体力劳动。1924 年 2 月 12 日，在受邀的观众面前，专家们抬起了石棺的盖子。梅斯帮助卡特将覆盖在最外层棺材上的精致的亚麻棺布卷起、掀开，而他回忆说，当人形棺材的头部露出来时，他听见观众们都惊得倒喘了一口气。[①] 1925 年 10 月 13 日，最外层棺材的盖子被掀开。1925 年 10 月 23 日，中间的棺材被打开。最终，1925 年 10 月 28 日，最内层的棺材被打开。卡特认为这一时刻相当感人：[②]

我们摘去了木夹子，抬起了棺盖。奇妙的场景在我们眼前展开——这是一具年轻国王的木乃伊，包裹得非常规整，戴着黄金面具，面具表情悲伤而平静。他象征着奥西里斯神。直到刚刚，人们对年轻的图坦卡蒙的了解还仅限于他的名字。而现在，在凝重的寂静中，我们注视着他的脸，触摸到了过去。

1925 年 12 月 31 日，在卡特、卢卡斯和一名武装警卫的护送

①　摘自梅斯日记，日期为 1924 年 2 月 12 日。
②　摘自卡特的日记，日期为 1925 年 10 月 28 日。

下，最里面的棺材和丧葬面具乘坐火车前往开罗。随后，考古学家们的注意力转到宝库和耳室的清理上。1930 年 11 月，最后一件文物从墓中被移出。陵墓里只剩下国王的棺材，国王依旧躺在他的石棺中，但他的陪葬物品已经被清理干净了。文物的保护工作继续在塞提二世墓中进行，直到 1932 年 2 月，该墓被发现近10 年后，最后一批陪葬品才被送往开罗。

1939 年 3 月 2 日，霍华德·卡特因霍奇金淋巴瘤在伦敦去世。他的葬礼很朴素，没有多少人参加。他被葬在普特尼谷公墓里，墓上立着一个简单的墓碑，纪念"霍华德·卡特，考古学家和埃及学家，1874—1939"。后来，在考古学家保罗·巴恩（Paul Bahn）领导的运动的影响下，他的坟墓上新立了一块更华丽的墓碑，上面写着"霍华德·卡特，埃及学家，于 1922 年发现了图坦卡蒙的陵墓。生于 1874 年 5 月 9 日，卒于 1939 年 3 月 2 日"。墓碑上印有图坦卡蒙"愿望杯"上的祈愿词的简短版本：

愿你的精神永存，愿你存活千万年，热爱底比斯的你，面朝北风而坐，你的双眼注视着幸福。

自从图坦卡蒙墓被发现以来，多年间它一直是埃及最受欢迎的旅游目的地之一。该墓的人气为卢克索带来了它急需的收入，但也给棺室里涂了灰泥、画了彩绘的墙壁的保护带来了严重的问题。陵墓被深埋在谷底的时候，它的环境很稳定。而如今陵墓暴露在外，又有大量游客涌入其中，墓室温度不断浮动，室内相对湿度高达 95%，而且二氧化碳、灰尘和布屑也被带进了墓室中。游客（以及几批电视工作人员）还造成了更多问题——他们会拂过或故意触摸涂了灰泥的墙壁。这一问题已被解决，方法简单却有效，那就是设立木制围栏，并要求游客站在围栏后面，站在前厅，低头向下观察棺室。2009 年，埃及古迹最高委员会与美国盖蒂保存研究所（American Getty Conservation Institute）合作，开展了一个为期五年的保护和管理项目，旨在将棺室墙壁恢复到卡特第一次进入棺室时的状态，连壁上形状怪异的棕色霉斑也要复原出来。

2014 年，图坦卡蒙棺室的完整复制品在霍华德·卡特位于卢克索的修复后的故居附近开放。人们希望游客在游览该建筑时，能够拥有和游览原址类似的高质量体验。同时，人们希望该建筑可以分散原址客流量，大大减少参观真墓的人数。游客依旧可以参观真墓，但那里的票价要高得多。到目前为止，游客的反馈整体比较积极。在创建仿制墓的准备过程中，马德里的艺工公司（Factum Arte）的艺术作品复制专家们拍摄了一系列细节满满的高分辨率照片，并对原墓室墙壁进行了扫描。照片与扫描件于2011 年在网上公布，"以帮助文物保护者和游客了解并监测陵墓的朽坏情况"。[①]

---

① https://www.factumfoundation.org/pag/207/recording-the-tomb-of-tutankhamun.

尼古拉斯·里夫斯在检查这些图像时，观察到了墙壁上不平整的部分，认为灰泥下面隐藏着两扇密封的门：一扇通往储藏室，另一扇通往更古老的陵墓。他认为它通往的是纳芙蒂蒂的陵墓，同时他将纳芙蒂蒂看作埃赫那吞的共同统治者和最终的继承人。他的理论是这样的：纳芙蒂蒂国王被继任者图坦卡蒙埋葬。图坦卡蒙在他自己的陵墓建成之前去世，因此她的陵墓被重新开启并被加以改造，以供图坦卡蒙下葬。抢掠图坦卡蒙陵墓的古代强盗要么不知道纳芙蒂蒂的存在，要么没有足够的时间进入她那部分墓室。

虽然媒体对里夫斯的理论报以极大的热情，还拍摄了几部相关的纪录片，但很少有埃及学家完全接受这个理论。在图坦卡蒙墓室墙壁的灰泥下面发现隐藏"影子门"（即已经开始建造但未被完成的门）并不奇怪。我们在附近 KV55 的墙壁上的凹陷处也发现了一扇类似的未完成的门。但是，就此推测纳芙蒂蒂躺在这些门之中的某一扇后，被陪葬品环绕，似乎太大胆了点。虽然二人共享同一陵墓的理论可以解释为什么图坦卡蒙的陵墓如此狭小，但我们很难不好奇，如果他真的需要同前任国王共享陵墓，那为什么不埋葬到他祖父阿蒙霍特普三世（WV22）更宽敞的陵墓中呢？或者为什么不清空附近的工坊陵墓 KV55，将其改作他的陵墓呢？更重要的是，接受里夫斯的理论的前提是接受纳芙蒂蒂曾作为一个独立的女王统治埃及这一点，而正如我们已经讨论过的，没有证据能证明这点成立。

如果能把墓室墙壁上的灰泥剥下来，那我们就能知道这个问题的答案了。但很显然，我们不能这么做。相反，我们只能等待新的、更详细的扫描结果，好对情况了解得更加清晰。或许用里夫斯博士的几句话作为本章的结束语比较合适：[①]

如果我错了，那便错了。但如果我是对的，那坦率地说，我的理论带来的可能性会是惊人的。世界将成为一个更有趣的地方——至少对埃及学家来说是这样。

---

① *Nefertiti was Buried inside King Tut's Tomb*, 11 August 2015.

第八章

[记者的故事：
图坦卡蒙的诅咒]

关于图坦卡蒙，记者兼政治活动家费克里·阿巴扎（Fikri Abaza）有这样的思考：

> 年轻的国王啊，他们是不是要把你运到博物馆里，是不是要落井下石地把你安置在尼罗河宫桥（Qasr al-Nil）的军营旁？自由的国王啊，这样你能否俯瞰你被占领的国土？你能否看到你被奴役的人民？你会不会知道，那些强盗抢掠了你的陵墓，如今又为你的国家挖了新的陵墓？

KV62 被鉴定为保存基本完整的埃及国王陵墓后，大批埃及学家、记者和游客——埃及人和外国人都有——涌入了卢克索。人们对住宿的需求量极大，酒店在满员后被迫在花园里搭起帐篷，安顿客人。1924 年，柏林博物馆首次展出了纳芙蒂蒂王后的头像，激发了人们对阿玛尔纳时代的狂热兴趣，参观图坦卡蒙墓的人也越来越多。不过，西方的"埃及热（Egyptomania）"并不是新现象：罗马人对古埃及非常着迷，他们甚至自埃及引入方尖碑来装饰城市。在图坦卡蒙陵墓发现前，《埃及记述》的出版也曾给予艺术家、建筑师和设计师灵感，激发他们在作品中对尼罗河风格做出自己的诠释。但这是古埃及第一次通过大众媒体广泛传播，凭借报纸上刊登的文章和照片、无线广播，乃至偶尔在电影院播放的电影，古埃及走进了普通人的生活。可以说，着迷的西方观众全程关注陵墓内物品的清理——这些人挨过艰难的一战后，迫切想靠异域谜团、神秘信仰和美妙事物来分散注意。

在埃及本土进行的"埃及热"与西方的不同，也更为激烈。埃及人越来越怀念过去不受奴役且受人瞻仰的光辉岁月，在这种情绪的影响下，埃及学不仅仅是一门学术科目，更变成了一个重要议题。埃及艺术家和作家们开始将古埃及视为现代埃及国家认同的根源。图坦卡蒙的再次现世正赶上独立的埃及重新雄起。

奥斯曼土耳其帝国 1884 年颁布的文物法规定，考古挖掘者有权享有很大一部分挖掘过程中发现的文物。在每个考古季结束时（考古季通常从秋天持续至春天，这样人们可以在比较凉爽的月份进行繁重的体力劳动），考古发现会被分成两份，一份送往开罗，在那里，它们要么被展示在博物馆里，要么会被存放在地下室里。剩余的物品则交给挖掘者，他可以随意处理。大多数人会把自己那份考古发现赠送给赞助者。这些赞助者资助挖掘者进行实地考古工作，从实质上看，实地考古出产的文物又成了考古工作本身的经费。多年来，这项法律被逐步更改，如今挖掘中发现的所有东西都属于埃及的国家财产，任一物品都不得出口或转卖，即使是土壤样本或陶器碎片也不可以。但在 1922 年，卡那封勋爵预想从图坦卡蒙墓中获取丰厚的利润也是合情合理的。

但是霍华德·卡特坚持要慢慢地、有条不紊地清空陵墓，而文物局也完全赞同他的决定。这就意味着卡那封勋爵可能要在许多年后，才能拿到他应得的全部陪葬品，而在此期间，他还得一直支付参与清理陵墓和保护文物的工作人员工资。因此，他做了一个谨慎的决定——1923 年 1 月，他将独家报道该墓及其内容的权利卖给了《泰晤士报》和《伦敦新闻画报》。作为酬劳，他获得了 5000 英镑，以及《泰晤士报》上出版相关信息和图片所获利润的 75%，这些用来支付实地调查的费用绰绰有余。就这样，《泰晤士报》的记者亚瑟·默顿（Arthur Merton）成了唯一被允许进入古墓的记者。此外，他在没有同大都会艺术博物馆协商的前提下，就慷慨地将雇员哈利·伯顿"借"给了挖掘小队。而伯顿拍摄的氛围感满满的照片则会被刊登在《泰晤士报》上。

1921 年英国珠峰探险队也曾与《泰晤士报》达成过类似的协议，而且合作进行得很顺利。但卢克索不像珠峰那样遥远，人们总能用各种方法打探到帝王谷里发生的事情。西方媒体对卡那封勋爵同报社的交易非常不满，他们认为所有人都有权了解图坦卡蒙的故事。埃及记者的骂声更大，毫不意外地，他们坚持图坦卡蒙的故事属于埃及。

图坦卡蒙被发现的时候，埃及的民族主义高涨，萨德·扎格卢勒（Sa'ad Zaghloul）正带领着华夫脱党（Wafd Party）反抗英国的统治（而在英国统治前几个世纪以来埃及一直受奥斯曼帝国统治）。1922 年 2 月，埃及成为一个半独立国家，由赫迪夫[①]·伊斯梅尔（Khedive Ismail）的小儿子福阿德（Fuad）担任国王，同时英国依旧控制着埃及的国防、通信和苏丹地区[②]。1924 年，在第一次选举中，扎格卢勒被推选为总理。埃及政府将图坦卡蒙视为国家崭新的自治权的象征，考古自然也受当局管理。当时文物局局长一职仍然由法国人皮埃尔·拉考担任，但此人对政局变化非常敏锐。发现当时许多人将外国考古者的挖掘行动看作劫掠埃及遗迹的强盗行为后，他决定加强对外国考古者的管控。埃及记者们又凭什么只能通过阅读《泰晤士报》了解本国的遗迹里发生了什么事呢？

卡那封本就拥有远超常人想象的财富，在此交易后，他自然被人视为一个贪婪又不择手段的人，为了获取钱财不惜损害埃及的利益。历史上没有记录显示卡特对这笔交易的看法如何，但考虑到他在卡那封死后继续履行了双方的工作协议，我们可以推测他对这场交易应该相当满意。为了缓和埃及记者的不忿情绪，他决定给他们提供与《泰晤士报》相同的新闻稿，但时间比《泰晤士报》迟 12 小时。记者们并不买账，他们要求政府制止西方不

---

① 奥斯曼帝国的埃及总督的称号。

② 苏丹当时由英埃共管。1956 年苏丹独立。

正当的垄断行为。与此同时，埃及为数不多的专业埃及学家也无法参与这次考古活动，而这可能是他们一生中最重要的工作了。此事太过荒谬，埃及公众一时群情激愤。结果，在1923—1924年的考古季开始时，《泰晤士报》正计划发布图坦卡蒙墓的新闻稿，而埃及记者们却向工务局正式提出了关于《泰晤士报》交易的投诉。

自此以后，《泰晤士报》的报道正面而准确地描述了陵墓内的行动，其他报纸虽然不能刊登任何形式的官方报道，但也想方设法地发表了相关的文章——内容既包含从《泰晤士报》得来的真实信息，也有自封的"专家"的猜测，偶尔还有挖掘小队故意提供的错误信息。整体来看，他们报告的内容和语气是负面的。无论是报社还是公众，人们都满心愤怒和怀疑，"图坦卡蒙的诅咒"便"应时而生"。这个诅咒故事和图坦卡蒙的一生没有任何关系，完全是现代产物。然而，对许多行业外人员来说，图坦卡蒙最标志性的故事就是他的诅咒传说，因此我们会在本章简短地讨论一下这个故事。

我们之前提到过南埃及的遗迹监督官亚瑟·威格尔，他对交易同样感到愤怒。在卸任监督官的工作后，他于1914年离开埃及，回到英国，成了一名成功的舞台布景设计师、记者和作家。在图坦卡蒙墓被发现后，他作为《每日邮报》的特约记者回到卢克索，满心期待自己能受到前同事们的欢迎，并被邀请到陵墓中考察。意识到这些都不会发生后，他转而开始公开谴责说，图坦卡蒙墓是世界最宝贵的财富之一，而卡那封很明显试图垄断这个财富。他的言辞非常有说服力。作为公认的阿玛尔纳专家，他在1910 年出版的《埃及法老埃赫那吞的生平与时代》（*The Life and Times of Akhnaton, Pharaoh of Egypt*）一书曾经颇为畅销，因此他的观点在读者心中具有相当大的分量。

当时，该墓是卢克索最受欢迎的旅游景点。虽然那里确实没有什么可看的，但游客若是在陵墓周围的墙边坐上一上午，就可能会看到工作人员护送被布包裹住的文物到保护墓。人们甚至有可能贿赂工人，让他们透露点陪葬品的信息，8 具木乃伊和 1 座巨大的猫型雕像的谣言大概就是这样流传开来的。很多人认为自己地位显要，试图进入陵墓。当然，许多被拒之门外，但有些人——政治家、政治家的朋友、王室成员、王室成员的朋友、小队的同事、朋友或家人——被允许在星期二进入陵墓，这一天小队不在里面工作。访客中不乏达官显贵，例如埃及军队司令和苏丹总督李·斯塔克爵士（Sir Lee Stack）、基纳省（Qena）省长阿卜杜勒·阿齐兹·贝·叶赫亚（Abdel Aziz Bey Yahya）、印度文物局局长约翰·马歇尔爵士（Sir John Marshall）、福阿德国王的寡嫂苏丹娜·马利克（Sultana Malek）和比利时王后伊丽莎白等。但小队只想好好工作，因此并不欢迎这些访客。

当时也有人计划在埃及之外，基于图坦卡蒙墓建立新的景观。1924 年 4 月 23 日，国王乔治五世和玛丽王后在小城温布利（Wembley）举办了大英帝国博览会，其中一个重要项目便是图坦卡蒙陵墓的复制品。入场费为 1 先令 3 便士，儿童为 8 便士。游客能在这里参观到世界上最著名的考古遗址。陪葬品的复制品包括石棺，但因为展览时考古学家们还没有发现木棺和木乃伊，所以没有这些文物的复制品。复制品制作得极其精良，上面的象形文字忠实于原件，语言学家甚至可以分辨出上面的文字内容。它们由威廉·奥莫尼耶父子公司（William Aumonier and Sons）的工匠团队制作，威格尔担任埃及学顾问。但卡特很不高兴。他认为这些复制品是基于受版权保护的平面图和照片制作的，涉嫌侵权，因此试图阻止展览进行。《每日快报》如此报道说："爆炸新闻：卡特先生对温布利不满……试图关闭法老墓……法院下达传票……复制品或涉嫌侵权行为。"在相关人员保证复制品参考的是威格尔和他人拍摄的无版权照片后，卡特才放弃追溯责任。

同时，远在埃及的小队成员们愈发疲惫且沮丧。一些不良事件发生，卡那封和卡特之间出现了矛盾，很显然两人都需要放下工作休息一阵子。因此，在 1923 年 2 月末，陵墓被关闭，实验室被封锁，小队被暂时解散，工作人员得以享受他们急需的休息。卡特回到了他位于卢克索的住宅，卡那封和伊芙琳小姐则向南前往阿斯旺享受几日的休息。在那里，卡那封的左脸被蚊子叮了一口。回到卢克索后不久，他在刮胡子时不甚刮掉了伤口的痂。之后，伤口感染了，卡那封开始感到身体不适。他前往开罗去与文物局讨论被发现文物的分配问题，但他的病情迅速恶化。他先是得了败血症，不久后又得了肺炎。1923 年 4 月 5 日凌晨 1 点 45

分，卡那封去世，与此同时，他在帝王谷进行挖掘的特许权失效。这本来是文物局接手清空陵墓工作的理想时机，但他们缺乏资金，没法独立完成这项工作。同时卡那封家族考虑到他们获得陪葬品的既得权利，并不愿意完全放弃这个项目。最后双方达成协议，卡那封夫人会接替丈夫，完成他的工作，但不会在帝王谷再开展其他的挖掘行动。

卡那封勋爵在遗嘱中将他的私人古董收藏留给了妻子阿尔米娜。1926 年，她将藏品卖给了纽约的大都会艺术博物馆。博物馆要求卡特将文物信息整理成列表并打包起来。他列出了 1218 份（包括单件和套组）物品，并补充说："一些不重要的文物未包含在上述列表中，我将它们留在了海克利尔城堡里。"这些藏品的年代上至中王国时期，下至托勒密王朝时代。不过直到 1987 年，人们才想起来它们的存在。此外，这些文物均是合法获得的，而且均同图坦卡蒙无关。但考虑到当时考古的情况，人们猜测卡那封保留了一些图坦卡蒙墓中的文物。

新闻界没法跟进陵墓内的工作进行报道，但大可以报道一位英国勋爵突然发病，又突然离世的过程。专业的埃及学家们大多不愿意向媒体透露信息，报社就转而求助那些被公众视为古埃及研究权威的名人，在文章中加入他们口中的"真相"。这些"专家"都是一些创作了流行的木乃伊故事的作者，乐于发表自己的意见。其中包括亚瑟·柯南·道尔爵士 [1890 年创作了以埃及为主题的《托特的指环》(*The Ring of Thoth*)，1892 年创作了《第

249 号标签》(Lot No. 249)，他相信超自然现象的存在，这点非常有名]、亨利·赖德·哈格德爵士 [1887 年创作了《她》(*She*)，1889 年创作了《埃及艳后》(*Cleopatra*)，1990 年创作了《史密斯与法老》(*Smith and the Pharaohs*)] 和玛丽·科雷利，她创作了一批大受欢迎的哥特故事。

1923 年 3 月 24 日，在《每日快报》文章中，科雷利阐述了自己的忧虑：

> 我禁不住会想，埃及国王的陵墓被如此庄严地守卫着，闯入他们最后的安息之地，抢走他们的财产，这一行为必定带着一些风险。我有一本名为《埃及金字塔的历史》(*The Egyptian History of the pyramids*，原文阿拉伯语，由法国国王路易十六的阿拉伯语老师沃蒂埃翻译) 的书，非常罕见，大英博物馆都没有抄本馆藏。该书提到，轻率地闯入密封的陵墓的人必会受到最严峻的惩罚。该书还列了一份几位国王陪葬"宝藏"的详单，其中包括"多种秘密毒药，这些毒药被封在盒子里，位置非常私密，碰到它们的人甚至不会明白他们缘何受苦"。这就是为什么我提出疑问："卡那封勋爵真是因为蚊子叮咬突然病倒的吗？"

科雷利并不是唯一一个敏锐地预测到卡那封不当行为后果的人，人们广泛认为威格尔也预见了勋爵之死。在勋爵进入陵墓准备开掘棺室时，威格尔观察到前者心情很好，于是说道："如果他之后也是这种精神状态，那我估计他顶多能再活六周吧。"但与此言论相反的是，威格尔在创作的文章中明确否认陵墓会带来任何诅咒：

世界上千百万人都思考过，这个陵墓的挖掘者是否是因为某种邪恶力量而死的呢？有传言说，王家墓室的墙壁上写了某个特定的诅咒，造成了他的死亡。但事实并非如此。

一时间各色谣言四起。有传言说，在卡那封去世的那一刻，开罗的所有灯光都神秘地熄灭了，而远在海克利尔城堡，卡那封的爱犬苏西哀号着追随主人而去。[1]很快，人们广泛接受了一种解释，那就是图坦卡蒙墓某处刻有一个诅咒，"谁打扰了法老的安宁，死神将展翅降临到他的头上"。这个诅咒或刻在陵墓入口处，或刻在棺室入口，也有可能刻在前厅或棺室中的泥砖板上。事实上，考古学家并没有发现此类诅咒的考古证据，但人们想出了一个"精彩"的阴谋论解释这一点——考古学家为了让埃及工人安心，抹去了诅咒的痕迹：

当时，无论是卡特、加汀纳（即语言学家艾伦·加汀纳爵士）

---

[1]　开罗的灯光全部熄灭并不是什么了不起的事情。苏西显然是在伦敦时间凌晨4点前不久死去的。1923年，英国时间比埃及时间晚2个小时。苏西实际上比它的主人晚死4个小时。

还是在场的其他学者都不害怕诅咒，也没有把它当回事。但他们担心埃及工人会害怕。由于考古工作需要本地工人参与，所以他们从记载古墓发现的书面记录中抹去了泥板的描述。泥板本身甚至也从这堆文物中消失了——但有考古学家读过泥板铭文，而它可没从这些人的记忆中消失。

第二个诅咒显然写在陵墓主室中发现的一个雕像的背面：

我驱使沙漠之火驱赶盗墓者。我是图坦卡蒙陵墓的守护者。

这个诅咒改编自一段真正的铭文，后者被发现于宝库的门槛处。那里有一个套着金带，浸满松脂的小型芦苇火把，它被安装在砖头状的陶制基座上。基座上面刻有《亡灵书》的第 151 条咒语。该咒语的作用是在遗体木乃伊化过程中保护法老的身体，为法老下葬、成为奥西里斯做准备（no.263）：

我在密室的墙上挡住黄沙，以免它阻挡死者的去路，
我是勇武的战士，将敌人击退到沙漠之火中，
我用火炬照亮了西边的沙漠，我把这个死者的敌人引向了歧途，
我是奥西里斯（即死者）的保护者。

许多人相信卡特为了保护他的工人，抹去了碑文的最后一句：

"……我将处置每一位跨过这道门槛，进入永生之王神圣领域的人。"

卡特的观点很明确。没有什么古老的诅咒，图坦卡蒙陵墓里也没什么高科技陷阱，没有什么高科技"射线"、细菌或类似的东西：

我无意重复那些被编造出来的荒诞故事，在这些故事里，陵墓处处危机四伏，各种机关静候消灭入侵者的机会……但有关这些故事，有一个严肃的问题，我需要替图坦卡蒙的墓穴澄清一下。各类传言都说，图坦卡蒙的陵墓里有些东西真的会对人造成实际伤害——某些邪恶势力召唤出来的神秘力量要报复任何迈进陵墓的人。但事实上，世界上可能没有比这座陵墓更安全的地方了。科学研究证明该墓是无菌的，里面现有的细菌都是从外面带进来的。但是不怀好意的人却把多起死亡、疾病和灾难都归咎于所谓神秘又恶毒的力量。人们在各种平台上重复发表这类不可饶恕的谬论——这种行为给他们带来了某种邪恶的满足感。我真的很难平静地谈论这样可怕的诽谤行为。即使这算不上真正的诽谤，这类怨毒的说法也带有诽谤的倾向。所有心智健全的人都应该对这类传闻表示鄙夷。就活人而言，这种性质的诅咒和埃及仪式一点干系都没有。

然而，他的故事《鸟墓》（*The Tomb of the Bird*）又与这种坚

定反对超自然存在的立场有些矛盾，前者很大程度上加深了人们对图坦卡蒙的陵墓受到超自然力量保护的印象。在故事开头，他先是和读者说道："关于这一事件，不准确的记录太多，所以我认为有必要公开……我的金丝雀之死的故事。"接着他叙说道，在1922年挖掘工作刚刚开始时，他自豪地拥有一只叫声婉转的小鸟。工人们认为这只鸟是个祥瑞之物，果不其然，他们很快发现了图坦卡蒙墓的台阶。可在通道被清理干净、第二道门显露出来时，一条眼镜蛇钻进了笼子里，咬断了小鸟的喉咙。作为一个受过教育的科学家，卡特无法接受超自然干预的解释。他再次指责工人散布恶灵的谣言：

　　……明明前方就是宝藏，（工人们）却担心这只鸟的死亡是个不祥之兆。这鸟威胁到了什么？难不成保护了陵墓3000年的精灵被激怒了，产生了敌意？他们嘀咕道："但愿恶兆远离我们。"

　　工人们并不是唯一将此看作不祥之兆的人。众所周知，凶猛的喷火眼镜蛇（即圣蛇）盘踞在埃及国王额前，保护着国王。故事里，眼镜蛇出现的时机多妙啊，这怎么可能是巧合呢？在私人信件中，赫伯特·温洛克简述了这一事件，证实了故事的真实性，同时单单阐述了事实，没有添加任何神秘色彩。[①]卡特确实有一

---

　　① 出自写给爱德华·罗宾逊（Edward Robinson）的信件，此人为纽约大都会艺术博物馆馆长，信件写于1923年3月28日。

只鸣鸟，他颇为喜爱它，把它养在家中的鸟笼里。在卡特不在家时，亚瑟·卡伦德在笼子里发现了一条眼镜蛇，"正准备把金丝雀吞下肚"。

威格尔将金丝雀的故事写进了他 1923 年出版的《图坦卡蒙及其他作品》（*Tutankhamen and Other Essays*）中，这并不奇怪。1923 年，埃及学家对图坦卡蒙本人知之甚少，而这个不详的故事既能丰富书籍的内容（要么该书估计会非常薄），又能吸引对超自然事件感兴趣的读者。多年以来，西方观众看了不少木乃伊题材的小说，这些小说都强调了古埃及神秘力量的强大。而威格尔的书出版以后，人们迅速达成了认同：小说虚构的内容是真的。之后，威格尔又讲述了卡那封和木乃伊猫的故事（一只木乃伊猫似乎活了过来），这个故事同样奇诡。他还讲述了陶制灯的故事（这盏灯会给所有拥有它的人带来厄运），以及大英博物馆邪恶的木乃伊的故事（故事标题里的木乃伊其实指的是木乃伊板，它也会带来厄运）。这些故事本可以被科学解释，但他在全书写作中，依旧保留了这些故事的超自然主义色彩，以戏弄读者。就这样，他也给图坦卡蒙诅咒传说的流行添了一把火。直到书籍最后，他才稍微否认了下诅咒的存在：

很多埃及游客和对埃及文物感兴趣的人都相信法老和他们死去的臣民的灵魂充满恶意。我对此感到惊讶，因为在所有古代人中，古埃及人最为善良，对我来说也最为可爱……读者可以根据自己喜好，自行诠释本书里的故事。

威格尔于 1934 年 1 月 2 日去世，年仅 53 岁。当时，《每日邮报》的新闻标题是这样的"亚瑟·威格尔先生去世，图坦卡蒙诅咒再现"。

诅咒对象最初仅限打开此墓的人，但很快就扩展到了任何与该墓、或与图坦卡蒙有联系的人，甚至在某些情况下，还牵扯到了单纯同埃及有关的人。让－弗朗索瓦·商博良（1790—1832年）在图坦卡蒙墓被发现的一个世纪之前就破译了象形文字，但人们同样认为他也是被强大的古代诅咒所杀害的。1934 年，赫伯特·温洛克对人们频繁讨论超自然死亡感到厌倦，于是，他汇总了大众印象里最容易受到诅咒影响之人的信息。[①]汇总结果显示，在古墓开启时在场的 26 人中，只有 6 人在 10 年内死亡；在石棺开棺时在场的 22 人中，2 人在 10 年内死亡；而在图坦卡蒙尸检时在场的 10 人中，没有人在 10 年内死亡。卡特在 64 岁时去世，比卡那封多活了 16 年。伊芙琳小姐曾随父亲进入棺室，当他被致命的蚊子叮咬时，她也在他身旁，但她于 1980 年才去世，享年 78 岁。如果图坦卡蒙真的对所有入侵他陵墓的人下了诅咒，那我们不得不说，他的超自然力量显然效果不佳。

---

① Winlock, *The New York Times* (26 January 1934: 19–20).

第九章

$$
\left[\begin{array}{c}
\text{送水童的故事：} \\
\text{从另一个视角看图坦卡蒙}
\end{array} \right]
$$

I. E. S. 爱德华兹 (I. E. S. Edwards) 是一名埃及学家和博物馆策展人，1972 年在大英博物馆组织了《图坦卡蒙的宝藏》（*Treasures of Tutankhamun*）展览。他对陵墓的发现进行了反思：

> 我一度认为，也许我们有举办该展览的特权，毕竟图坦卡蒙之墓是由英国考古学家发现的。但马格迪·瓦哈巴（Magdi Wahba，埃及文化部对外关系司司长）很快打破了这个幻想。他说埃及百姓并不这么认为。帝王谷一直被看作埃及拥有宝藏最为丰富的遗址之一，英国人经埃及人同意，才能在这里考古，而考古挖掘本身就是一种奖励。况且若非埃及人慷慨地允许他们在这里进行挖掘工作，他们绝不可能实现这一伟大的考古发现。

图坦卡蒙生前被王室女性所围绕，死后被强大的女神所支持。"复活"时，他则是被西方人挖掘出来的。我们对负责清空图坦卡蒙陵墓的小队核心成员已经很熟悉了，其中有赞助人卡那封勋爵、考古学家霍华德·卡特、文物修复师亚瑟·梅斯、工程师亚瑟·卡伦德、化学家阿尔弗雷德·卢卡斯，当然不能忘了摄影师哈利·伯顿。埃及文物局代表人物有局长，法国人皮埃尔·拉考，以及南埃及遗迹总监督官（卡特也曾担任此职务），英国人雷克斯·恩格尔巴赫。直接与小队进行合作的当地监督官有易卜拉欣·哈比卜（Ibrahim Habib）、穆罕默德·沙班（Mohamed Shaban）和一位被简单称为阿巴迪尔·阿凡提（Abbadir Effendi）的官员。

和我们猜测的一样，上个世纪初的时候，女性不得参与该墓的考古。任何陪同丈夫或父亲来到卢克索的女性都不得干涉墓内的活动。她们需要从事"女性该做的"活动。卡那封勋爵的女儿伊芙琳·赫伯特小姐接待过身份显贵的客人，也出现在几张宣传照片中，但她没有实际参与陵墓的挖掘或清空工作。我们可以通过哈利的妻子米妮·伯顿（Minnie Burton）在 1922 年 5 月 4 日至 1926 年 10 月 20 日间所写的日记，了解她有限的日常活动都包括了什么——主要由寻常的社交活动、购物和家务组成。同时从这个日记中，我们可以隐约窥视到当时在陵墓中进行的行动。

1922 年 11 月 30 日：上午去银行。收到卡特先生的电报，去博物馆。电报上写着"发现了难以估量的宝藏"。见了德·克拉

默夫人。同莱尔德·克劳斯夫妇和小姐喝下午茶。然后去拜访加里夫妇。在那里遇见了格兰特夫妇。喀里多尼亚之夜，同艾伦夫妇举行了盛大的聚会。伯纳德小姐因感冒卧病在床。

1922年12月19日：上午和下午，给我的家具上漆。卡特先生送来了他的驴子，让我骑着去看图坦卡蒙墓。美妙极了。在那里见到了卡伦德先生，后来又遇见了布雷斯特德夫妇和他们的小女儿。我们从山两侧分道离开。豪瑟先生和霍尔先生从阿斯旺回来了。W夫人和F夫人去戴维斯家喝茶。

1923年1月24日：早上去了帝王谷，看到工人将河马床搬了出来。哈利带着摄像机，我拍了一些快照。人山人海。在场有威尔逊夫妇、威格尔先生、恩格尔巴赫先生、福布斯·史密斯小姐、默里·格雷厄姆夫人、艾伦先生等。与豪瑟先生和霍尔先生回到车上。天气非常炎热。同海沃德小姐共进午饭。同卡特先生共进晚饭。上午在KV15（即文物保护室），看到了手套和修补后的凉鞋。

虽然女性不能在小队中担任正式职务，但她们如果愿意的话，可以协助陪葬品的保护工作。在伯顿的照片中，刺绣行会（Embroiderers' Guild）副主席埃西·纽伯里（Essie Newberry，卡特的朋友兼导师珀西·纽伯里的妻子）身着舒适又飘逸的长裙，头戴时髦的帽子，与她丈夫所穿的深色西服正装形成了明显的对比。她正在修复墓室第二层神龛上的亚麻棺布（no.209）。之前，小队为了方便将棺布从棺室移出，剪去了上面沉重的圆形花饰，而她准备将它们缝回原处。但像这样女性参与文物保护的例子并不多见。我们不禁思考，若是有更多的女性投入文物保护工作中，文物保护重点是否会改变呢？尤其是针对亚麻布而言——在小队清空墓室、解绑尸体的过程中，很多亚麻布都丢失了——若是有更多女性力量，亚麻布保存情况可能会有所改善。

我们已经了解到，图坦卡蒙下葬时有大量昂贵的亚麻布陪葬，其中包括木乃伊的绷带和衣服，以及神像和陪葬雕像上的护布和斗篷。当时社会将纺织主要视为女性的工作，因此卡特的团队不假思索地低估了纺织品的重要性。他们将绷带看作普通的木乃伊裹尸布，认为斗篷和护布可能是古代的防尘布，被随意丢弃也无妨。但在纺织方面拥有专业知识的埃西·纽伯里可能并不同意这样的观点。她或许注意到了这些织物的品质，更重要的是，发现织物的摆放位置显示出他们之间的相关性。曼彻斯特是英国棉纺织业中心，而在曼彻斯特大学工作的埃及学家玛格丽特·默里（Margaret Murray）确认了木乃伊绷带作为文物的重要性，但却没有认识到这些绷带不仅仅是裹尸布，更是木乃伊的重要组成部分。1908 年，专家在解绑"两兄弟"木乃伊时，根据包裹的层次与纺织的质量，对取下的绷带进行了分类记录，并将对照布料样本清洗、晾干后，送往了其他机构。但相比之下不太美好的是，他们将部分零碎的绷带送给了解绑"两兄弟"之一的克努姆·那克特（Khnum Nakht）时的在场观众。

与发掘工作有少许关联的妇女偶尔还会出现在照片里，自称是陵墓守卫的宪兵队代理警官理查德·亚当森（Richard Adamson）却没有出现在任何照片记录中。20世纪末，埃及学讲座的观众对亚当森都很熟悉，据此人自己估计，他做过1500场演讲（当然有夸张成分）。在演讲中，他会图文并茂地详细讲述自己守卫图坦卡蒙墓的7年时光。1981年，80岁的亚当森因双腿截肢坐上了轮椅，他作为挖掘行动的"最后幸存者"，和记者约翰·劳顿（John Lawton）一起回到了卢克索。他们声称此行目的是："去挑战，因此也去证实传说中的法老'诅咒'，据说这个诅咒已经夺走了40个人的生命。"他们出版的游记充满了对考古发现的回忆。例如下文中，劳顿记录了亚当森对古墓发现当天的回忆。他的叙述与卡特的记录有显著的不同。亚当森正走在帝王谷的一条陡峭的小路上，突然，他听到了一声喊叫：

被人们兴奋的喧闹声所吸引，亚当森沿着陡峭的山坡逐级而下，来到声音源头，看到埃及工人挖掘出了几块巨大岩石。但这位年轻的士兵不明白人们为什么因几块巨石如此兴奋，于是回到了帐篷里。而工人们又把巨石掩埋了起来。

第二天早上，卡特到达遗址后发现他的手下没在工作，于是向亚当森询问发生了什么。"没什么事，先生"，警官回答说，"他们确实找到了一些巨石，但后来又把它们掩埋起来了。"听了这话，卡特命令他们再次将巨石挖出来，然后，他在其中一块巨石旁，发现了一个大石阶。现在回想起来，亚当森说："工人们知道自己发现了什么。他们也知道卡特要走了，但他们可以再回来，将发现陵墓的功劳据为己有。"

然而，这个叙述存在重大疑点。任何当代的考古日志、日记或个人陈述中都没有提到过亚当森，而他在 1966 年后才开始陈述自己的回忆，这时他的妻子和小队核心成员均已去世，也就是说能站出来反驳他的人都已不在人世。事实上，有实在的证据——包括他的结婚证书和孩子的出生证明——表明他在所声称的时间内并不在埃及。针对亚当森在各种记录上的缺席，有的人想出了一种阴谋论来解释：亚当森其实是一个隐藏间谍，所以我们才找不到他被借调到帝王谷工作的记录。但埃及学家们一致认为，亚当森并不是图坦卡蒙墓的守卫。然而，我们应当反复讲述他的故事。因为从这个故事中，我们意识到，并非每一个帝王谷考古行动的所谓目击者的陈述都是真实的。

此外，一位匿名的"送水童"陈述了他对陵墓发现的回忆，他的说法同样未经证实。那是 20 世纪 70 年代，一系列的巡回展览重新点燃了人们对图坦卡蒙的兴趣。"送水童"的故事就是在这段时间流传开来的。故事讲述一个男孩在给帝王谷中劳作的人们送去了一罐水后，自己也像模像样地试着进行挖掘，结果发现了一个石阶。他跑去告诉卡特这个发现，而剩下的故事我们就都知道了。出于某种原因（或许是殖民主义思想影响），卡特在他的日记、考古日志，以及这一发现相关的公开报道中都没有提到这个送水童。然而，在伯顿为 1926—1927 年的挖掘季拍摄的照片中，我们会注意到一位埃及男孩，戴着图坦卡蒙的精致项链（no.267g）。许多年后，拉苏尔家族（该家族发现了代尔巴哈里王室陵墓）的侯赛因·拉苏尔表示自己就是照片中的男孩。后来，他的家人还声称是他发现了这座陵墓。

送水童的故事和亚当森的陈述一样，不受任何证据支持，而库尔纳地区的其他家族也对拉苏尔一家发现了陵墓的说法提出了异议。工头艾哈迈德·杰里格（Ahmed Gerigar）似乎不太可能允许一个孩子在官方考古区域附近挖掘，而乐于吸引大众眼球的卡特更不可能错过宣传这样的动人故事的机会。不过，这个故事确实有效地提醒了我们，卡特的欧美专家团队在熟练的埃及工人的支持下才能成功发现陵墓。这些工人由四个经验丰富的埃及工头（reis，下称里斯）招募，并受他们监督。不同时期在现场工作的工人人数不同，有挖掘或回填任务时，现场的工人可能会多达 100 人。他们都是短期工，挖掘季结束或劳动力需求减少时，就会回归农田。卡特在书籍中曾提过一批"帮助过我或是情感上支持过我的朋友"，而在这惊人地简短的名单最后，他认可了埃及工人对挖掘和清理陵墓的贡献，语气优雅从容（但某些读者也可能认为他的语气高高在上）：

最后我想说，我手下的埃及工人和里斯们在许多漫长的日子

里，不惧炎热、不辞辛苦地为我劳作，我将怀着敬意和感激牢记他们的忠诚奉献。名字如下：艾哈迈德·杰里格、侯赛因·艾哈迈德·赛德（Hussein Ahmed Saide）、加德·哈桑（Gad Hassan）和侯赛因·阿布·奥瓦德（Hussein Abou Owad）。

  虽然我们可以在伯顿的照片中看见部分埃及工人的身影，但他们大多数的名字都没有被记录下来。[①]这个现象并不单在埃及存在，在其他考古研究受西方主导的国家，类似现象屡见不鲜，在英国也是如此。在那里，很少会有挖掘者（此外，小队领头的挖掘者几乎都是男性）在出版文献中列出普通挖掘工人的名字。人们通常认为该现象反映了埃及学的殖民主义性质，但同时，这也可能源于考古挖掘的精英主义本质。就像人们会把建造埃菲尔铁塔的成就归功于古斯塔夫·埃菲尔，建造大金字塔的成就归功于第四王朝法老胡夫（Khufu）一样，发现并清空图坦卡蒙陵墓的功劳也被卡那封勋爵和霍华德·卡特独享。卡特和埃及劳工之间的关系不可能平等，没有人会忘记卡特是英国统治阶级精英中的一员。但是，有照片描绘了卡特与埃及工人一起工作的场景——例如，有的照片上两方一同卖力地抬着河马头床，将其运出了墓穴——表明他至少没有刻意区分埃及劳工常做的体力劳动和欧洲考古学家进行的脑力劳动。

---

  ① 伯顿本人的摄影工作受到埃及成年的"摄影男孩"的支持。

我们可以通过"萨卡拉事件"一窥卡特对埃及工人的态度，这个臭名昭著的事件发生在他遇见卡那封勋爵的几年前。1905 年 1 月 8 日下午，一群酩酊大醉的法国人强行闯入了萨卡拉圣牛墓（这里葬着阿匹斯神牛）。他们拒绝买票，而在工作人员前来阻止时，他们先是袭击了遗址的守卫，接着又袭击了遗迹监督官。当时卡特担任北埃及遗迹监督官，他允许手下对法国人采取自卫行动。亚瑟·威格尔目击了这场纠纷：

> 15 名法国游客试图进入其中一座陵墓，但他们只买了 11 张票。最后，他们打倒了守卫，把门撞开……卡特来到现场，说了一些话，命令守卫——现在墓地的守卫力量已经增强了——把他们赶出去。一场严重的打斗事件就此发生，有人用上了棍棒和椅子，最终两名警卫和两名游客被打晕了。事后，我看到这里满地鲜血。

一个英国人竟然鼓励埃及人和法国人打架，这在当时被看作不可宽恕的行为。随着这一事件升级为外交丑闻，英国总领事克罗默伯爵（Lord Cromer）命令卡特向法国领事道歉。但卡特固执己见，坚决拒绝了。今天，我们可能会认为卡特站在了被压迫的埃及工人的立场上，坚持了自己的原则；但在 1905 年，人们认为他又幼稚又无可救药。大众普遍认为即使不是发自真心，他也应该道个歉。当时的文物局主任加斯顿·马斯佩罗出面解决了这个问题，没有让卡特道歉，但作为惩罚，他限制了卡特的职权。卡特对缺乏官方支持感到愤怒，于是，满心怒火的卡特于1905年10月辞去了他在文物局的职务。随后的几年里，卡特过着穷困潦倒的生活，靠着做考古艺术家、导游、艺术品和古物商人勉强维持生计。在马斯佩罗将他引荐给卡那封勋爵后，他的生活才有所改善。

有关工人们对卡特和团队的看法并没有记载。但是，他们似乎知道卡特几人未经允许率先进入棺室的事情——这种事情很难隐瞒——却选择了保守秘密，没有向当局报告。另一些没有那么直接地接触挖掘工作的人，则对山谷中发生的事件充满怀疑。有种广为流传的说法认为，考古学家是一群强盗，试图偷取图坦卡蒙的宝藏。否则，他们为什么不让群众看看墓中究竟有什么文物呢？威格尔在1923年1月写信给卡特时，提到了当地人说的话，完美地展现了横在卢克索的埃及人和欧洲人之间的社会鸿沟："当地人都说，因此你有机会偷走价值数百万英镑的黄金的一部分……"

当时还有一个广为流传的谣言：据说有三架飞机降落在帝王谷里，将大量的财宝运往了某个未知的目的地。当局为地位显要的游客安排日期参观陵墓，部分也是想通过展现谷内一切行动公开透明，反驳这些不当传言。因此，1922年12月16日，《伦敦新闻画报》上的文章写道：

11 月 19 日，图坦卡蒙国王的陵墓或其棺室正式开放。该墓由卡那封勋爵和霍华德·卡特先生在卢克索附近的帝王谷发现。卡那封勋爵的女儿伊芙琳·赫伯特小姐在山谷中举行了盛大的午宴，到场客人有艾伦比夫人和基纳省省长阿卜杜勒·阿齐兹·贝·叶赫亚，后者在宝藏的看守上提供了宝贵的帮助。

埃及人怀疑卡特和他的团队想偷走图坦卡蒙的宝藏，但同时，卡特反过来也怀疑埃及人——他们是外人，同他信任的手下不同——对陵墓另有所图。三个独立的守卫队伍共同守护陵墓，但它们分别由不同的相关方负责，这样卡特才放下心来。

虽然卡特能自在地和工人打交道，但他与小队核心成员的关系却不那么友好——他与老朋友卡伦德因钱争吵，他与赞助人卡那封因某些事又起了纠纷，而随着时间的推移，他与伯顿的友谊也越来越紧张。他与法国人管理的文物局和埃及管理的工务局的关系甚至更糟。卡特性格执拗、不善言辞，做事又一意孤行。而且他出身低微，没有受过多少教育，本人对此又颇为在意。因此，卡特没法适当回应任何在他看来会对"他的"挖掘工作造成无谓干扰的事情。当时的新规定要求考古过程中必须有一名文物局监督官全程在场，而卡特对这点颇有怨言。在 1923—1924 年挖掘季开始时，有消息称文物局将批准全部小组成员研究该墓，但这意味着《泰晤士报》的记者无权接触该墓，而他对此非常不满。如今，文物局有权否决任何它认为不适合在考古现场工作的人的申请，这是标准程序。但在 20 世纪 20 年代，人们将这看作严重的干涉行为。卡特试图与政府理论，但政府没给谈判的余地——拉考的立场很坚定："……政府没在同你商量，只是通知你这个决定而已。"

同样，1924 年 2 月的石棺开馆仪式也因卡特和当局的纠纷，受到了不良影响。两方在允许参观人数上出现了意见分歧——卡特邀请了 17 位客人，但工务局认为这太多了。这件事得到了和平解决，并且小队按照计划，移除了石棺的花岗岩棺盖。但是，第二天，"女士们"，即考古学家的妻子和家人们，却因为缺少进入陵墓的官方许可证，被拒之门外，无法像承诺好的那样参观陵墓。当然，政府拒绝女士们的访问并不是两方纷争的起因，只是纷争的体现罢了。矛盾的潜在关键是陵墓和陪葬品的所有权问题。在 1924 年 2 月 13 日的长长日记中，梅斯对迅速恶化的事件进行了陈述：

今天一早，卡特收到副秘书长的信息，说他收到了秘书长的电报，绝对禁止女士们在下午访问陵墓。他向我们报告了这件事，而我们觉得有必要拒绝进行接下来的任何工作。这不仅是对我们的侮辱，而且还表明政府将进一步推行他们的干预政策。在这样的环境下，我们怎么可能进行科学研究呢……

工务局局长莫尔科斯·汉纳·贝（Morcos Hanna Bey）下达

了这个指令。此人完全不想讨好英国人，因为前一年，他的政治活动被英国人定性为叛国罪，他险些被判了绞刑。他和其他很多埃及人一样，认为图坦卡蒙是埃及独立的象征。他不认为英国人在埃及国王的"复活"中扮演了任何角色。

梅斯用轻松好笑的故事结束了这篇日记：

说起此事，我应当描述下马尔穆尔区长今日的行动轨迹。他在早上的某个时候接到命令前往帝王谷。在河岸边，他遇到了卡特，并试图向他借车，掩饰说他只是想乘车去蒙德①的挖掘现场，但失败了。于是他随意征用了一辆游客预定的出租马车并扬长而去，留下游客们面面相觑。在蒙德负责的考古地，他下了马车，并借了蒙德的车，和手下乘车抵达了帝王谷。在那里，他告诉司机在3点钟左右回来接他。与此同时，蒙德发现了事情的真相，拒绝自己的车回帝王谷。等了一个多小时后，他不得不打电话给镇长，让他去请温洛克派我们的车来接他。我们在六点左右回来时收到了这个消息。温洛克回答说，因为他来帝王谷就是为了阻止我们的妻子进入陵墓，所以我们不会答应把他从陵墓中接出来这差事。最终，他在下午6点15分左右，骑着驴子离开了山谷。

---

① 罗伯特·路德维希·蒙德（Robert Ludwig Mond，1867年9月9日—1938年10月22日），英国化学家和考古学家。

但当时小队面临的境地远不像这个故事描述的那样搞笑。政府官员和埃及媒体正在对卡那封夫人的考古许可上的条款进行严格审查，试图撤销该许可，同时，他们甚至不允许考古小队进入陵墓。事件迅速恶化，此时石棺甚至还没被合上，棺盖摇摇欲坠地悬在半空中，而覆盖图坦卡蒙第二层神龛的斑斓棺布因无人照顾，已经腐烂了。

因为卡特的愚蠢决定，形势出现了转变。他向法院上诉，试图收回挖掘的许可。他的律师 F. M. 麦克斯韦尔（F. M. Maxwell）正是之前以叛国罪起诉莫尔科斯·汉纳·贝的律师，他不明智地指责说，工务局的行为和强盗没有差别。这句话无异于暗示埃及政府在盗墓，埃及媒体对此并不认同。之后，两方进行了长达数月的谈判。因为卡特长期在美国和加拿大讲学，所以谈判进行得更为困难。接着，1924 年 11 月 19 日，埃及军队总司令，英国人李·斯塔克爵士被暗杀。民族主义政府垮台，首相萨阿德·扎格卢勒·帕夏（Sa'ad Zaghlul Pasha）被卡特的老熟人艾哈迈德·齐瓦尔·帕夏（Ahmed Ziwar Pasha）取代。最后，双方达成了一项协议。卡那封夫人尽管对古埃及缺乏兴趣，但仍将继续丈夫的工作，资助陵墓的清理任务。卡那封家族放弃对陪葬品的所有权利，同时结束同《泰晤士报》的交易。卡特会同新任的南埃及总监督官提图菲克·布洛斯，以及当地的监督官易卜拉欣·哈比卜紧密合作。

当卡特忙于巡回演讲时——他的英国口音让那些认为考古

小队全由美国人组成的听众大吃一惊——文物局抓住机会，对KV62和相关陵墓进行了彻底调查。他们发现了一个接近真实头部大小的图坦卡蒙木制头像，其中法老的模样和年轻的太阳神拉相同。他们是在"午餐墓"（KV4）的酒盒中发现的头像。由于该头像没有文物编号，文物局的埃及官员们认定是卡特偷了它。他们给首相扎格卢勒发送了一封电报，而头像则被送往开罗。卡特的支持者指出，他没有理由把偷盗的物品丢在谁都能发现的地方。就在两方争论不休的时候，每天都收到里斯·侯赛因报告的赫伯特·温洛克给卡特发了一封加密电报：

发送所有与文物发现地有关的信息。如果接到了调查，请写信通知我们，我们要做好准备。给埃及官员留下了不好的印象，他们即刻通过电报告知了扎格卢勒，头像通过快车运往开罗。拉考和恩格尔巴赫告诉他们，你去年在阿玛尔纳从伯爵那里赊购的头像，不知道他们有没有真的相信这个说法。

卡特给出了个有力的解释——小队是在堵住通道的碎石中发现头像的。当时KV4是唯一一座可供存放文物的陵墓，他们将头像保存起来，放在了那里，然后就忘记了它的存在。人们接受了这个解释，没有进一步刁难。这件事也就不了了之。

卡那封勋爵的挖掘许可令中，对发现的物品如何分配有详细规定。第8条条款明确规定，图坦卡蒙的尸体会被留在埃及："国王、王子和大祭司的木乃伊，以及他们的木棺和石棺，都归文物局所有"。而第 9 条和第 10 条条款和陪葬品有关：

9：如果发现了保存完整的陵墓，那么陵墓本身，连同内部所有物品，都应完整无缺地移交给博物馆处理。

10：如果发现了被人搜查过的陵墓，那么除了第 8 条规定的木乃伊和石棺为文物局所有外，文物局还可以保留所有在历史和考古学方面具有重要意义的物品，同时，文物局和持证人分享其他物品。

证据表明，图坦卡蒙墓在古代至少被盗过两次，属于"被搜查过"的陵墓，因此，卡那封有权享有部分陪葬品。有些人因此猜测，也许所谓古代盗墓的证据，包括门上的损坏痕迹、填满碎片的甬道内的隧道、杂乱无章的文物摆放，以及用亚麻布包裹的金戒指，并不像卡特暗示的那样，全都明确是盗墓造成的。

因为卡那封家族放弃了对陪葬品的所有权利，卡特在 1929—1930 年的冬天，与埃及当局就图坦卡蒙的小部分文物归属进行了谈判。谈判的问题很现实。卡特没有独立的经济来源，他依靠卡那封家族和他们的挖掘工作（加上演讲、写作和其他自由职业中获得的零散收入）维持生活。起初，在有多件相同的文物时，齐瓦尔·帕夏会允许卡那封家族保留重复的文物，但到了 1930 年，穆斯塔法·埃尔－纳哈斯（Mustafa el-Nahhas）上台，埃及政府认为他们不该给予卡那封一家任何东西。最终，埃及政府林林总总付给了卡那封夫人 35867.13 先令 8 便士（购买力约等于如今的 2462168.46 英镑[①]），当作清理陵墓的费用。卡那封夫人支付了遗产税和其他税款后，向卡特预付了 8012 英镑，又在同一年晚些时候支付了 546.2 先令 9 便士。大都会艺术博物馆曾向小队借出包括哈利·伯顿在内的工作人员，但没有得到任何报酬。

从 1930 年起，在陵墓中工作的权利被转交给了文物局，所有与图坦卡蒙有关的费用都由埃及政府承担。这给卡特带来了些问题。他是一名外国人，又没官方职务，开不了陵墓和实验室的大门门锁。他在这里已经做了几乎十年的研究，如今却连大门都进不去。对此，他最初的反应相当幼稚——他辩称钢门上的锁和钥匙实际上属于卡那封夫人，而不属于文物局——这说法显然没能解决问题。最后，双方商定，钥匙将由当地的一名遗迹监督官保管，官员每天都会来开锁，放卡特进入棺室。

对实地考古学家卡特来说，图坦卡蒙墓是他职业生涯的高光，也成了他职业生涯的终点。墓中已然空无一物，于是卡特回到了伦敦，开始撰写正式的探索报告。他最终没能完成这份报告。他于 1939 年 3 月 2 日去世，留下了一套私人古董收藏，由他的侄女菲利斯·沃克（Phyllis Walker）继承。关于这套收藏，沃克小姐

---

① 约合人民币 20439093.16 元——译者注

咨询了三位杰出的埃及学家，伯顿、纽伯里和加德纳，他们都得出了同一个令人烦忧的结论：卡特的藏品中有 19 件文物来自图坦卡蒙墓。虽然其中一些物品价值很低，可以忽略不计，但有些物品上刻有国王的名字，而且其中一件刻字的蓝绿双色玻璃头饰世上仅此一件。目前我们还不清楚卡特在何时又是如何获得这些文物的。或许，他在 1926 年从卡那封的藏品中拿出了部分甚至全部19 件文物。接着，他又将文物转移到了纽约。然而有人怀疑他私自从埃及带回了这些文物。这些陪葬品被交至埃及驻伦敦领事馆。在二战期间，它们一直在那里保存。1946 年，它们被归还给法鲁克国王（Farouk I），国王又将部分文物捐至开罗博物馆，其余留作个人收藏。1960 年，国王收藏的文物也被捐赠给了博物馆。

第十章

主教的故事：
对法老遗体的调查

1923 年 2 月，切尔姆斯福德的主教写信给《泰晤士报》，表达了他对图坦卡蒙遗体命运的担忧：[1]

先生——想象一下，在未来某一年，比如 5923 年，维多利亚女王的陵墓被一伙外国人入侵，他们劫掠陵墓内的物品，英国人民满心悲痛地将伟大的女王的遗体放进陵墓中，他们却要将她搬出来，公然展示给所有想看的人。我想知道我们这些在维多利亚时代出生长大的人，有多少忍心看到这样的场景？

问题是，若是这样的事发生在伟大的英国女王身上，我们会认为她遭受了不得体的待遇；同样的事发生在图坦卡蒙国王身上的时候，我们会不会也这么认为呢？我知道考古调查可能会为发现的文物，包括珠宝、家具，尤其是纸莎草文书等带来巨大的历

---

① *The Times*, 3 February 1923.

史价值。而且我也知道为了获得丰厚的利益，进行彻底的调查，甚至在特殊情况下暂时挪动木乃伊，可能也无可厚非。但是无论如何，我都强烈抵制将国王的遗体从长眠了几千年的地方移走的行为。这种行为不仅近乎无礼，还违背了强调死者埋葬地神圣性的基督教主张。

人们发现图坦卡蒙后，面临着一个新问题：应该如何处理他呢？大众在《泰晤士报》的来信专栏中展开了激烈的辩论。作家赖德·哈格德提出了意见，他建议将埃及所有已逝国王的遗体存放在胡夫金字塔里，"用混凝土牢牢封存。金字塔占地数英亩，只有摧毁全部坚硬石块，这些遗体才会显露出来"。[1]约翰·麦克斯韦尔（John Maxwell）将军并不喜欢这个主意，但他对遗体不应该被公开展示这一点表示赞同：[2]

如果公众真的由衷认可这个观点，那为了保持一致，所有人，无论穷富死后都应该入土为安，所有国家博物馆也都应该采取措施，将馆藏的木乃伊送回埃及重新安葬。但我不妨提醒国内的好心人，那些在假期参观博物馆的人们可都爱惨了这些木乃伊！

---

[1] *The Times*, 13 February 1923.
[2] *The Times*, 20 March 1923.

卡那封勋爵已经发表了他的观点："我们会将图坦卡蒙留在石棺中，安置在他长眠了 3000 年的地方，并且会抱着最高的敬意处理他的遗体。"①卢克索的人们同意这个做法。图坦卡蒙的陪葬品可能会被运往开罗，但他的遗体应被留在墓中，吸引游客、创造收入。

一般来看，现代人对待古埃及死者的态度并不像对待最近去世的人那样尊重。在埃及，人们将人类和动物的木乃伊视作似乎取之不尽用之不竭的资源。没有道德底线的人将它们视为宝贵的商品。他们剥开布料，甚至烧掉木乃伊，以获取绷带内的护身符，卖给富有的游客。还有些人会将木乃伊研制成粉，作为药物（mumia）或"木乃伊棕"颜料售卖。寻宝者和考古学家普遍将人类木乃伊看作麻烦东西，探险家贝尔佐尼就是个典型例子。他最初对木乃伊很着迷，但最后对这些无名的墓主不仅失去了同理心，甚至还没了兴趣：

……这里多适合休息啊！四周都是尸体，四面八方都是堆积如山的木乃伊。在我习惯前，这种景象还能让我感到深深的恐惧……但如今我已见过这番景象好多次了。而且结束行动后，我回到这里会感到筋疲力尽、头晕目眩。最后我麻木了，受到痛苦也心如止水。但我仍接受不了这里的灰尘，我的喉咙和鼻子总会被灰呛到。虽然

---

① *The New York Times*, 24 February 1923.

我幸运地没有嗅觉，但我的口腔也能感受到木乃伊干涩的讨厌味道。努力进入这样一个地方，又穿过50、100、300，甚至可能有600码的通道后，我的体力几乎消耗殆尽。我找到了一个休息的地方，尝试坐下来。但我坐到一个埃及人的木乃伊上，它在我的体重下却像一个纸匣一样被压得稀烂。我自然得双手撑住什么东西免得摔倒，但我不幸撑在了同类糟糕东西上，然后彻底摔进了支离破碎的木乃伊堆里，骨头、破布和木箱四处碰撞，扬起尘沙。我就在这飞尘中一动不动地呆了足足一刻钟，静等灰尘再沉下去……

无论死者已经去世多久，这种随意对待死者的做法都会让现代读者感到不适。但在贝尔佐尼所处的时代，木乃伊被视作无意义的物品。对他来说，一具无名的木乃伊只是个稀奇物件，没有美感，也没有科学价值。对古埃及人来说，木乃伊是完整的实体，每一层绷带对制造木乃伊的工匠来说都有意义，也很重要。但对当时的人们来说，木乃伊只是个包裹，等着被人拆开，发现里面的丰富宝藏。

在埃及以外的地方，人们用木乃伊为媒介进行公共娱乐活动。完整拆除绷带的木乃伊被收进私人珍奇屋或公共博物馆中，成为最显眼的藏品。更妙的是，人们还可以用它们进行表演。木乃伊"解封表演"在当时大受欢迎，人们纷纷购票观看。贝尔佐尼本人就曾在其伦敦展览开幕时，解绑了一具木乃伊，让观众又惧又喜。从这些"表演"中，我们可以看到人们对待死去已久的木乃伊和对待刚刚去世的尸体的态度截然不同。信仰基督教的大众，抱着对完整复活的希望，乐于买票观看这种亵渎尸体的表演；但同样是这群人出于对解剖的恐惧，导致医学院的学生几乎无法获得可供研究的尸体。考虑到这个时代甚至还有公开绞刑，我们也许不应该对他们的麻木不仁太过惊讶。解绑，就像考古一样，过程具有破坏性，而且人们最后不一定能发现有价值的护身符或其他珍贵物品。一个合格的解剖学家可能会在过程中记录木乃伊的身高、性别，有无牙齿和头发。他甚至可能会推测一下木乃伊的死亡年龄和死亡原因。但也仅此而已。他们无法获得更多信息，木乃伊能告诉人们的信息只有这么多。

但象形文字的解码和两个王室陵墓的发现动摇了人们对木乃伊的看法。突然间，埃及学家们意识到自己面前这批木乃伊不仅有名有姓，而且来自已知的历史背景。至少，王室木乃伊是值得被人尊重的。但它们仍然遭到了破坏。加斯顿·马斯佩罗和埃米尔·布鲁格施没有受过医学训练，但他们自信满满，认为自己应当对这些王室木乃伊进行尸检。他们最终也确实在受邀前来的显贵面前进行了尸检。有人认为，他们在公开场合将木乃伊解绑，的确可以证明他们没有藏着掖着任何东西，但同时，这种做法也明确展现了"解封表演"作为公共娱乐的特性。这些王室木乃伊随后被博物馆收藏展出。对此，爱德华·波因特（Edward Poynter）男爵于 1890 年 5 月写信给《泰晤士报》，对木乃伊毫无尊严的境地表示遗憾。埃及学家爱德华·纳维尔也通过《泰晤士报》的来信专栏建议将木乃伊重新埋葬在金字塔里，这也为后来大众围绕图坦卡蒙遗体的讨论做下了铺垫。

图坦卡蒙同普通木乃伊的情况完全不同。人们知道他的名字、陵墓和生平，在过去的几年里，公众变得对他非常熟悉，一个3000岁的埃及国王能有多出名他就有多出名。此外，考古学家是在第一次世界大战和西班牙流感后不久发现他的。当时许多人沉浸在亲朋好友去世的悲伤中，而看到尸体被人尊重，他们的心灵也会受到抚慰。卡特将大部分工作时间都投入对图坦卡蒙墓中文物的细心保护上，不出意料地，他认为这具木乃伊应由医学界而非考古界处理。对他来说，图坦卡蒙考古之旅的最后一步，也是合乎逻辑的一步，就是解开木乃伊的绷带，而解绑过程会不可避免地损毁木乃伊。道格拉斯·德里提议说用 X 射线检查图坦卡蒙，这样他们就无须解绑绷带了，卡特同意了。不过他心里依旧认为有必要解开木乃伊的绷带，好取出珠宝和其他珍贵物品，防止小偷觊觎。第三中间期的阿蒙祭司多认可这种观点，但在 20世纪的埃及，人们并不知道这点，也不理解木乃伊解绑的重要性。

德里与卡特不同，他认为自己有必要解释一下解开绷带的意义：

我应该在此为图坦卡蒙的解绑和检查说几句话。许多人认为这种调查会亵渎尸体，并且认为我们不应该打扰国王的安宁……人们应该理解，在我们有类似图坦卡蒙的陵墓这样大的发现时，墓内包含丰富宝藏的消息就已经传播开来。此时，在陵墓中留下任何有价值的东西都是在找麻烦。同样的观点也适用于国王的解绑上。我们解开国王的绷带，这样就不会有盗贼因为觊觎国王身上大量的珠宝，而去粗暴地对待他的遗体。而通过尸检，我们可能获得的信息会进一步填充历史的空缺。在这种情况下……是相当重要的。

不幸的是，负责执行该任务的放射师阿奇博尔德·道格拉斯·里德（Archibald Douglas Reid）爵士于 1924 年在瑞士去世，年仅 53 岁。他的英年早逝引发了人们的联想——有谣言说他是在前往卢克索的火车上去世的，是图坦卡蒙诅咒的又一个受害者（尽管这很不合理：相对于绷带解绑，图坦卡蒙肯定更愿意接受 X 射线扫描检查吧？）由于他们无法立即找到新的放射师，卡特决定不再推迟，将解开绷带的任务交给德里处理。他们很快发现，事实上无法对木乃伊进行 X 射线检查，因为他们无法将木乃伊从最里层的棺材中完整地取出来。

我们在第一章已经介绍过了图坦卡蒙的医疗团队。开罗大学（Cairo University）卡斯尔埃尔埃尼医学院（Kasr el-Ainy Medical School）的解剖学教授道格拉斯·德里主持任务，来自亚历山大港的萨利赫·贝·哈姆迪（Saleh Bey Hamdi）博士进行协助，后者是该医学院的前院长，目前是亚历山大港的卫生主管。在场的还有摄影师哈利·伯顿，负责记录解剖学家们的工作。化学家阿尔弗雷德·卢卡斯也在，他负责分析从木乃伊身上提取的样本。此外，文物局局长皮埃尔·拉考以观察员的身份到场监督，还有一小批来自埃及和欧洲的客人前来参观。尸检工作于 1925 年 11 月 11 日上午在塞提二世陵墓的外走廊进行。[①]按照计划，该任务会持续一个星期。

主要成分为树脂的防腐油脂不仅留下了难看的印迹，还把国王的脸和丧葬面具粘在了一起，又连带着面具把木乃伊粘到了最里层的棺材上，而里层棺材底也被粘在了中层的棺材底上。因此，德里的工作范围被迫局限在了里层棺材中。国王身体最外层裹着一层布料，被国王脚踝、膝盖、臀部和肩部的绷带系住。在理想的情况下，德里首先会解开这层布料，然后按照与包裹木乃伊相反的顺序解开每层绷带。然而，德里惊讶地发现，这些亚麻布已经严重腐烂，无法以这种方式拆除。之前在两个王室陵墓中也发现过木乃伊，他们身上的绷带依旧完好，但这些木乃伊曾在古代被解绑、清洗并重新包缚过。而图坦卡蒙躺在浸满防腐油脂的绷带中有 3000 年了，他身上的亚麻布受到陵墓的潮气、腐烂的遗体和防腐油脂的化学作用的综合影响，已经烧焦了。

德里首先在遗体外表上涂抹了大量的液态石蜡，使破碎的裹尸布变硬。然后，他沿着中线，从面具的下缘到脚部，剪开了布料。他本希望这样做，就能把包裹绷带的尸体从裹尸布中抬出来，但布单下面的绷带腐烂得更为严重，他没法分离国王的遗体。于

---

① 作为卡特的第二本图坦卡蒙相关的流行书（1927 年）的附录，德里发布了他的工作内容简介，但他一直没有发表科学报告，最后利克（Leek，1972）复原了尸检结果。

是，他不得不从腿部向上一点点剥离绷带，解绑尸体。5天后，他解放了国王的四肢和躯干，进行测量后用石蜡加固了国王的身体。他也取下了散落在各层绷带上的衣物、护身符和珠宝，将它们一一拍照后编了号。德里接着开始处理国王的头肩部。国王带着头盔似的丧葬面具，面具和棺材底粘得结结实实。德里最终是用"热刀"将图坦卡蒙的头部从面具中取出来的。后来，卡特又凭借着几个普里默斯煤油炉产生的热量将面具从棺材底上分离开来。而同时，热量也导致面具上的玻璃镶嵌物滚落了下来。他们之后对面具进行了修复，将它和结实的黄金内棺一同送往了开罗。当时，全世界的注意力都集中在这些惊人的陪葬品上，对图坦卡蒙本人的关注则少得多。

验尸后的图坦卡蒙呈一具无肉的骨架模样。他的头被砍掉了，手臂从肩关节、双手从肘部、双腿从胯部分离，躯干自髂嵴处同骨盆分离，两膝和脚踝也被剜了下来。随着调查结束，考古学家们在一个盛着沙子的托盘上重新组装了国王的遗体，这个托盘曾经被用来储存糖。他们用树脂将部分器官粘了回来，让国王的遗体看起来还是完整的模样。他们想隐藏尸检对国王遗体造成的严重损伤，但这个决定导致了意想不到的后果：人们一度认为图坦卡蒙患有罕见的先天性颈椎融合畸形，这种病症表现为人的脊椎骨融合，头部无法移动。但事实上，只是考古学家为了掩盖国王被"斩首"的事实，将他的头骨粘在了脊柱上而已。

他的尸检结果证实了一个考古学家们长期的猜想：图坦卡蒙

并不是一个通过和公主结婚成了国王的年老大臣。他是一个年轻人，与阿玛尔纳王室关系密切。几乎在一夜之间，图坦卡蒙的旧形象崩塌，在人们心中，他再不是传统的新王国国王，或是埃及信仰复辟者——尽管他努力想要将自己的形象塑造成这样——人们将他看成"少年法老"，一个残疾的阿玛尔纳孤儿，不该被敬仰，他更应该被同情。这种图坦卡蒙很弱的看法在今天仍然非常流行。他的身体重建的模样受到广泛宣传，更是加深了这种印象。尽管人们公认他残疾，但这点远未被证实，可这些重建的重点总是在他的残疾上——他双脚畸形，臀胯宽大，罹患男性乳腺发育症，头部也异常巨大。

1925 年 10 月 1 日，卡特在日记中，清楚地表达了自己一直以来想要重新包裹图坦卡蒙的打算：

在开罗博物馆见到了埃德加 [坎贝尔·考恩·埃德加，(Campbell Cowan Edgar)，博物馆馆长]。与他商讨了从 10 月 11 日开始在帝王谷陵墓安装电灯的事宜。我告诉了他我这一季的工作计划，还强调了尽早对国王木乃伊进行检查的必要性。我提醒他说这个检查会在 10 月 25 日左右进行，届时道格拉斯·德里教授和萨利赫·贝·哈姆迪会到场协助。这场科学检查应尽可能安静且方便地进行。不过，我不应该急着重新包裹木乃伊，先看看部长们是否愿意检查国王遗体再定。

1926 年 10 月 23 日，他讲述说："装有国王木乃伊的最外一层棺材终于被重新包裹起来，并于今天上午被放回了石棺中。"卢卡斯后来回忆说，图坦卡蒙全身被亚麻布包裹着。他们将依旧置于沙盘上的国王，放在最外层的（当时也只剩这一层）棺材的底座上，盖上了盖子。最后，他们在石棺上扣上了一个玻璃盖子，这样参观者就能透过玻璃看到图坦卡蒙那金光闪闪的奥西里斯人型棺。玻璃盖在 1968 年被哈里森的团队拆除并被破坏。作为替换，皮尔金公司免费提供了一个钢化玻璃棺材盖。但哈里森团队掀开内层棺盖后，却发现图坦卡蒙明显被人肢解了，而这一发现点燃了在场媒体的怒火。图坦卡蒙被盖在一条用绷带系紧的棉绒毯子下面，各个身体部位却分散在沙盘四处。之前被卡特认定太过脆弱无法取出的珠串头罩和胸饰也消失了，我们没办法确定这是不是意外导致的失踪。不过，更有可能的解释是，石棺和木棺在 1926—1968 年间至少被非官方地打开过一次，并被随意地"修复"过。

1978 年，哈里斯的团队掀开了玻璃盖，对图坦卡蒙的头部进行了检查。2005 年，玻璃盖子被再度挪开，图坦卡蒙离开自己的陵墓，接受了 CT 扫描检查。最终，在 2007 年 11 月 4 日，通往图坦卡蒙陵墓的台阶被发现整整 85 年后，图坦卡蒙搬进了一个崭新的玻璃棺材中。这个棺材尖端打造，里面充满氮气，安装有整体式照明灯，内部温度和湿度受到精确控制。因为他的棺室几乎被石棺填满，所以新棺材被放在了前厅的角落里。他最外层的木棺则被送到开罗，与另外两层棺材"团聚"。这三个棺材在新建的大埃及博物馆的图坦卡蒙展厅中与丧葬面具一起展出。

但图坦卡蒙没有和木棺一起跋山涉水前去开罗。他依旧待在陵墓中，被官方长期展出。他仍然躺在沙盘上，只是现在盖着朴实的亚麻布，只有脸和脚暴露在外，而他饱受摧残的身体则被藏在布下。考古学家取出了他精心挑选的陪葬品，也剥去了他的绷带，不顾他需要绷带包裹才能转变成奥西里斯神这点。我们不禁沉思，图坦卡蒙若是看到自己呈现给世人的是这般形象，会作何想法呢？

结　语

[　**图坦卡蒙的家庭**　]

一般来说，埃及学的新学生——这里学生是广义的，包括任何想要了解更多知识的人——会通过参观博物馆、参加公开讲座和大量阅读书籍来了解古埃及。今天，学生们有更多的渠道获得信息，他们更有可能去观看纪录片，或是使用互联网资源，而越来越多的游戏也以古埃及为背景，吸引着好奇的学生。从很多角度上讲，这是好事：埃及学曾经是个专属于学术界的科目，但如今比以前多得多的人都能接触到它。但这也引发了一个大问题。固然，人们都知道游戏呈现的是幻想世界，也清楚互联网提供的大量信息准确性不尽相同，但是他们往往会不加质疑地将造价昂贵的纪录片看作"事实"。令人遗憾的是，纪录片很有可能会简化历史，也可能会专断地从一批可能的猜想中挑出一个，描述得言之凿凿，像是既定事实。纪录片导演往往希望在严格的预算和时间限制下，讲述一个精彩的故事，有积极又理想的结局。相对来说，讲述完整或全面的故事的愿望就不那么强烈。他们本质上相信观众无法应付复杂的故事情节，尽管同批观众都很乐于在法医类刑侦小说里梳理复杂线索，寻找红鲱鱼谬误[①]。许多学生进入大学校园时信心满满，觉得自己对图坦卡蒙和他的时代了解很深，只因为他们（最好的情况下）看了几部有说服力的纪录片，或者（最坏的情况下）看了一部"充满想象力的"迷你剧。

纪录片制作者有时不只会观察并记录考古研究，他们在开始实际资助考古工作时，对讲述完整的故事抵触会更为强烈。这本身并不是件坏事。考古可能耗资巨大，而埃及学家很难源源不断地有新发现。但他们的观点也会带来负面影响。广播公司对发表完整的、科学的结果几乎不感兴趣。而正如我们刚才所指出的，精妙信息和复杂问题构成了历史研究的基本组成部分，他们却对这毫无兴趣。在这种看法影响下，他们最终还可能会专横地给共事的研究人员规定时间线。考古学家要在既定的截止日期前拿出惊人成果，压力非常大。此外，因为没有人站出来对这些精彩故事提出质疑或反对意见，所以观众更容易将这些纪录片奉为真相。纪录片内熟悉的旁白娓娓讲述故事，观众更是不疑有他。

我们这些喜欢犯罪小说的人会知道，研究未受污染的科学证据不算什么挑战。我们会陶醉地看电视上的病理学家蹲在刚死的人身上，收集血液和组织样本，然后凭借样本，在一两个小时内逮捕犯人，并给犯人定罪。大众认为 DNA 测试的准确性毋庸置疑，

---

① 红鲱鱼谬误：即把一个不相干的话题，用一定技巧穿插进来，使对方注意力和讨论方向转移到另一个论题上，进而赢得论战。——编者注

至少在电视的法庭现场，没有人会站出来争辩测试结果是对是错。但在现实中，我们分析不同形式的 DNA 会使用不同方法，同种 DNA 也有不同分析方式，有些更可靠，有些精准性就差一些。

不幸的是，古代 DNA 的情况更为复杂。人们从埃及的王室木乃伊中找到越来越多的 DNA 证据，而专家在木乃伊 DNA 分析的准确性上有严重分歧，一些专家认为木乃伊 DNA 分析是一种可靠的研究手段，而另一些专家则对此表示强烈反对。当然，DNA 分析过程中也存在许多问题。考虑到这种方法的准确性充满争议，我将它放在结语中单独讨论。在此篇章，我们不会讨论从老式的观察和推理中获得的考古证据和医学证据，但读者尽可将 DNA 分析与上述证据做对比。

众所周知，DNA 会随着时间的推移而降解，温度越高，降解的速度越快。这意味着，从冰山上获取的冷冻组织的 DNA 保护情况会比从炎热的埃及沙漠中获取的木乃伊组织的好得多。样本污染也是个严重的问题。从去世很久的人身上获取的少量变质古代 DNA 很可能会被空气中的细菌污染，当然科学家自己身上的现代 DNA 也可能会污染样本。如果科学家在寻找动物的 DNA，那这可能不算什么大问题，但他们在处理人类 DNA 的时候，就要面对周围无数潜在的污染源。

我们在前文已经介绍过，在过去的 150 年里，埃及学家在帝王谷成功找到了埃及第十八王朝大部分的国王。如今，这些国王平静地躺在开罗的棺材里，几乎没有任何受过干扰的迹象。参观木乃伊室的人可能会认为，考古学家将他们从石棺中抬出来，然后就运往了北方，进行文物保护。但我们知道，事实远非如此。这些木乃伊被发现时，没有一个处于未受污染的"犯罪现场"里。不仅如此，有的木乃伊在几个世纪中遭受了反复的干扰。这些死者在去世后不久，都在防腐室中接受了漫长的木乃伊化仪式，他们被开膛破肚、分解、涂油，最后被裹上亚麻布。然后，盗墓者闯进了他们的陵墓，最少也剥去了部分的绷带。许多年后，第三中间期的祭司们将他们（或他们所剩的器官）从陵墓中取出，将其清洗，然后重新包裹。同时，祭司们重建了部分急需修复的尸体。例如，图特摩斯三世的木乃伊已被严重损坏，祭司们不得不在绷带里放置四个木桨来加固他的躯体。可 3000 年后，他又遭受了袭击——拉苏尔兄弟挖穿他整洁的新绷带，试图寻找他胸口前的圣甲虫宝石，但该宝石实际上并不存在。最后在开罗，埃米尔·布鲁格施于 1881 年非官方地解开了绷带，加斯顿·马斯佩罗又于 1886 年代表官方再一次解绑了裹束这位法老的亚麻。两位埃及学家在工作时，都有一群观众挤在验尸台前观看。

图坦卡蒙经历了同样漫长的木乃伊化过程。在古代，他免于盗墓和修复的屈辱，但在现代却受到了德里、哈里森、哈里斯、哈瓦斯和他们的团队的检查。而且在 1926—1968 年，他的陵墓可能被盗过至少一次。最严峻的是，浇在他身上的防腐油脂已经渗进了骨头里，对他的身体造成了化学损害，将他烧得焦黑。此外，考古小队最近一次将他从玻璃罩下的石棺中取出时，并没有穿防护服——他们就那样未加防护地弯腰观察他的尸体，离他不过几英寸远。

除了样本污染这个一般性问题外，我们还须考虑防腐造成的化学损害这一具体问题。[①]幸运的是，有一具现代的木乃伊尸体，可供埃及学家对比情况。1994 年，鲍勃·布赖尔（Bob Brier）教授使用尽可能接近古代的技术、工具和碱盐，将一位 70 岁的老人制成了木乃伊。这具木乃伊会定期接受检查。检查结果显示他的皮肤细胞已经出现了受损的迹象。由此可见，骨头（最好是扁骨）或牙齿是提取木乃伊 DNA 的最佳部位。而且专家必须使用活检针收集微小的样本，才能确保木乃伊不受损伤。

最后还有一个身份问题。第十八王朝后期的王室成员中，考古学家发现他们时，只有图坦卡蒙，以及蒂伊的父母予雅和图雅待在自己的、近乎完好的陵墓中。其他所有人的身份都是靠埃及学家的考古推断（如 KV55），或是依靠第三中间期的祭司所贴的标签确定的，这标签很有可能并不正确。比如，一具木乃伊被标识为阿蒙霍特普三世，但他的木乃伊化技术在第十八王朝后期并不常见。有人认为他可能是阿伊。但或许，这具木乃伊被归为第二十王朝更为恰当。

2004 年，美国国家地理学会（National Geographic）向埃及古迹最高委员会（前埃及文物局）慷慨捐赠了一台顶尖的西门子

---

① 另一种观点，即快速干燥的方法，特别是使用树脂，可能实际上有助于 DNA 的保存。

CT 扫描仪。借此，埃及学家们展开了一项雄心勃勃的项目：研究分散于全埃及的木乃伊。2005 年 1 月，图坦卡蒙成为第一个被研究的木乃伊。科学家们后来在项目中，将 CT 扫描结果和 DNA 分析结果结合，来确定图坦卡蒙的出身，解开阿玛尔纳的继承之谜。他们从 11 具木乃伊身上提取了组织样本，计算出法老父母的 DNA 遗传指纹。科学家们还分析了线粒体 DNA（由女性遗传给后辈）和 Y 染色体 DNA。研究中使用到的木乃伊有：

图坦卡蒙

KV55

阿蒙霍特普三世

予雅

图雅

1 号胎儿

2 号胎儿

KV35EL（年长女性）

KV35YL（年轻女性）

KV21a

KV21b

除了从 KV21 墓中发现的两具女性木乃伊外，我们在前文已经介绍过以上所有人。KV21 墓中的陶器表明，两人生活在第十八王朝早期。但是这两具木乃伊的左臂弯曲，而我们通常认为弯曲的左臂是王室成员的标志。因此调查人员推测，她们可能也与图坦卡蒙有血缘关系。

2007 年，美国探索频道播出了纪录片《埃及失落女王的揭秘》（*Secrets of Egypt's Lost Queen*）。这个纪录片围绕着女法老哈特谢普苏特，讲述了研究人员通过尸检鉴定失落的女王的动人故事。该节目一经播出就大受欢迎，给探索频道后来达成的重要协议铺了路：探索频道决定在开罗博物馆的地下室投资建设一个专门的古代 DNA 分析实验室，同时在开罗大学建立一个副实验室，在那里研究人员可以针对主实验室的分析结果展开单独测试。为了减少污染，摄制组不得进出实验室。因此之后探索频道播出的纪录片中，所有实验室场景都是在模拟建造的基地上拍摄的。最终，探索频道将该 DNA 分析项目整理成了四小时长的纪录片《贴近埃及国王图坦卡蒙》（*King Tut Unwrapped*），于 2010 年分为两部分播出。并非人人对这次埃及和美国的合作感到满意——在某些人眼中，外国人又一次插手了埃及本土的图坦卡蒙研究工作。

该项目的科学研究成果于 2010 年 2 月 17 日通过埃及古迹最高委员会的声明、开罗博物馆的新闻发布会，以及《美国医学会杂志》（*Journal of the American Medical Association*）三方发布。不同木乃伊提供的 DNA 数量不同，有多有少。报告呈现的最终结论颇为惊人，亮点如下：

KV35EL（年长女性）是予雅和图雅的女儿，因此是蒂伊女王。

KV55 是阿蒙霍特普三世和 KV35EL 的儿子，因此身份可能是：埃赫那吞、埃赫那吞的哥哥图特摩斯，或是某个身份未定的兄弟，可能是斯蒙卡拉。他"是埃赫那吞的可能性最大"。

KV55 是图坦卡蒙的父亲。

KV35YL（年轻女性）既是图坦卡蒙的母亲，又是 KV55 的亲姐妹。因此，她是 KV35EL 和阿蒙霍特普三世的女儿。

两个胎儿身上没有足够的 DNA 来进行全面鉴定，但没有任何证据表明他们不是图坦卡蒙的女儿。

KV21A 可能是胎儿的母亲，因此为安海森那蒙。

在全球媒体庆祝这一研究成功时——有的报纸报道写着"图特国王之谜：DNA 揭露秘密"——埃及学家和科学家们却不那么乐观。[①]也许是不愿意损害与埃及古迹最高委员会的关系，埃及学家们的回应都很谨慎。乔·莫森特（Jo Merchant）是一名受过科学训练的记者，她试图寻找埃及学家对该研究的回应，好引用到报道中。她发现，"虽然没有人站出来说图坦卡蒙及其亲属的数据肯定是错误的，但我很难找到真的相信这些数据的人"。

人们普遍接受了 KV35EL 是蒂伊的结论。KV55 为图坦卡蒙的近亲的观点似乎也很合理，此前的解剖证据也指向了这个结论。

---

① *Sydney Morning Herald*, 18 February 2010.

然而，我们在前文提到过，许多专家认为KV55死时还不到20岁，因此他是埃赫那吞的可能性不大。

KV21A木乃伊是安海森那蒙的结论更是令人惊讶。没有任何证据表明KV21是一座王家陵墓，而且我们很难解释她的尸体被安置在KV21的原因。人们普遍认为这具木乃伊属于第十八王朝早期，目前我们还不完全清楚为什么它会被纳入本次检查范围内。

KV35YL为图坦卡蒙的母亲和埃赫那吞的亲姐妹的结论同样出人意料。在官方艺术作品中，我们可以在阿蒙霍特普三世和蒂伊旁，找到他们女儿的身影。因此，我们能知晓她们的名字，而且在有限的程度上，能够还原她们的生活。可是，没有任何证据表明她们中哪一位嫁给了自己的兄弟。纳芙蒂蒂会不会是埃赫那吞的姐妹之一，在嫁给埃赫那吞前拥有别的名字？或者，如果KV55像本作者认为的那样是埃赫那吞的儿子斯蒙卡拉，那么KV35YL会不会是梅里塔吞（这种情况下斯蒙卡拉和梅里塔吞可能是图坦卡蒙的父母）或者安海森那蒙（假设她不是KV21A）？德国媒体援引调查组一名成员的观点表示，KV35YL可能是KV35EL的孙女而不是女儿。如果是这样的话，KV35YL的确有可能是失落的阿玛尔纳公主之一。然而，对埃及团队公布的遗传数据的进一步调查显示，这些胎儿不可能是图坦卡蒙的孩子，也不可能是KV55女儿的孩子。那么我们还剩下三种可能：图坦卡蒙的某位或多位无名的嫔妃是这些胎儿的母亲；KV55不是安海森那蒙的父亲埃赫那吞，而安海森那蒙本人是这些胎儿的母亲；或者这些胎儿并不是图坦卡蒙的直系亲属。

更为心直口快的科学家对支持 DNA 收集和分析的方法表示了批评，并且强调了最高委员会的声明与期刊文章间的信息偏差。对古埃及人遗骸中能提取到如此多有用 DNA 这点，他们尤为惊讶。[①]对研究使用的分析技术的准确性，他们也提出了疑问。木乃伊研究通常会使用线粒体 DNA，这种 DNA 由母亲遗传给孩子。但该团队使用的是细胞核 DNA，并采用了 DNA 指纹分析方法。这种方法不太可靠，相比其他方法更容易因样本污染产出错误结果。此外，有人认为小组应该在不知道检查的人物可能身份的前提下进行研究，以排除无意识的既定观念影响结果的可能性。而且小组应当公布全部原始数据，但到现在他们也没有做到这点。

当然，发表批评非常简单，但这确实是一次利用新技术破解历史谜团的勇敢尝试。木乃伊 DNA 分析是一门相对较新的科技，我们得等未来出现更复杂的测试、更有效的污染控制方法和更严格的数据分析手段，才能确定研究结果有效可靠。在此之前，埃赫那吞、斯蒙卡拉和安海森那蒙的身份很有可能仍存在大量争议。我们能不能下定论说，科学家们已经成功确认了图坦卡蒙的家庭关系呢？和其他许多与图坦卡蒙有关的问题一样，专家们意见不一。有些人会坚定地回答"能"，但也有些人会同样坚定地回答"不能"。

---

① 例如，威勒斯列夫和洛伦森 (2010) 指出在大多数古埃及尸体中，DNA 的存活程度较低，目前的技术无法加以分析。

〔 关键术语表 〕

阿玛尔纳（Amarna）：古城埃赫塔吞如今的名字，由埃及国王埃赫那吞建造，用以供奉他信仰的神明阿吞。

阿玛尔纳时代（Amarna Age）：国王埃赫那吞和斯蒙卡拉的统治时期统称阿玛尔纳时代。当时，国王自埃赫塔吞城统治埃及，并供奉名为阿吞的太阳神。

阿吞（Aten）：太阳神；在阿玛尔纳时代是国家崇拜的重点。

王名圈（Catrouche）：圈围国王登基名和出生名的环形图案。

王朝时期（Dynastic Age）：指埃及作为一个独立的国家，被今称为"法老"的国王统治的时期。王朝时期大约始于公元前3100 年，以尼罗河三角洲和河谷地区的独立城邦的统一为标志，止于公元前 30 年，以克里奥帕特拉七世的去世为标志。

王朝（Dynasty）：现代术语，指承袭统治的一批君主，相互关联，但彼此间不一定存在血缘关系。图坦卡蒙统治时期属于第十八王朝。

芦苇原（Field of Reeds）：死者之地，由奥西里斯神统治。

僧侣体（Hieratic）：手写体，埃及新王国时期用于日常书写。

象形文字（Hieroglyphs）：图形文字，用于书写纪念性铭文和重要文本。

王名表（King List）：由埃及祭司保存，记录国王的姓名和在位时间。

新王国时期（New Kingdom）：现代术语，第十八、第十九和第二十王朝的统称（公元前1550—公元前1069年）。

下埃及（Lower Egypt，又称北埃及）：潮湿、广阔且地形平坦的尼罗河三角洲地区。

葬祭庙（mortuary temple 或 memorial temple）：表达对死者的永世尊崇之地。

塔门(Pylon)：埃及神庙的入口，指的是斜边的巨大塔楼和门道。

侧锁（Side-lock）：一种精致的发辫样式，上层阶级的孩童会在头颅一侧扎这种发辫，并剃光其他头发。

碑（Stela）：上有雕刻文字或涂绘图案的石板或木板，用以传达重要的文字或图像信息。阿玛尔纳的界碑（The Amarna 'Boundary Stelae'）共16块，矗立于该城四周，石碑上的文字讲述了这座城市的建立过程。

上埃及（Upper Egypt，又称南埃及）：炎热、狭长的尼罗河谷地。

圣蛇（Uraeus）：位于国王像额部的蛇形图腾，蛇头直立。

〔 参考文献 〕

网络文献

Tutankhamun: Anatomy of an Excavation allows free access to the excavation records, photographs, journals and diaries which record the discovery and emptying of Tutankhamun's tomb from various viewpoints: http://www.griffith.ox.ac.uk/discoveringtut/.

The Amarna Project Website allows visitors to explore the city of Tutankhamun's early years: www.amarnaproject.com.

The Theban Mapping Project provides a digital passport to the Valley of the Kings: https://thebanmappingproject.com/.

参考书目

Agnew, N. and Wong, L. (2019), Conserving and Managing the Tomb of Tutankhamen, *Getty Magazine*, Winter 2019: 8–11.

Aldred, C. (1973), *Akhenaten and Nefertiti*. London: Viking Press.

Aldred, C. (1988), *Akhenaten: King of Egypt*, London: Thames and Hudson.

Allen, J. P. (1988), Two Altered Inscriptions of the Late Amarna Period, *Journal of the American Research Center in Egypt 25*: 117–26.

Allen, J. P. (2009), The Amarna Succession, in P. J. Brand and L. Cooper, eds., *Causing His Name to Live: Studies in Egyptian Epigraphy and History in Memory of William J. Murnane*. Leiden: Brill: 9–20.

Allen, J. P. (2010), The Original Owner of Tutankhamun's Canopic Coffins, in Z. Hawass and J. Houser Wenger, eds., *Millions of Jubilees: Studies in Honour of David P. Silverman*. Cairo: American University in Cairo Press: 27–41.

Allen, S. J. (2002), Tutankhamun's Embalming Cache Reconsidered, in Z. Hawass, ed., *Egyptology at the Dawn of the 21st Century: Proceedings of the Eighth International Congress of Egyptologists, Cairo, Egypt. 2000*. Cairo: American University in Cairo Press: 23–9.

Arnold, D. (1996), Aspects of the Royal Female Image during the Amarna Period, in D. Arnold, ed., *The Royal Women of Amarna: Images of Beauty from Ancient Egypt*, New York: The Metropolitan Museum of Art: 85–120.

Beinlich, H. (2006), Zwischen Tod und Grab: Tutanchamun und das Begräbnisritual, *Studien zur altägyptischen Kultur* 34: 17–31.

Belekdanian, A. O. (2015), *The Coronation Ceremony during the Eighteenth Dynasty of Egypt: An Analysis of three 'Coronation' Inscriptions*. Unpublished D.Phil. thesis, University of Oxford.

Bell, M. A. (1990), An Armchair Excavation of KV 55, *Journal of the American Research Center* 27: 97–137.

Belzoni, G. B. (1820), *Narrative of the Operations and Recent Discoveries in Egypt and Nubia*, Verona. New edition 2001, edited by Alberto Siliotti. London: British Museum Press.

Berman, L. M. (1998), Overview of Amenhotep III and His Reign, in D. O'Connor and E. H. Cline, eds., *Amenhitep III: Perspectives on His Reign*. Ann Arbor: University of Michigan Press: 1–25.

Bickerstaffe, D. (2005), The Royal Cache Revisited, *Journal of the Ancient Chronology Forum* 10: 9–25.

Bickerstaffe, D. (2009), *Identifying the Royal Mummies: The Royal Mummies of Thebes*. Chippenham: Canopus Press.

Bosse-Griffiths, K. (1973), The Great Enchantress in the Little Golden Shrine of Tutankhamun, *Journal of Egyptian Archaeology* 59: 100–108.

Boyer, R. S., Rodin, E. A., Grey, T. C. and Connolly, R. C. (2003), The Skull and Cervical Spine Radiographs of Tutankhamen: A Critical Appraisal, *American Journal of Neuroradiology* 24: 1142–7.

Brier, B. and Wade, R. S. (2001), Surgical Procedures during Ancient Egyptian Mummification, *Chungará* 33: 1.

Bruce, J. (1790), *Travels to Discover the Source of the Nile*, Vol. 1. Edinburgh.

Bryan, B. (2006), Administration in the Reign of Thutmose III, in E. H.

Cline and D. O'Connor, eds., *Tuthmose III: A New Biography*, Ann Arbor: University of Michigan Press: 69–122.

Carnarvon, F. (2007), *Carnarvon and Carter: The Story of the Two Englishmen Who Discovered the Tomb of Tutankhamun*. Newbury: Highclere Enterprises.

Carter, H. (1927), *The Tomb of Tut.ankh.Amen: The Burial Chamber*. London: Cassell and Company Limited. Reprinted 2001 with a foreword by Nicholas Reeves, London: Gerald Duckworth and Co. Ltd.

Carter, H. (1933), *The Tomb of Tut·ankh·Amen: The Annexe and Treasury*. London: Cassell and Company Limited. Reprinted 2000 with a foreword by Nicholas Reeves, London: Gerald Duckworth and Co. Ltd.

Carter, H. and Mace, A. C. (1923), *The Tomb of Tut·ankh·Amen: Search, Discovery and Clearance of the Antechamber*. London: Cassell and Company Limited. Reprinted 2003 with a foreword by Nicholas Reeves, London: Gerald Duckworth and Co. Ltd.

Carter, H. and White, P. (1923), The Tomb of the Bird, *Pearson's Magazine* 56 (November): 433–7.

Cerny, J. (1929), Papyrus Salt 124, *Journal of Egyptian Archaeology* 15: 243–58.

Chamberlain, G. (2001), Two Babies That Could Have Changed World History, *The Historian* 72: 6–10.

Colla, E. (2007), *Conflicted Antiquities: Egyptology, Egyptomania, Egyptian Modernity*. Durham, NC, and London: Duke University Press.

Connolly, R. C. et al. (1980), An Analysis of the Interrelationship between Pharaohs of the 18th Dynasty, *Museum Applied Science Centre for*

Archaeology Journal 1(6): 178–81.

Cross, S. W. (2008), The Hydrology of the Valley of the Kings, *Journal of Egyptian Archaeology* 94: 303–10.

Crowfoot, G. M. and Davies, N. de G. (1941), The Tunic of Tut'ankhamūn, *Journal of Egyptian Archaeology* 27: 113–30.

Curl, J. S. (1994), *Egyptomania the Egyptian Revival: A Recurring Theme in the History of Time.* Manchester: Manchester University Press.

Darnell, J. C. and Manassa, C. (2007), *Tutankhamun's Armies: Battle and Conquest during Egypt's Late Eighteenth Dynasty.* Hoboken: John Wiley & Sons, Inc.

Davies, B. G. (1992), *Egyptian Historical Records of the Later Eighteenth Dynasty, Fascicle IV,* Warminster: Aris & Phillips.

Davies, B. G. (1995), *Egyptian Historical Records of the Later Eighteenth Dynasty, Fascicle VI,* Warminster: Aris & Phillips.

Davies, N. de G. (1905), *The Rock Tombs of el-Amarna,* Part II: *The Tombs of Panehesy and Meryra II.* London: Egypt Exploration Society.

Davies, N. de. G. (1906), *The Rock Tombs of El Amarna,* Part IV: *The Tombs of Penthu, Mahu and Others.* London: Egypt Exploration Society.

Davies, N. de G. (1923), Akhenaten at Thebes, *Journal of Egyptian Archaeology* 9: 132–52.

Davies, Nina de G. and Gardiner, A. H. (1926), *The Tomb of Huy: Viceroy of Nubia in the Reign of Tut'ankhamun.* London: Egypt Exploration Society.

Davis, T. M. (1910), *The Tomb of Queen Tiyi.* London: Archibald Constable and Co. Reprinted 2001 with a foreword by Nicholas Reeves.

London: Gerald Duckworth and Co. Ltd.

Davis, T. M. (1912), *The Tombs of Harmhabi and Touatânkhamanou.* London: Archibald Constable and Co. Reprinted 2001 with a foreword by Nicholas Reeves. London: Gerald Duckworth and Co. Ltd.

Derry, D. E. (1927), Appendix I: Report upon the Examination of Tut-Ank-Amen's Mummy, in H. Carter, *The Tomb of Tut·ankh·Amen: The Burial Chamber.* London: Cassell and Company Limited: 143–61.

Derry, D. E. (1931), in R. Engelbach, The So-Called Coffin of Akhenaten, *Annales du Service des Antiquités* 31: 98–114.

Derry, D. E. (1972), The Anatomical Report on the Royal Mummy, in F. F. Leek, *The Human Remains from the Tomb of Tut'ankhamūn.* Oxford: Griffith Institute: 11–20.

Diodorus Siculus, *Library of History,* Book I. Translated by C. H. Oldfather (1933), Vol. I, Loeb Classical Library. Harvard University Press: Cambridge, Mass.; and Heinemann: London.

Dodson, A. (1990), Crown Prince Djhutmose and the Royal Sons of the Eighteenth Dynasty, *Journal of Egyptian Archaeology* 76: 87–96.

Dodson, A. (1999), The Canopic Equipment from the Serapeum of Memphis, in A. Leahy and J. Tait, eds., *Studies on Ancient Egypt in Honour of H. S. Smith.* London: Egypt Exploration Society: 59–75.

Dodson, A. (2009a), Amarna Sunset: the late-Amarna Succession Revisted, in S. Ikram and A. Dodson, eds., *Beyond the Horizon: Studies in Egyptian Art, Archaeology and History in Honour of Barry J. Kemp.* Cairo: Supreme Council of Antiquities: 29–43.

Dodson. A. (2009b), *Amarna Sunset: Nefertiti, Tutankhamun, Ay,*

Horemheb and the Egyptian Counter-Reformation. Cairo: American University in Cairo Press.

Eaton-Krauss, M. (1993), *The Sarcophagus in the Tomb of Tutankhamen.* Oxford: Griffith Institute.

Eaton-Krauss, M. (2000), Restorations and Erasures in the Post-Amarna Period, in Z. Hawass, ed., *Egyptology at the Dawn of the Twenty-First Century: Proceedings of the Eighth International Conference of Egyptologists,* Vol. 2: 194–202.

Eaton-Krauss, M. (2015), *The Unknown Tutankhamun.* London: Bloomsbury Academic.

Edgerton, W. F. (1951), The Strikes in Ramses III's Twenty-Ninth Year, *Journal of Near Eastern Archaeology* 10:3: 137–45.

Edwards, I. E. S. (2000), *From the Pyramids to Tutankhamen: Memoirs of an Egyptologist.* Oxford: Oxbow Books.

El-Khouly, A. and Martin, G. T. (1984), *Excavations in the Royal Necropolis at El-Amarna.* Cairo: Supplément aux Annales du Service des Antiquités de l'Égypte, Cahier 33.

Engelbach, R (1915), *Riqqeh and Memphis VI.* London: British School of Archaeology in Egypt.

Engelbach, R. (1931), The So-Called Coffin of Akhenaten, *Annales du Service des Antiquités de l'Égypte* 31: 98–114.

Faulkner, R. O. (1994), *The Egyptian Book of the Dead.* San Francisco: Chronicle Books.

Fletcher, J. (2004), *The Search for Nefertiti; The True Story of a Remarkable Discovery,* London: Hodder and Stoughton.

Forbes, D. C. (2014), New 'Virtual Autopsy' Creates a Grotesque Tutankhamen, *KMT* 25:4: 24–5.

Frayling, C. (1992), *The Face of Tutankhamun*. London: Faber and Faber.

Gardiner, A. (1946), Davies's Copy of the Great Speos Artemidos Inscription, *Journal of Egyptian Archaeology* 32: 43–56.

Gardiner, A. (1953), The Coronation of King Haremhab, *Journal of Egyptian Archaeology* 39: 13–31.

Gardiner, A. (1957), The So-Called Tomb of Queen Tiye, *Journal of Egyptian Archaeology* 43:1: 10–25.

Geddes, L. (2010), Fallible DNA Evidence Can Mean Prison or Freedom, *New Scientist Online*, 11 August.

Germer, R. (1984), Die angebliche Mumie der Teje: Probleme interdisziplinärer Arbeiten, *Studien zur altägyptischen Kultur* 11: 85–90.

Giménez, J. (2017), Integration of Foreigners in Egypt: The Relief of Amenhotep II Shooting Arrows at a Copper Ingot and Related Scenes, *Journal of Egyptian History* 10: 109–23.

Graefe, E. (2004), Final Reclearance of the Royal Mummies Cache DB320, *KMT* 15(3): 48–57 and 62–3.

Green, L. (1996), The Royal Women of Amarna: Who was Who, in D. Arnold, ed., *The Royal Women of Amarna: Images of Beauty from Ancient Egypt*, New York: The Metropolitan Museum of Art: 7–15.

Grimm, A. (2001), Goldsarg ohne Geheimnis, in S. Schoske and A. Grimm, eds., *Das Geheimnis des goldenen Sarges: Echnaton und das Ende der Amarnazeit*. Munich: Staatliches Museum Ägyptischer Kunst:

101–20.

Güterbock, H. G. (1959), The Deeds of Suppiluliuma as Told by His Son, Mursili II, *Journal of Cuneiform Studies* 10: 41–68, 75–98, 107–30.

Haikal, F. (2010), Egypt's Past Regenerated by Its Own People, in S. MacDonald and M. Rice, eds., *Consuming Ancient Egypt*. London: UCL Press.

Hankey, J. (2001), *A Passion for Egypt: Arthur Weigall, Tutankhamun and the 'Curse of the Pharaoh'*. London and New York: I. B. Tauris.

Harer, W. B. (2007), Chariots, Horses or Hippos: What Killed Tutankhamun? *Minerva* 18: 8–10.

Harer, W. B. (2011), New Evidence for King Tutankhamun's Death: His Bizarre Embalming, *Journal of Egytpian Archaeology* 97: 228–33.

Harris, J. (1973a), Nefernefruaten, *Göttinger Miszellen* 4: 15–17.

Harris, J. (1973b), Nefertiti Rediviva, *Acta Orientalia* 35: 5–13.

Harris, J. (1974), Nefernefruaten Regnans, *Acta Orientalia* 36: 11–21.

Harris, J. E. et al. (1978), Mummy of the 'Elder Lady' in the Tomb of Amenhotep II: Egyptian Museum Catalogue Number 61070, *Science* 200: 1149–51.

Harris, J. E. and Wente, E. F. (1980), *An X-Ray Atlas of the Royal Mummies*. Chicago: University of Chicago Press.

Harrison, R. G. (1966), An Anatomical Examination of the Pharaonic Remains Purported to be Akhenaten, *Journal of Egyptian Archaeology* 52: 95–119.

Harrison, R. G. (1971), Post Mortem on Two Pharaohs: Was Tutankhamen's Skull Fractured? *Buried History* 4: 114–29.

Harrison, R. G., Connolly, R. C. and Abdalla A. 1969), Kinship of Smenkhkare and Tutankhamen Affirmed by Serological Micromethod: Kinship of Smenkhkare and Tutankhamen Demonstrated Serologically, *Nature* 224: 325–6.

Harrison, R. G., Connolly, R. C., Ahmed, S., et al. (1979), A Mummified Foetus from the Tomb of Tutankhamun, *Antiquity* 53(207): 19–21.

Hawass, Z. et al. (2009), Computed Tomographic Evaluation of Pharaoh Tutankhamun, ca. 1300 BC, *Annales du Service des Antiquités de l'Égypte* 81: 159–74.

Hawass, Z. et al. (2010), Ancestry and Pathology in King Tutankhamun's Family, *Journal of the American Medical Association* 303(7): 638–47.

Hellier, C. A. and Connolly, R. C. (2009), A Re-assessment of the Larger Fetus Found in Tutankhamen's Tomb, *Antiquity* 83: 165–73.

Herodotus, *The Histories*. Translated by A. de Sélincourt (1954), revised with introduction and notes by J. Marincola (1996). London: Penguin Books.

Hohneck, H. (2014), Alles für die Katz? Nochmals zum, Katzensarkophag "des Prinzen Thutmosis, *Zeitschrift für Ägyptische Sprache und Altertumskunde*" 141(2): 112–31.

Hoving, T. (1978), *Tutankhamun: The Untold Story*. New York: Simon and Schuster.

Ikram, S. (2013), Some Thoughts on the Mummification of King Tutankhamun, *Institut des Cultures Méditerranéennes et Orientales de l'Académie Polonaise des Sciences*. Etudes et Travaux 26: 292–301.

James, T. G. H. (1992), *Howard Carter: The Path to Tutankhamun*. London: Kegan Paul International.

Johnson, W. R. (2009), Tutankhamen-Period Battle Narratives at Luxor, *KMT* 20(4): 20–33.

Johnson, W. R. (2010), Warrior Tut. *Archaeology* 63(2): 26–8.

Krauss, R. (1986), Kija – ursprüngliche Besitzerin der Kanopen aus KV 55, *Mitteilungen des Deutschen Archäologischen Instituts Abteilung Kairo* 42: 67–80.

Kurth, D. (2012), Die Inschriften auf den Stöcken und Stäben des Tutanchamun, in H. Beinlich, ed, *'Die Männer hinter dem König': 6. Symposium zur ägyptischen Königsideologie.* Wiesbaden: Harrassowitz: 67–88.

Lansing, A. (1951), A Head of Tut ankahmun, *Journal of Egyptian Archaeology* 37: 3–4.

Lawton, J. (1981), The Last Survivor, *Saudi Aramco World* 32(6): 10–21.

Leek, F. F. (1972), *The Human Remains from the Tomb of Tutankhamūn.* Oxford: Griffith Institute.

Leek, F. F. (1977), How Old was Tutankhamun?, *Journal of Egyptian Archaeology* 63: 112–15.

Lichtheim, M. (1973), *Ancient Egyptian Literature, I: The Old and Middle Kingdoms.* Berkeley: University of California Press.

Lichtheim, M. (1976), *Ancient Egyptian Literature, II: The New Kingdom.* Berkeley: University of California Press.

Loeben, C. E. (1986), Eine Bestattung der grossen königlichen Gemahlin Nofretete in Amarna? – die Totenfigur der Nofretete, *Mitteilungen des Deutschen Archäologischen Instituts Abteilung Kairo* 42: 99–107.

Loeben, C. E. (1994), No Evidence of a Coregency: Two Erased Inscriptions from Tutankhamun's Tomb, *Amarna Letters* 3: 105–9.

Loret, V. (1899), Les Tombeaux de Thoutmès III et d'Aménophis II, *Bulletin de l'Institut Égyptien, Cairo.*

Lucas, A. (1931), The Canopic Vases from the 'Tomb of Queen Tiyi', *Annales du Services des Antiquités* 31: 120–22.

Lucas, A. (1942), Notes on Some Objects from the Tomb of Tut-Ankhamun, *Annales du Service des Antiquités de l'Égypte* 41: 135–47.

Mace, A. C. (1923), The Egyptian Expedition 1922–23, *The Metropolitan Museum of Art Bulletin* 18(2): 5–11.

Mallinson, M. (1989), Investigation of the Small Aten Temple, in B. J. Kemp, ed., *Amarna Reports* 5. London: Egypt Exploration Society.

Martin, G. T. (1985), Notes on a Canopic Jar from Kings' Valley Tomb 22, in P. Posener-Kriéger, ed., *Mélanges Gamal Eddin Mokhtar II.* Cairo: Institut Français d'Archéologie Orientale: 111–24.

Martin, G. T. (1989a), *The Memphite Tomb of Horemheb, Commander-in-Chief of Tutankhamun.* I: *The Reliefs, Inscriptions and Commentary.* London: Egypt Exploration Society.

Martin, G. T. (1989b), *The Royal Tomb at el-Amarna 2.* London: Egypt Exploration Society.

Martin, G. T. (1991), *A Bibliography of the Amarna Period and Its Aftermath.* London: Kegan Paul International.

Mayes, S. (1959), *The Great Belzoni: The Circus Strongman Who Discovered Egypt's Ancient Treasures.* London: Bloomsbury.

McDowell, A. G (1999), *Village Life in Ancient Egypt: Laundry Lists and Love Songs.* Oxford: Oxford University Press.

Merchant, J. (2011), New Twist in the Tale of Tutankhamun's Club Foot, *New Scientist* 212(2833): 10.

Merchant, J. (2013), *The Shadow King: The Bizarre Afterlife of King Tut's Mummy.* Philadelphia: Da Capo Press.

Moran, W. L. (1992), *The Amarna Letters.* Baltimore: Johns Hopkins University Press.

Moser, S. (2006), *Wondrous Curiosities: Ancient Egypt at the British Museum.* Chicago and London: University of Chicago Press.

Murnane, W. J. (1977), *Ancient Egyptian Coregencies.* Chicago: Oriental Institute Studies in Ancient Oriental Civilization: 40.

Murnane, W. J. (1995), *Texts from the Amarna Period in Egypt.* Atlanta: Society of Biblical Literature.

Murnane, W. J. and Van Sicklen, C. C. (1993), *The Boundary Stelae of Akhenaten.* London and New York: Kegan Paul International.

Navratilova, H. (2012), *Visitors' Graffiti of Dynasties 18 and 19 in Abusir and Northern Saqqara.* Liverpool: Abercromby Press.

Newberry, P. E. (1927), Appendix III: Report on the Floral Wreaths Found in the Coffins of Tut-ank-Amen, in H. Carter, *The Tomb of Tut·ankh·Amen: The Burial Chamber.* London: Cassell and Company Limited: 189–96.

Newberry, P. E. (1928), Akhenaten's Eldest Son-in-Law Ankhkheperure, *Journal of Egyptian Archaeology* 14: 3–9.

Newberry, P. E. (1932), King Ay, the Successor of Tut'ankhamūn, *Journal of Egyptian Archaeology* 18(1): 50–52.

Ockinga, B. (1997), *A Tomb from the Reign of Tutankhamun.* Warminster: Aris & Phillips.

Peden, A. J. (1994), *Egyptian Historical Inscriptions of the Twentieth Dynasty,* Jonsered: Paul Åstroms förlag.

Pendlebury, J. D. S. (1935), *Tell el-Amarna.* London: Lovat Dickson & Thompson.

Pendlebury, J. D. S. (1951), *The City of Akhenaten,* Part III: *The Central City and the Official Quarters.* London: Egypt Exploration Society.

Perlin, M. W., Belrose, J. L. and Duceman, B. W. (2013), New York State TrueAllele® Casework Variation Study, *Journal of Forensic Sciences* 58: 6: 1458–66.

Pfluger, K. (1946), The Edict of King Haremhab, *Journal of Near Eastern Studies* 5(1): 260–76.

Phizackerley, K. (2010), *DNA Shows the KV55 Mummy Probably Not Akhenaten,* http://www.kv64.info/2010/03/dna-shows-that-kv55-mummy-probably-not.html (2 March 2010).

Pococke, R. (1743), *A Description of the East and Some Other Countries,* Vol. 1: *Observations on Egypt.* London.

Porter, B and Moss, R. L. B. (1972), *Topographical Bibliography of Ancient Egyptian Hieroglyphic Texts, Reliefs, and Paintings II: Theban Temples,* 2nd edn, revised and augmented. Oxford: Clarendon Press.

Price, C. (forthcoming), Interpreting the 'Two Brothers' at Manchester Museum; Science, Knowledge and Display. *Archaeologies: The Journal of World Archaeology.*

Ray, J. (1975), The Parentage of Tutankhamūn, *Antiquity* 49: 45–7.

Redford, D. B. (1975), Studies on Akhenaten at Thebes II: A Report on the Work of the Akhenaten Temple Project of the University Museum, The University of Pennsylvania, for the Year 1973−4, *Journal of the American Research Center in Egypt* 12: 9−14.

Reeves, C. N. (1981), A Reappraisal of Tomb 55 in the Valley of the Kings, *Journal of Egyptian Archaeology* 67: 48−55.

Reeves, C. N. and Wilkinson, R. H. (1996), *The Complete Valley of the Kings: Tombs and Treasures of Egypt's Greatest Pharaohs.* London: Thames and Hudson.

Reeves, N. (1990), *The Complete Tutankhamun: The King, the Tomb, the Royal Treasure.* London: Thames and Hudson.

Reeves, N. (2015a), *The Burial of Nefertiti?* Amarna Royal Tombs Project: Valley of the Kings, *Occasional Paper* 1.

Reeves, N. (2015b), Tutankhamun's Mask Reconsidered, in A. Oppenheim and O. Goelet, eds., *The Art and Culture of Ancient Egypt: Studies in Honor of Dorothea Arnold.* Bulletin of the Egyptological Seminar 19: 511−26.

Reid, D. M. (2015), *Contesting Antiquity in Egypt: Archaeologies, Museums, and the Struggle for Identities from World War I to Nasser.* Cairo and New York: American University in Cairo Press.

Riggs, C. (2014), *Unwrapping Ancient Egypt.* London: Bloomsbury.

Riggs, C. (2018), *Photographing Tutankhamun: Archaeology, Ancient Egypt, and the Archive.* London: Routledge.

Riggs, C. (2020), Water Boys and Wishful Thinking. Photographing Tutankhamun blog 20 June: https://photographing-tutankhamun.

com/2020/06/20/the-water-boy-who-wasn't/.

Riggs, C. (2021), *Treasured: How Tutankhamun Shaped a Century*. London: Atlantic Books.

Robins, G. (1981), Hmt nsw wrt Meritaten, *Gottinger Miszellen* 52: 75−81.

Robins, G. (1984), Isis, Nephthys, Selket and Neith Represented on the Sarcophagus of Tutankhamun and in Four Free-Standing Statues Found in KV 62, *Göttinger Miszellen* 72: 21−5.

Romer, J. (1988), *Valley of the Kings*. London: Michael O'Mara Books.

Schulman, A. R. (1978), Ankhesenamun, Nofretity and the Amka Affair, *Journal of the American Research Center in Egypt* 15: 43−8.

Seele, K. C. (1955), King Ay and the Close of the Amarna Age, *Journal of Near Eastern Studies* 14: 168−80.

Smith, G. E. (1910), A Note on the Estimate of the Age Attained by the Person Whose Skeleton was Found in the Tomb, in T. M. Davis, *The Tomb of Queen Tïyi*. London: Archibald Constable and Co.: xxiii−xxiv,

Smith, G. E. (1912), *The Royal Mummies*. Cairo: Service des Antiquités de l'Égypte.

Snape, S. (2011), *Ancient Egyptian Tombs: The Culture of Life and Death*. Oxford: Wiley−Blackwell.

Stevens, A. (2017), Death and the City: The Cemeteries of Amarna in Their Urban Context, *Cambridge Archaeological Journal* 28:1: 103−26.

Strouhal, E. (2010), Biological Age of Skeletonized Mummy from Tomb KV 55 at Thebes, *Anthropologie* XLVIII(2): 97−112.

Strudwick, N. (2005), *Texts from the Pyramid Age*. Atlanta: Society of

Biblical Literature.

Troy, L. (1986), *Patterns of Queenship in Ancient Egyptian Myth and History*. Uppsala: Acta Universitatis Upsaliensis.

Tyldesley, J. A. (1998), *Nefertiti: Egypt's Sun Queen*. London: Viking.

Tyldesley, J. A. (2012), *Tutankhamun's Curse: The Developing History of an Egyptian King*. London: Profile Books.

Tyldesley, J. A. (2018), *Nefertiti's Face: The Creation of an Icon*. London: Profile Books.

Tyndale, W. (1907), *Below the Cataracts*. London: Heinemann.

Van der Perre, A. (2012), Nefertiti's Last Documented Reference (for Now), in F. Seyfried, ed., *In the Light of Amarna: 100 Years of the Nefertiti Discovery*. Berlin: Michael Imhof Verlag: 195–7.

Van Dijk, J. (1993), The New Kingdom Necropolis of Memphis: Historical and Iconographical Studies. Thesis: University of Groningen.

Van Dijk, J. and Eaton-Krauss, M. (1986), Tutankhamun at Memphis, *Mitteilungen des Deutschen Archäologischen Instituts Abteilung Kairo* 42: 35–41.

Vandenberg, P. (1975), *The Curse of the Pharaohs,* trans. T. Weyr. London: Book Club Associates.

Vogelsang-Eastwood, G. M. (1999), *Tutankhamun's Wardrobe: Garments from the Tomb of Tutankhamun*. Leiden: Van Doorn & Co.

Weigall, A. E. P. B (1922), The Mummy of Akhenaten, *Journal of Egyptian Archaeology* 8: 193–200.

Weigall, A. E. P. B. (1923), *Tutankhamen and Other Essays*. London: Thornton Butterworth.

Wente, E. F. (1990), *Letters from Ancient Egypt*. Atlanta: Society of Biblical Literature.

Willerslev, E. and Lorenzen, E. (2010), King Tutankhamun's Family and Demise, *Journal of the American Medical Association* 303(24): 2471.

Winlock, H. E. (1941), *Materials Used at the Embalming of King Tutankhamun: The Metropolitan Museum of Art Papers 10*. Reprinted 2010 with a foreword by D. Arnold as *Tutankhamun's Funeral*. New York: The Metropolitan Museum of Art/Yale University Press, New Haven and London.

Zivie, A. (2009), *La Tombe de Maïa: mère nourricière du roi Toutânkhamon et grande du harem*. Toulouse: Caracara Edition.

Zivie, A. (2013), *La Tombe de Thoutmès: Directeur des Peintres dans la Place de Maât*. Toulouse: Caracara Edition.

Zivie, A. (2018), Pharaoh's Man: 'Abdiel: The Vizier with a Semitic Name, *Biblical Archaeology Review* 44(4): 22–31.

Zwar, D. (2007), Tutankhamun's Last Guardian, *History Today* 57:11.